Die Schmerzensgeld-begutachtung

Leitfaden für Ärzte, Juristen und Versicherungsfachleute

von
Dr. med. Carl Bruno Bloemertz
Chirurg und Unfallchirurg, Wuppertal

4., überarbeitete und erweiterte Auflage

W DE G

1984
Walter de Gruyter · Berlin · New York

Mit einer Beilage
„Erläuterung medizinischer Fachausdrücke“

CIP-Kurztitelaufnahme der Deutschen Bibliothek

Bloemertz, Carl Bruno
Die Schmerzensgeldbegutachtung: Leitf. für Ärzte, Juristen u. Versicherungsfachleute / von Carl Bruno Bloemertz. — 4., neubearb. u. erw. Aufl. — Berlin; New York: de Gruyter, 1984.
ISBN 3-11-001700-8

Printed in Germany.

Satz und Druck: H. Heenemann GmbH & Co, 1 Berlin 42
Bindearbeiten: Verlagsbuchbinderei Dieter Mikolai, 1 Berlin 10

Vorwort zur 4. Auflage

Zwanzig Jahre nach dem erstmaligen Erscheinen dieses Buches liegt nunmehr die 4. Auflage vor. Die Weiterentwicklung des Schmerzensgeldanspruches in Deutschland erwies sich im letzten Jahrzehnt, gemessen an den höheren Entschädigungssummen und den zahlreichen Veröffentlichungen in juristischen wie medizinischen Zeitschriften, aber auch in der Laienpresse, als konsequent und stetig.

Die wesentlich höheren Schmerzensgelder, die die Gerichte heute zusprechen, sind nur zum Teil durch den Kaufkraftschwund beeinflußt. Richterliche Bemühungen um individuelle Bewertung des Einzelfalles dürften hier ausschlaggebend gewesen sein. Dabei haben unverkennbar die bekannten Urteilssammlungen an einer einheitlichen Rechtsprechung mitwirken können. Die Fülle der Schmerzensgeldgutachten, die nach den Vorschlägen des vorliegenden Buches erstellt wurden, haben auf Grund ihrer transparenten Darstellung und Bewertung immaterieller Körperschäden ebenfalls dazu beigetragen. Wie bekannt, sind die angefügten Umrechnungstabellen der Lebensminderungsprozentsätze in DM-Beträge unter ausschließlicher Berücksichtigung gerichtlicher Urteile erarbeitet worden. In die Neuauflage des Buches wurde die neueste Rechtsprechung eingearbeitet. Die Tabellen wurden auf den neuesten Stand gebracht, die Länderkapitel überarbeitet und erweitert.

Die Notwendigkeit einer weiteren Auflage zeigt das große Interesse der beteiligten Fachwelt an einer Methode, die den ärztlichen Sachverständigen in die Lage versetzt seine Befunde und Prognosen in praktikable Zahlen zu transponieren, mit deren Hilfe der herrschenden Rechtsprechung gemäße Ausgangswerte ermittelt werden können. Zahlreiche Gutachten haben das seit Herausgabe des Buches deutlich werden lassen. Die meisten Schadensfälle konnten mit ihrer Hilfe außergerichtlich abgewickelt werden und auch Gerichte bedienten sich dieser Möglichkeit der Schmerzensgeldbegutachtung.

Mein Dank sei hiermit allen denen ausgesprochen, die mich auch diesmal in den vielen Jahren der Vorbereitung unterstützt haben, die zur Beschaffung juristischer Literatur und bei ihrer Auswertung behilflich waren.

Wuppertal, im Juli 1983

C. B. Bloemertz

Geleitwort zur ersten Auflage

Die vorliegende Monographie behandelt ein Gebiet, das in der neueren deutschen medizinischen und juristischen Literatur noch nicht umfassend bearbeitet worden ist. Zwar gibt es eine Fülle einschlägiger Einzelaufsätze und auch kleinere Übersichten, jedoch fehlte bisher ein Werk von allgemeiner Bedeutung, das sowohl die Literatur kritisch verarbeitet, als auch wichtige Erkenntnisse der modernen Medizin berücksichtigt.

Der mitten in der Praxis der Begutachtung von Unfallschäden stehende chirurgische Verfasser hat es unternommen, diesem Mangel abzuhelfen. Das besondere Verdienst der Studie ist die vom Autor eingeführte Zusammenfassung aller immateriellen Körperschäden unter dem Oberbegriff der „Lebensminderung" und ihre Bewertung in Prozentsätzen. Dieses neue methodische Prinzip anstelle älterer Bewertungsgrundsätze löst das Problem der kontinuierlichen Einstufung derartiger Schäden in überzeugender Weise und erleichtert damit die so schwierige Bemessung des Schmerzensgeldes. Der Jurist wird in dem Leitfaden die Grundlagen für eine rechte Einschätzung des Anspruches für immaterielle Schäden finden. Die vergleichende Darstellung der Rechtsgrundlagen in 31 anderen Staaten macht die Monographie in einer Zeit der zunehmenden Verwischung der Grenzen und der Fluktuation großer Touristenscharen besonders aktuell.

Marburg, im Oktober 1963

Prof. Dr. med. Franz Schleyer
Institut für gerichtliche Medizin
der Universität

Vorwort zur ersten Auflage

Die Vorarbeiten zu dem vorliegenden Leitfaden der Schmerzensgeldbegutachtung erstreckten sich über die letzten sechs Jahre; die Idee hierzu kam dem seit 15 Jahren in der Unfallchirurgie tätigen Autor bei der vergeblichen Suche nach einem entsprechenden Werk, als die Aufträge für Schmerzensgeldgutachten sich mehrten.

Die in dieser Zeit erworbenen umfangreichen Erfahrungen auf diesem Spezialgebiet, die eingehenden Quellenstudien und die unablässige Beschäftigung mit den Problemen, die das Schmerzensgeld und die Schmerzensgeldbegutachtung betreffen, haben den Autor davon überzeugt, daß für eine eingehende Darstellung dieses aktuellen Themas, vor allem auch die Mitteilung eigener Forschungsergebnisse und der sich daraus ergebenden praktischen Folgerungen und neuen Wege, ein dringendes Bedürfnis besteht.

Neben einer Zusammenstellung der wichtigsten Literatur, einem geschichtlichen Überblick, einer Darstellung der jetzigen Weltsituation auf dem Gebiete des Schmerzensgeldes, werden die bisherigen und die neuen Wege der praktischen Begutachtung durch den Arzt und kurz auch die juristischen Problemstellungen gezeigt.

Der Autor hat sich nicht zuletzt auch von der Tatsache beeindrucken lassen, daß der immaterielle Schaden, der zu einem Anspruch auf ein Schmerzensgeld berechtigt, auch in Deutschland nach dem letzten Krieg in wachsendem Maße an Bedeutung gewinnt. Zahlreiche Urteile des Bundesgerichtshofes lassen eine Tendenz erkennen, die der Achtung vor der Unversehrtheit des Menschen entspringt*. Letztenendes ist diese Haltung eng verknüpft mit der Haltung des Staates dem Einzelmenschen gegenüber. Es ist leicht einzusehen, daß die Wertung der immateriellen Schäden in den Ländern der Erde je nach Entwicklung und politischer Situation sehr verschieden sein muß. Tatsächlich hat eine eingehende Prüfung der Frage in den verschiedenen Staaten der Welt diese Vermutung bestätigt.

Durch die ungewöhnlich rasche Zunahme der Motorisierung hat auch in Deutschland die Schmerzensgeldbegutachtung Aktualität erlangt, so daß in dem vorliegenden Leitfaden alles unter besonderer Berücksichtigung der Körperverletzungen bei Verkehrsunfällen betrachtet wird. Es darf aber keineswegs übersehen werden, daß auch andere haftpflichtige Körperverletzungen, die mit immateriellen Schädigungen verbunden sind, in gleicher

---

* DEUTLER, Diss. jur., Kiel 1956, S. 127/128.

Weise gutachtlich erfaßt werden können. Auf die Besonderheiten, die sich aus dem Bundesentschädigungsgesetz ergeben, wird in einem eigenen Kapitel eingegangen.

In naher Zukunft wird der in der Unfallheilkunde tätige Arzt immer mehr als Sachverständiger von den Gerichten und Versicherungen hinzugezogen werden müssen. Auch der Verletzte nimmt die ärztliche gutachtliche Hilfe in wachsendem Maße in Anspruch, denn die Aufklärung des Publikums auch auf diesem Gebiet läßt sich nicht aufhalten. Außergerichtliche Vergleiche zwischen Verletzten und Versicherungen werden bei schweren Fällen ohne eine eingehende fachärztliche Begutachtung nicht mehr möglich sein, da der Verletzte die in einigen Fällen nicht angemessenen, niedrigen Schmerzensgeldbeträge, die die Versicherungsunternehmen heute zuweilen nach zum Teil veralteten Urteilssammlungen anbieten, nicht annehmen kann und andererseits die häufig übersetzten Forderungen mancher Verletzter von den Versicherungen unmöglich erfüllt werden können.

Nur das Gutachten eines versierten sachverständigen Arztes vermag hier ein der Wahrheit möglichst angenähertes Bild von dem Umfange der immateriellen Schäden zu geben. Es ist durchaus möglich, alle diese Schäden im Einzelfalle zusammenzufassen und dem Richter eine eindeutige Wertung des Gesamtfalles mitzuteilen. Mit den zur Verfügung stehenden Hilfsmitteln dürfte es dem Gericht nicht mehr schwerfallen, ein jedem Schadensfalle angepaßtes, gerechtes Urteil zu fällen. Die zu diesem Verfahren notwendigen Kenntnisse, Erkenntnisse und Techniken werden in dem vorliegenden Leitfaden dargestellt.

Die erheblichen Schwierigkeiten bei der Beschaffung authentischen Materials wurden mir dankenswerter Weise durch die Unterstützung des Bundesministeriums für Arbeit und Sozialordnung und die Hilfe des Auswärtigen Amtes, das durch zwei Runderlasse den Zugang zu ausländischen Gutachten ermöglichte, erleichtert. Mein ganz besonderer Dank gehört Herrn Professor Dr. F. Schleyer, Institut für gerichtliche und soziale Medizin in Marburg, der meiner Arbeit stets das größte Interesse entgegenbrachte und sie durch seinen fachlichen Rat förderte. Wertvolle Anregungen erhielt ich durch Herrn Landgerichtspräsidenten Dr. H. Becker, Bonn, und Herrn Jochen Sievers, Hamburg, Dezernent für Auslandsschäden bei dem Versicherungsverband des deutschen Kraftverkehrs VaG, wofür ich an dieser Stelle danken möchte, wie auch meinem langjährigen Freund und Mitarbeiter, Herrn Egon Lange, Unna.

Bonn, im Oktober 1963

Der Verfasser

Inhaltsverzeichnis

I. Allgemeiner Teil

Es wäre sehr verdienstlich, wenn die Ärzteschaft — ihrer besonders wichtigen Rolle bei der Darstellung der speziellen psychischen und physischen Gegebenheiten des Verletzten eingedenk — sich jeweils in möglichst entscheidungsfreudiger Weise zur Frage des Schmerzensgeldes äußern würde. Rechtsanwalt Dr. jur. REUSS (Medizin. Klinik 1956/21/1927).

1. Einleitung

Das Ziel des vorliegenden Buches ist eine Darstellung der Technik der Schmerzensgeldbegutachtung durch den ärztlichen Sachverständigen und der erforderlichen theoretischen Voraussetzungen; darüber hinaus soll die Notwendigkeit, den Arzt mehr als bisher in die Abwicklung des Schmerzensgeldanspruches einzuschalten, herausgestellt werden. Damit wendet es sich nicht nur an den Mediziner, sondern auch an den Juristen.

Wenn die Bemessung eines Schmerzensgeldes alleinige Kompetenz des Richters ist, so ist der Arzt allein berufen, die Darstellung, Beurteilung und Klassifizierung der entstandenen immateriellen Körperschäden vorzunehmen. Der Arzt wird sich als Sachverständiger und Zeuge mit der Nennung eines Schmerzensgeldbetrages weder aufdrängen noch belasten, denn die Transposition immaterieller Schäden in klingende Münze ist immer ein fragwürdiges Unternehmen. Er wird sich gerne auf seine Aufgabe beschränken, die seinen Möglichkeiten entspricht. Dennoch mußte und wurde in dieser Arbeit der Versuch unternommen eine Transposition der ärztlichen Bewertung, unter Berücksichtigung der derzeitigen Gerichtsurteile, in DM-Beträge zu ermöglichen, weil nur dadurch eine echte Hilfe bei der Ermittlung angemessener Schmerzensgelder gegeben werden kann. Andererseits ist es der Sache nicht dienlich, wenn der Jurist als medizinischer Laie, „gestützt auf allgemeine Lebenserfahrung“[1], den in jedem Falle nur ärztlich erkennbaren Umfang einer immateriellen Schädigung durch Körperverletzung allein beurteilen will. Das wäre ein gefährlicher Dilettantismus, der dem Ernst und der heutigen Bedeutung des Schmerzensgeldanspruches nicht gerecht werden kann und unbedingt zu Fehlurteilen führen muß. HENKE spricht das im

---

[1] LIEBERWIRTH, R. „Das Schmerzensgeld“, Verlag Recht und Wirtschaft, Heidelberg, 3. Aufl., 1965, S. 55. Zustimmend dagegen: W. GELHAAR in „Der Betriebs-Berater“, H. 33, 1966, S. 1356.

Vorwort seines Buches „Die Schmerzensgeldtabelle", C. H. Beck-Verlag München, 1969, deutlich aus: „In einem fortgeschrittenen Stadium des Rechts ist die billige Entscheidung eben nicht mehr das Richten nach Eingebung und Gefühl aus der Situation des Augenblicks — auch die Rechtsgleichheit, die Berechenbarkeit des Urteils und die Rationalisierung der juristischen Praxis verlangen Beachtung." Er verteidigt zu Recht kritisch die sogenannten Schmerzensgeldtabellen, ohne die als Präjudiziensammlungen eine billige und rechtsgleiche — zumindest der Rechtsgleichheit angenäherte — Schmerzensgeldpraxis nicht denkbar ist, gleich nach welchem Bewertungssystem vorgegangen wird. Auf dem Gebiet der wesentlich einfacheren Begutachtung von Körperschäden und ihrer Beeinflussung der Erwerbsfähigkeit des Verletzten würde es niemand einfallen, den Arzt als Beurteiler ersetzen zu wollen. Um wieviel mehr müßte jeder medizinische Laie vor einer Beurteilung immaterieller Körperschäden, die wesentlich komplizierter ist, zurückschrecken.

Das Schmerzensgeld ist nicht nur in seiner rechtlichen, sondern auch in seiner tatsächlichen Bedeutung ernstzunehmen.[2] Zahlreiche Stimmen warnen vor einer Unterbewertung der ideelen Güter, und der Bundesgerichtshof hat einen hoffnungsvollen Schritt in dieser Richtung getan, wie Gerichtsurteile deutlich zeigen.[3] Bundesrichter GELHAAR[4] erscheint es geradezu unerträglich, daß dieses Gut — der Gesundheit und des Wohlbefindens — in einer Weise unterbewertet wird, wie es die in der Aufstellung von GEIGEL[5] abgedruckten Entscheidungen erkennen lassen. Die im letzten Krieg gemachte elementare Erfahrung, wie wenig materielle Güter bedeuten und wie hoch ideelle Werte einzuschätzen sind, hat — insbesondere auch mit Rück- und Umschau auf totalitäre Systeme, die den Menschen in seiner Privatsphäre ignorieren und behindern — zu einer Achtung vor dem privaten Lebensrecht, dessen wesentlicher Bestandteil die Lebensfreude ist, geführt, die unser Grundgesetz erheblich beeinflußt hat. Daraus folgert, daß nicht nur die Auswirkungen eines Körperschadens auf das Erwerbsleben ernstzunehmen sind, sondern in besonderem Maße, bisher in oft nicht ausreichender Weise berücksichtigt, die Schädigung der immateriellen Werte, die die Lebensfreude des Menschen weitgehend bestimmen. Diese hohe Aufgabe ist nur dann in befriedigender Weise zu erfüllen, wenn der dazu ausgebildete Arzt im Mittelpunkt der Abwicklung des Schmerzensgeldanspruches steht.

---

[2] EBERMAIER, C., Mschr. Unfallhk. 60/2/1957, S. 55.

[3] DEUTLER, Diss. jur., Kiel 1956, S. 127/128.

[4] GELHAAR, NJW. 53 (H. 35), S. 1282.

[5] GEIGEL, „Der Haftpflichtprozeß", 6. Aufl., München 1952, S. 32 ff.; s. aber auch hierfür die jetzige 12. Aufl., S. 126 ff. und SCHUNACK, „Schmerzensgeld".

Der Arzt ist dabei jedoch nicht allein Sachverständiger, sondern auch Zeuge des Leidens und damit in noch höherem Maße für die Bewertung eines immateriellen Körperschadens legitimiert.

Es kann nicht abgestritten werden, daß bereits in früheren Zeiten zahlreiche Stimmen für eine angemessenere Behandlung des Schmerzensgeldanspruches laut geworden sind. Damals war infolge der geringen Verkehrsdichte die Öffentlichkeit weitgehend desinteressiert. Bei der immensen Zunahme des Kraftfahrzeugverkehrs und der damit verbundenen hohen Unfallziffern sind die Probleme des Schmerzensgeldanspruches jedoch hochaktuell geworden. Dem täglich bemühten Unfallchirurgen wird immer wieder die Frage gestellt, wie er die körperlichen und seelischen Schmerzen beurteile, meist von den Verletzten oder ihren Rechtsvertretern. Die Versicherungen scheuen zur Zeit noch vor derartigen Anfragen zurück, da die meisten gutachtlich tätigen Ärzte sich nur wenig mit der Schmerzensgeldbegutachtung befaßt haben und häufig unsachliche Darstellungen ohne praktischen Wert gegeben werden. Es soll jedoch keineswegs durch die vorliegende Arbeit einseitig einer möglichst hohen Schmerzensgeldbezifferung das Wort geredet werden. Die Bemühungen des Buches stellen sich in gleicher Weise gegen ungerechtfertigt hohe Ansprüche. Es muß allerdings zugegeben werden, daß der Eindruck besteht, daß in vielen Schadensfällen zu niedrige Schmerzensgelder gezahlt werden. Nur eine umfassende und hinreichend begründete ärztliche Sachverständigenbegutachtung der immateriellen Körperschäden kann zu einer annähernd gerechten Bemessensgrundlage führen. Neben der richterlichen Autorität steht die des ärztlichen Gutachters. Der Arzt kann ihm bei seiner schwierigen Entscheidung behilflich sein und damit den zuerkannten Beträgen den Makel der Willkür nehmen. Der Richter seinerseits darf sich nicht darauf beschränken, die erlittenen Schmerzen und sonstigen immateriellen Schäden aufzuzählen, um dann einen mehr oder weniger hoch bemessenen Geldbetrag als Schmerzensgeld festzusetzen; die Höhe des Schmerzensgeldes muß auch erkennbar zu der Art und Dauer der erlittenen Schäden in angemessener Beziehung stehen.[6] Aber auch dann, wenn der erfahrene Richter die Beurteilung in vielen Fällen richtig vornehmen sollte, ist ihm der ärztliche Sachverständige eine unerläßliche Stütze bei der oft schweren Verantwortung seiner Entscheidung durch die ärztliche Bestätigung des eigenen Urteils. Dennoch muß dem Richter die freie Beweiswürdigung vorbehalten bleiben, da bei strittig bleibenden Gegengutachten kein Recht gesprochen werden könnte. Abgesehen von diesen Fällen, die im Haftpflichtprozeß eine Klärung suchen müssen, ist für den außergerichtlichen Vergleich — besonders mit den Haftpflichtversicherungen — von

[6] GELHAAR, NJW 53 (H. 35), S. 1282.

einer Schmerzensgeldbegutachtung durch den ärztlichen Sachverständigen ebenfalls eine positive Einwirkung zu erwarten. Es ist selbstverständlich, daß von einem ärztlichen Gutachter eine objektive Beurteilung erwartet werden kann, auch dann, wenn der Verletzte sein Patient ist. Die Beratung des eigenen Patienten darf jedoch sicherlich so weit gehen, daß der Arzt zu einer geforderten oder angebotenen Summe Stellung nimmt. Stellung nehmen heißt hier nicht, daß der Arzt sich dazu verleiten lassen soll, eine konkrete Summe zu nennen, die er für angemessen hält. Er kann allenfalls seine Bedenken gegen eine von Anwalt, Gericht oder Patient genannte Summe äußern, etwa in der Art, daß er sagt, „das erscheint mir zu hoch oder zu niedrig", und zwar in dem Sinne, daß die Recht aussprechende Stelle die durch ihn angegebene Schwere der immateriellen Körperschädigung nicht richtig verstanden hat, oder aber auch „das erscheint mir angemessen". Nach GELHAAR soll der Sachverständige allerdings jede Frage nach der Höhe eines Schmerzensgeldes ablehnen, auch wenn das Gericht diese Frage stellt, da eine solche Frage an den ärztlichen Sachverständigen gegen die gesetzlichen Vorschriften verstößt.[7] Es ist dem Verfasser selbst mehrfach vorgekommen, daß ein Gericht von ihm ein Schmerzensgeldgutachten einforderte mit der direkten Frage nach der Höhe eines angemessenen Schmerzensgeldbetrages. Demnach scheinen die Ansichten auch auf Seiten der Gerichte erheblich zu differieren (s. a. Seite 77). Der Arzt wird — wie die Erfahrung zeigt — von jedem Verletzten, der einen Schmerzensgeldanspruch erhebt, hinsichtlich der Höhe des zu fordernden Schmerzensgeldes befragt.

Das Prinzip der Beschränkung auf sein medizinisches Fachgebiet bewahrt den Gutachter vor einem Abgleiten in die schwierigen und vielschichtigen juristischen Gefilde. So soll auch in den folgenden Darstellungen das Juristische nur tangiert und das zum medizinisch-juristischen Grenzgebiet Gehörende lediglich erwähnt werden. Die unbedingt erforderlichen juristischen Kenntnisse werden knapp aufgezählt, und im übrigen wird auf das aufschlußreiche Buch „Das Schmerzensgeld" von LIEBERWIRTH, III. Aufl., Heidelberg 1965, das auch für den Arzt verständlich ist, verwiesen und auf die bedeutende Entscheidungssammlung von SCHUNACK „Schmerzensgeld", Verlag Vers. Wirtschaft, Karlsruhe sowie die ausgezeichnete Übersicht von Hacks/Ring/Böhm, die vorzüglich auf die Praxis ausgerichtet ist: „Schmerzensgeld-Beträge", ADAC-Verlagsgesellschaft m. b. H., München, jetzt schon in der 11. Auflage (1983), die laufend ergänzt wird.

Es ist nicht nur interessant, sondern sicher auch notwendig für jeden, der sich mit den Problemen des Schmerzensgeldes befaßt, einen Blick in die Vergangenheit zu werfen und die heute in anderen Ländern der Erde vor-

---

[7] GELHAAR, DAR 24, S. 267—268 (1955).

liegenden Verhältnisse kennenzulernen. Der eingefügte Überblick der Geschichte des Schmerzensgeldes gibt Aufschluß über die vertikale Entwicklung mit Einblicken in die juristischen und menschlichen Hintergründe. Die Betrachtung der Umwelt zeigt neben den einzelnen Rechtsformen des Schmerzensgeldanspruches und seiner Behandlung auch den Grad der Einschaltung des ärztlichen Sachverständigen und seine Methoden in anderen Staaten. Beide aber zeigen uns, an welcher Stelle wir heute selbst stehen. Eine politische Abhängigkeit ist dabei nicht zu verkennen, wie man an den beiden großen Kontrahenten UdSSR und USA erkennen kann. In der Sowjetunion gibt es keinen Anspruch auf Entschädigung immaterieller Schäden, während in den USA die Ansprüche und Entschädigungen groteske Höhen angenommen haben — in beiden Fällen wohl nicht wünschenswerte Extreme. Der offenbar richtige Weg liegt auch hier in der Mitte. Um dahin zu gelangen, gehört neben die gesetzliche Anerkennung eines Schmerzensgeldanspruches überhaupt das juristisch-fachliche Urteil des Richters und dazu wiederum das Gutachten des ärztlichen Sachverständigen.

Die umfangreiche Darstellung der ausländischen Schmerzensgeldverhältnisse hat neben der allgemeinorientierenden Bedeutung im Zeitalter der Massenreisen ins Ausland durch die dort auftretenden Schadensfälle auch hohen informativen Wert. Insbesondere soll die Darstellung des Schmerzensgeldproblems aller Länder Europas auf dem vorliegenden Spezialgebiet auch ein Schritt zur europäischen Integration sein. Es war ungewöhnlich schwierig, ausreichendes und authentisches Material für dieses Kapitel zusammenzutragen.

Die Darstellung der Technik der Schmerzensgeldbegutachtung durch die ärztlichen Sachverständigen in anderen Ländern gibt Anregungen für die eigene Gutachtentechnik, sei es durch die Erkenntnis, wie man es nicht machen soll, sei es durch verwertbare Anregungen. Zahlreiche Verfahren, von der einfachen Darstellung der erlittenen körperlichen Schmerzen bis zu mehr oder weniger komplizierten Einteilungsschemata und Bewertungstabellen, versuchen das Problem „Schmerzensgeld" auf ihre Weise zu lösen. Aus dem Studium dieser Methoden und aus eigenen Erfahrungen ergab sich eine neue Methodik, die die Nachteile der bisherigen Verfahrensweisen ausschließt und ihre Vorteile übernommen hat. Der Gedanke, alle immateriellen Körperschäden unter einem Oberbegriff zusammenzufassen und nach Zeitabschnitten in Prozentsätzen auszudrücken, lag in der Linie der Fortentwicklung bestehender Verfahren und ist wahrscheinlich die einzige Möglichkeit, der Beurteilung einen allgemeingültigen Ausdruck zu verleihen. Eine Fülle von Arbeit auf juristischer und medizinischer Seite ist jedoch noch zu leisten, wobei die schwierigste sein wird, die allgemeine Anerkennung der Methodik und ihre routinemäßige Anwendung zu erreichen. Diesem Ziele dienen auch die Bemühungen der 4. Auflage dieses Buches. Es soll aber darüber hinaus eine zusammenfassende Darstellung des Schmerzensgeldanspruches aus ärztlicher Sicht geben.

2. Begriffsdefinition des Wortes „Schmerzensgeld"

Das Bürgerliche Gesetzbuch in Deutschland lautet im § 253: „Wegen eines Schadens, der nicht Vermögensschaden ist, kann Entschädigung in Geld nur in den durch das Gesetz bestimmten Fällen gefordert werden." Dazu gehört die Bestimmung im § 847 des BGB: „Im Falle der Verletzung des Körpers oder der Gesundheit sowie im Falle der Freiheitsentziehung kann der Verletzte auch wegen des Schadens, der nicht Vermögensschaden ist, eine billige Entschädigung in Geld verlangen . . ." Und weiter: „der Anspruch ist streng persönlich, kann nicht abgetreten und vererbt werden und ist nicht pfändbar."

Das allgemein gebräuchliche und in den deutschen Sprachschatz eingegangene Wort „Schmerzensgeld" ist für den nicht mit der Materie Vertrauten zunächst irreführend. Immer wieder erlebt man als Arzt, daß der Verletzte eine unzureichende Vorstellung von dem Inhalt dieses Begriffes hat. Unter einem Schmerz versteht man üblicherweise den rein körperlichen Schmerz, so daß das Schmerzensgeld als Ausgleich für erlittene körperliche Schmerzen angesehen wird. Da das Bürgerliche Gesetzbuch im § 847 bestimmt, daß *jeder* Nichtvermögensschaden durch eine „billige Entschädigung in Geld" ausgeglichen werden soll, kann nicht nur der körperliche Schmerz allein gemeint sein, wenn er auch zur Bildung des Wortes geführt hat.

Bei näherer Betrachtung jedoch ist leicht zu erkennen, daß auch alle anderen immateriellen Schäden eine irgendwie schmerzhafte Sensation für den Geschädigten darstellen, zwar nicht im rein körperlichen, sondern im seelischen Bereich. Simultanschmerzen — wie seelische Schmerzen als Folge langanhaltender körperlicher Schmerzen — lassen deutlich werden, wie eng diese beiden Schmerzarten miteinander verbunden sein können. Rein körperlicher Schmerz ist beim Menschen selten, da er, der Mensch, die Fähigkeiten des Erinnerns, des Erkennens einer Situation, des Vorausdenkens und damit der Angst, des sich Sorgens und die Möglichkeit zur Verzweiflung besitzt, die dem Tier — das zwar körperliche Schmerzen in hohem Maße verspüren kann — weitgehend abgehen. Der im Gesetz gemeinte und auch der Wirklichkeit entsprechende umfassende Schmerzbegriff muß demnach auch bei der Beurteilung und Bewertung eines Schmerzensgeldes zugrundegelegt werden.

Die rein körperlichen Schmerzen sind durch Intensität, Dauer und Art sehr unterschiedlich; die seelischen Schmerzen sind aber ungleich vielseitiger. Ihre Skala reicht vom leichten Unbehagen bis zum Vernichtungsgefühl. Die

Lebensfreude und das Gefühl des gesunden Wohlbefindens werden dadurch mehr oder weniger beeinträchtigt und gemindert. Der Schmerzensgeldgutachter muß sich deswegen die Weite des hier gemeinten Begriffes „Schmerz" zu eigen machen und sich immer vor Augen halten. Die von verschiedenen Autoren geforderte Abschaffung des Wortes Schmerzensgeld für die Entschädigung immaterieller Schäden ist bei dieser Begriffsdefinition nicht notwendig und wegen der allgemeinen Verbreitung des Wortes im deutschen Sprachraum auch nicht zu empfehlen. Der terminus technicus „Schmerzensgeld" ist bereits so fest in der Literatur verankert — und bei richtiger Deutung so treffend —, daß eine Ausmerzung nur schwer möglich und auch bedauerlich wäre.

Während die rein körperlichen Schmerzen verhältnismäßig einfach zu beurteilen sind, wozu die Beobachtung des Arztes bei der Behandlung, die vergleichbaren Erfahrungen mit ähnlich gelagerten Verletzungen und die Kenntnis der Individualität des Verletzten gute Anhaltspunkte bieten, macht die große Fülle seelischer Schmerzarten und -möglichkeiten wie Angst, Not, Verzweiflung, Sorgen durch die seelische Reaktionsfähigkeit des Menschen, der sich zum Beispiel über eine entstellende Narbe grämt und dadurch Minderwertigkeitsgefühle, Demütigung durch Kontaktschwierigkeiten erdulden muß, die Beurteilung zum Teil außerordentlich schwierig, was einem Gutachter erhebliches Einfühlungsvermögen einerseits und auf der anderen Seite strengste Selbstkritik abverlangt.

FELDER[8] weist darauf hin, daß körperliche Schmerzen durch emotionale Verarbeitung beim Menschen auch seelische Schmerzen bedingen. Hierbei spielen der Bewußtseinszustand, die Schmerzverarbeitung, das Schmerzerleben und die Schmerzproduktion aus rein seelischem Erleben eine große Rolle.

Um den vollen Umfang der immateriellen Schäden im Einzelfalle zu erkennen, ist es erforderlich, den Normalzustand — das heißt, den Zustand der Gesundheit des betreffenden Menschen vor der Schädigung — zu beachten. Die alten Ärzte verstanden unter Gesundheit den Zustand der völligen Harmonie und die Weltgesundheitsorganisation (WHO — World Health Organisation) formuliert allgemeingültig:

> „Gesundheit ist das völlige körperliche, seelische und soziale Wohlbefinden".

Hier ist der vergleichbare Idealzustand, an dem sich der Gutachter orientieren kann, an dem er jede Abweichung erkennt. Der Schmerz, gleichgültig, ob rein körperlich oder seelisch, beeinträchtigt nach dieser WHO-Definition die Gesundheit des Menschen und ist durch den Gutachter fest-

---

[8] FELDER, Med. Diss., Marburg 1953, S. 22.

zustellen, zu beschreiben und zu beurteilen und nach dem Gesetz zu entschädigen.

Aus den medizinischen und juristischen Forderungen kann demnach folgende Schmerzensgelddefinition formuliert werden:

Das Schmerzensgeld ist ein angemessener Geldbetrag für erlittene oder noch zu erleidende immaterielle Schäden, das heißt körperliche und seelische Schmerzen aller Art, und soll in erster Linie die Minderung der Lebensfreude (Gesundheit) des Geschädigten auf andere Weise wieder ausgleichen und in zweiter Linie der Genugtuung dienen.

Entsprechend der Definition des Wortes „Schmerzensgeld" bedarf auch der im Schrifttum inzwischen eingebürgerte Begriff „Schmerzensgeld-Gutachten" einer Erläuterung. Das Schmerzensgeld wird nämlich nicht begutachtet, sondern lediglich die durch eine Körperverletzung entstandenen immateriellen Schäden. Nachdem PROBST[9] das Wort in das „Handbuch der Unfallbegutachtung"aufgenommen hat, sollte man es jedoch als praktische Vokabel nicht zugunsten einer komplizierten, wenn auch korrekteren Umschreibung wie etwa „Gutachten über die durch eine Körperverletzung eingetretenen immateriellen Schäden" ersetzen.

3. Historischer Überblick

Bei der Suche nach den ersten Spuren eines Schmerzensgeldes in der Vergangenheit müssen wir unterscheiden zwischen dem Begriffsinhalt und dem Wort. Das Wort „Schmerzensgeld" taucht erst später auf, dagegen können wir bereits in vorchristlicher Zeit die Entschädigung für immaterielle Schäden, insbesondere körperliche Schmerzen, in den verschiedenen Kulturkreisen studieren.

Die unterschiedliche Einstellung einzelner Völker, Rassen und Religionsgemeinschaften gegenüber einer materiellen Entschädigung immaterieller Schäden, läßt Schlüsse auf die soziale Struktur, die Wertung des Individuums und die Einstellung zum Leben und seinen ideellen Werten zu.

Es ist dabei nicht zu verkennen, daß die Geschichte mit zunehmender Individualisierung und dem weiteren Ausbau der Rechtsstaatlichkeit die Einstellung der Gesellschaft zu diesem Komplex grundlegend gewandelt hat und daß dabei auch wertvolle ideelle Güter verlorengingen.

Die Einstellung, daß die Unversehrtheit ein unschätzbares Gut ist und deswegen in Geld nicht veranschlagt werden kann,[10] entspricht zweifellos einer hohen ethischen Haltung — wie auch der bewundernswerte Stolz kraftvoller und beherrschter, aber oft primitiver Volksstämme, die den

[9] PROBST in Handbuch der Unfallbegutachtung, Stuttgart, Enke, 1961, S. 420, Hsg. LOB.

[10] SCHEIDGES, Diss., Marburg 1915.

Schmerz ignorierten und Schmerzäußerungen oder Klagen als weichliche Schwäche ansahen.

Der vorurteilslose Kritiker muß jedoch bedenken, daß mit der zunehmenden Verfeinerung der menschlichen Empfindungsfähigkeit der Schmerz — sei er seelisch oder körperlich — den kultivierten Menschen erheblicher belastet. Es ist sicherlich falsch, diese subtilere Reaktionsbereitschaft des modernen Menschen als Verweichlichung zu verurteilen. Hochdifferenzierte Organismen benötigen eben ein genau eingestelltes Klima und gehen in einem rauheren zugrunde. Die Entwicklung des Menschengeschlechts reicht vom Höhlenmenschen mit seiner „Bärennatur" bis zum hochzivilisierten, mimosenhaften Individuum, von der Urwaldtrommel bis zur „Neunten" und vom stumpf-dumpfen Schmerz bis zur — in den Anfängen der Urgeschichte des Homo sapiens sicher unbekannten — seelischen Selbstmarterung eines Strindbergh. Diese Darstellung soll keine Wertung etwa mit der besonderen Hochachtung für die kraftvolle Haltung eines Winnetou und Verachtung für einen übersensiblen, leidenden Chopin oder umgekehrt mit einer Geringschätzung der primitiven alten Germanen und einer Verherrlichung der Empfindungsbreite eines Rilke verknüpfen. Zu jeder Zeit und auf jeder Entwicklungsstufe — wie sie auch heute noch nebeneinander auf unserer Erde beobachtet werden können — ist der jeweilige Status eines Kulturkreises eine Realität, der sich die Rechtsordnungen des betreffenden Staates anpassen müssen. Die geschichtliche Darstellung dient lediglich zum besseren Erkennen der erreichten Position.

SEIFERT[11] vergleicht das Verhalten unserer Ahnen und Vorahnen zum Schmerzerlebnis, in ihrem seelisch-affektiven und auch vegetativ-körperlichen Verhalten mit dem einer einheitlichen Gruppe Leukotomierter. Oder — wie er sich ausdrückt: „Die neuzeitliche Schmerzchirurgie in der Form einer praefrontalen Leukotomie — bezüglich der Schmerzfähigkeit — gleicht auf seelisch-affektivem Gebiet der Wirkung eines künstlichen Mittelalters am Einzelmenschen von heute."

Die progressive Cerebration, die von SPATZ[12] anhand der Schädelformen aus Urfunden angenommen wird, ist auch heute noch nicht abgeschlossen. Diese besonderen Teile des Neocortex sind noch in fortschreitender Entfaltung begriffen. Deswegen dürfte die Annahme von SEIFERT[13] wahrscheinlich zutreffen, daß unsere Vorfahren trotz Krankheit und grausamster Wunden tatsächlich weniger zu leiden hatten als wir Gegenwärtige. Die Verfeinerung unseres Wesens mit einer seelisch-affektiv erhöhten An-

---

[11] SEIFERT, E., Der Wandel im menschlichen Schmerzerleben, München 1960, S. 84.

[12] SPATZ, H., Praehistorische Ztschr. 36, 129 (1958).

[13] SEIFERT, E., a. a. O., S. 60 ff.

sprechbarkeit und bewußterem Bewußtsein hat offensichtlich zu einer gesteigerten Schmerzfähigkeit geführt.

Wie überall der vorwiegende Zustand als Norm angenommen wird, so mußte auch bei einem kraftvollen und rauhen Kriegervolk der weiter entwickelte, aus dem Rahmen fallende Sensible auffallen, unangenehm auffallen und verachtet werden. Die alten Deutschen kannten kein Entgelt für erlittene Schmerzen. Eine Bezahlung für erduldete körperliche Schmerzen zu verlangen, wäre sicherlich für schimpflich gehalten worden;[14] eine Einstellung, die nicht nur dem kampfgewöhnten und harten Kriegervolk der Germanen eigentümlich war, sondern auch ähnlich entwickelten Volksgruppen wie den Indianern.

Erst aus dem 14. Jahrhundert haben wir sichere Unterlagen über Schmerzentgelte verbürgt, so im „Frauenfelder Stadtrecht" aus dem Jahre 1331, wo es wörtlich heißt: „Man zahlt bei Wunden dem Kläger drei Pfund für sinen smerzen".[15]

Die Bemessung des Schmerzensgeldes ist hier pauschal gerechnet und keineswegs dem Schaden angepaßt. Jedenfalls anerkennt man schon vor über 600 Jahren einen Anspruch auf Entschädigung immaterieller Schäden, wenn auch in primitiver Form.

Die gleiche Entwicklungsstufe, jedoch schon offensichtlich mit Einbeziehung seelischer Schmerzen (Sorge, Not, Ertragen von Verachtung), wird aus der „Kölner Städtechronik" aus dem Jahre 1431 deutlich, die „10 Gulden für einen zu Unrecht Gepenichten" vorsieht.[16]

Wieder 100 Jahre später ist in der „Halsgerichtsordnung" Kaiser Karls des V. aus dem Jahre 1532 ein erheblicher Fortschritt festzustellen. Die körperlichen und seelischen Schmerzen werden einzeln benannt: „... sollen die, dem also wider Recht, ohn die bewisen anzeyung, gemartert wer, seiner schmach, schmertzen, kosten und schaden der gebühr ergetzung zu thun schuldig sein ...".

Der Schadenersatz ist also umfassend: die entstandenen Kosten, der materielle Schaden und der immaterielle Schaden werden ersetzt bzw. ausgeglichen. „schmertzen" dürften körperliche Schmerzen und „schmach" seelische Schmerzen und „kosten" und „schaden" die materiellen Schäden sein. Ein Pauschalbetrag ist nicht eingesetzt, sondern nur das Wort „gebühr" gebraucht, das die Höhe der Summe offenläßt. Das Wort „gebühr" steht an der Stelle des später gefundenen Wortes „Schmerzensgeld", beinhaltet

---

[14] ELTERLEIN, zit. nach DÜNCKELMEYER, Med. Diss., Erlangen, 1953, S. 13.

[15] HIS, „Das Strafrecht des deutschen Mittelalters", 1, 599, Leipzig 1920.

[16] BOCKSCH, „Die rechtliche Natur der gemeinrechtlichen Schmerzensgeldklage", Diss., 1898, Erlangen.

jedoch mehr, da die Entschädigung materieller Verluste enthalten ist. Erst 200 Jahre später erscheint eine der damaligen Sprachentwicklung entsprechende Form des Wortes „Schmerzensgeld“ im „Kurfürstlich sächsischen Duellmandat“ vom 2. 7. 1712, das von „Schmerzegeld“ spricht.

In der Folge erscheint das Wort Schmerzensgeld häufiger. Im „Preußischen Landrecht“ vom Jahre 1794 spielt die vornehme Auffassung, daß Geldannahme bei höheren Ständen für etwas Anstößiges angesehen wurde, eine wesentliche Rolle, wie der § 114 aussagt: „Bei Personen höheren Standes wird auf die dem Beleidigten durch die Mißhandlung verursachten Schmerzen nur auf die Bestimmung der gesetzlichen Strafe Rücksicht genommen“, während der § 112 eine Entschädigung bei niederen Ständen zugesteht: „Wegen erlittener Schmerzen können Personen vom Bauern- und gemeinen Bürgerstande, denen dergl. Verletzungen aus Vorsatz oder grobem Versehen zugefügt wurden, ein billiges Schmerzensgeld fordern“.

Nun darf nicht übersehen werden, daß die „höheren Stände“ damals in der Regel auch sehr begütert waren und infolgedessen leicht auf ein Schmerzensgeld verzichten konnten und mehr Wert auf die Bestrafung des Schädigers legten. Interessant ist der Vergleich dieser Situation mit der Handhabung im heutigen englischen Recht, wo dem reichen Geschädigten ein wesentlich höheres Schmerzensgeld in der Regel zugesprochen wird als einem gleichgeschädigten minderbemittelten Staatsbürger, mit dem Hinweis, daß der Ausgleichscharakter des Schmerzensgeldes nicht erreicht würde bei Geldentschädigung in gleicher Höhe, da für die beiden unterschiedlichen sozialen Stufen das Geld verschiedenen Wert habe.

Auch in der deutschen derzeitigen Schmerzensgeldrechtsprechung sollen die wirtschaftlichen Verhältnisse des Geschädigten berücksichtigt werden, obwohl namhafte Juristen wie GELHAAR[17] vor der Entscheidung des GSZ des BGH vom 6. 7. 1955 dagegen Stellung genommen haben. Dem Mediziner steht sicherlich keine juristische Einmischung zu, doch kann der Arzt dazu aussagen, daß der Schmerz trotz aller individueller Unterschiedsmöglichkeiten bei gleichen Schäden auch ungefähr gleichartig ist. Bei dem wirtschaftlich Schwächeren sind die Sorgen um die Zukunft im Schadensfalle größer als bei einem Reichen, so daß eine höhere Bemessung für den reichen Geschädigten aus der ärztlichen Sicht nicht gerechtfertigt erscheint.

Die Wandlung in der Bewertung erlittener Schmerzen und ihrer Wiedergutmachung durch materielle Ausgleiche (Geld) ist im Verlaufe der Geschichte sicherlich nicht durch eine Abstumpfung der Ehrbegriffe bedingt, sondern neben dem „Wandel im menschlichen Schmerzerleben“ und der größeren Aufmerksamkeit, die der Gesetzgeber dem Einzelmenschen jetzt mehr

[17] GELHAAR, NJW. 1953, H. 35, 1281.

zuwendet, insbesondere durch die heutzutage hoch eingeschätzte Unversehrtheit der Gesundheit, die eines unserer höchsten irdischen Güter ist.

Noch in neuester Zeit hat diese Auffassung große Wandlungen erfahren. Wahrscheinlich sind die beiden Weltkriege daran maßgeblich beteiligt. So paradox es erscheinen mag: die Massenvernichtung hat dem heutigen Menschen das Gefühl für den Wert seines Lebens deutlicher werden lassen. Alle materiellen Güter wurden durch die Zerstörung wertlos, den Überlebenden blieb oft nur das nackte Leben — und das war trotz der vorher so unentbehrlich erschienenen kulturellen und zivilisatorischen Errungenschaften unendlich viel mehr, solange dieses Leben unversehrt blieb und der Mensch sich das Verlorene infolgedessen wiederbeschaffen konnte. Mit der zunehmenden Erkenntnis seines Persönlichkeitswertes ist der Mensch bestrebt, diesen Wert noch zu steigern, indem er sich weiterbildet, eigene Wege beschreitet und sich — auch außerberuflich — spezialisiert. Die angebliche Vermasssung, der wir nach dem Schlagwort zahlreicher Publizisten ständig entgegentreiben, ist nichts weiter als breite Streuung der Kulturgüter mit modernen Mitteln. Im hier verstandenen Sinne ist im Gegenteil die Zeit größtmöglicher Individualisierung angebrochen. Der Arzt, der den Menschen aus besonderer Nähe betrachten kann, der ihn nicht nur im wörtlichen Sinne nackt vor sich sieht, erlebt es täglich, wie sehr diese — auch oft einfachen Menschen — bestrebt sind, ihre Individualität aufzubauen, zu erhalten und zu differenzieren und vor allem, sich dessen bewußt zu sein. Die früher der Förderung der Vermassung bezichtigten Volksbeeinflussungsmittel wie Fernsehen, Presse, Film und Rundfunk sind heute in so großer Auswahl vorhanden, daß jeder einzelne genügend Angebote hat, sich das Zusagende herauszusuchen. Durch die Möglichkeit mittels moderner Verkehrsmittel andere Länder zu besuchen, wird der Horizont von Millionen Menschen jährlich erweitert, die Persönlichkeit geformt.

Es ist eine wesentliche Aufgabe des Arztes, der wie kaum ein anderer Mitbürger dem heutigen Menschen nahekommt, diese Individualisierung zu erkennen, zu fördern und — soweit er als Gutachter tätig ist — zu berücksichtigen. Erst die Gesamtwertung der Persönlichkeit kann zu einer gerechten Beurteilung führen. Die Persönlichkeitsbewertung bestimmt die Höhe eines Schmerzensgeldes wesentlich mit. Die Anerkennung einer angemessenen Vergütung für immaterielle Schäden hebt den Einzelmenschen hervor und läßt ihn und die Umwelt erkennen, daß sein Wert als Mensch mehr ist als der einer Arbeitsmaschine. Wie ein Blick über die Grenzen erkennen läßt, sind diese Überlegungen nicht spekulativ, sondern entsprechen den Realitäten.

Der geschichtliche Fortschritt, der mit der Entwicklung des Menschen und seiner Technik ein langsamer Reifungsprozeß ist, zeigt auch am Beispiel des Schmerzensgeldproblems in den letzten Jahrzehnten eine steile Aufwärtsbewegung. Noch im Jahre 1914 wurden für schwerste Dauerschäden für unsere heutigen Begriffe überaus bescheidene Beträge gezahlt: für eine multiple Schädigung mit Unterleibsquetschung und Blasenlähmung, Rücken- und Oberschenkelverletzung bei einem Patienten wurden 100 Mark gezahlt. Noch 1931 wurden für einen Oberschenkelbruch 400 Mark vergütet.[18]

Wie sehr weltanschauliche Einstellungen auch bei uns in Deutschland die Schmerzensgeldhöhe beeinflußt haben, zeigt eindringlich das Beispiel des „Dritten Reiches". Die Auflage des bekannten Werkes von FISCHER-MOLINEUS „Das ärztliche Gutachten im Versicherungswesen" vom Jahre 1939 (Bd. I, S. 1179) brachte damals folgende Formulierung: „Es wäre ein Unrecht gegenüber dem normalen Verhalten eines rechtlich denkenden Volksgenossen, der die Zähne aufeinanderbeißt, wenn hier (bei der Bemessung des Schmerzensgeldes) nach der Einstellung des Arztes derart schwächliche und psychasthenische Betrachtungsweisen zugrundegelegt würden". Nach dem Wahlspruch Hitlers: „Gelobt sei, was hart macht" darf der korrekte Gutachter nicht entscheiden. Beachtlich ist, daß unter dieser Auffassung im Jahre 1936 für den Verlust eines Beines ein Schmerzensgeld von RM 300,— gezahlt wurde, ein geradezu lächerlicher Betrag, wenn man die außerordentlichen Auswirkungen für den Geschädigten für sein ganzes Leben (Dauerschaden!) bedenkt.

Dennoch war auch schon in den Vorkriegsjahren eine starke Tendenz der Gerichte, die Schmerzensgeldsummen zu erhöhen, ersichtlich.[19] Die Entwicklung ließ sich auch durch eine diktatorische, persönlichkeitsfeindliche Ideologie nicht ganz unterdrücken.

Die außerdeutsche Entwicklungsgeschichte des Schmerzensgeldes reicht in ihren Anfängen Jahrtausende zurück. Die erste Möglichkeit der Entschädigung eines immateriellen Schadens in Geld ist im Alten Testament niedergelegt (II. Buch Mose, Kap. 22, Vers 16 und 17): „... wenn jemand eine Jungfrau beredet, die noch nicht vertraut ist, und beschläft sie, der soll ihr geben ihre Morgengabe und sie zum Weibe haben. Weigert sich aber ihr Vater, sie ihm zu geben, so soll er Geld darwägen, wieviel einer Jungfrau zur Morgengabe gebührt". Ob hier allerdings der ideelle Wert der Jungfrauenschaft vergütet werden sollte, ist fraglich, denn sie stellte für den Vater tatsächlich einen materiellen Wert dar. Die Morgengabe ging an den Vater der Braut. Die Braut bzw. das mißbrauchte Mädchen selbst wurde nicht berücksichtigt.

---

[18] CAHN, H., in LININGER, WEICHBRODT, FISCHER, Handbuch ärztlicher Begutachtung, Barth, Leipzig, S. 205/206.

[19] WUSSOW, Deutsches Recht, 1943, 831.

Im Codex Hammurabi (2000 vor Christus in der vorbabylonischen Zeit in Vorderasien) wurde bei Körperverletzungen durch Ärzte (mißlungene Operationen) ohne Prüfung einer Schuld hart bestraft, so zum Beispiel mit dem Verlust einer Hand des Operateurs beim Tode des Patienten oder etwa der Zerstörung eines Auges. Diese Bestrafung erfolgte jedoch nur, wenn der Patient ein Freier war. Bei Schädigung eines Sklaven mußte der Handelswert des Sklaven bezahlt werden, da dieser nicht als Mensch, sondern als Ware betrachtet wurde.[20]

Die Erwähnung dieser Verhältnisse erfolgt nur wegen der krassen Gegenüberstellung zu den heutigen Verhältnissen. Von einem Schmerzensgeld war damals keine Rede. Lediglich der Strafcharakter einer Haftung kam zum Ausdruck. Im alten Griechenland (HIPPOKRATES, ANTIPHON, PLATO, PHILEMON) erscheint ebenfalls noch kein Schmerzensgeld, doch war die Schädigung der Gesundheit eines Patienten durch einen Arzt nicht mehr mit körperlicher Züchtigung bedroht, sondern nur noch mit Schmach. Im altrömischen Reich scheinen schon Ansätze für die Entschädigung von Schmerzen vorhanden zu sein, doch sind sich die Historiker hier noch nicht einig.

Der geschichtliche Rückblick läßt erkennen, daß mit zunehmender Zivilisierung die Wertung des Individuums in den Vordergrund tritt und mit ihr auch die sich steigernde Einschätzung immaterieller Werte. Demnach zeigt uns die Geschichte den vorgezeichneten Weg in die Zukunft: auch auf dem Sektor der Schmerzensgeldbegutachtung die Höherentwicklung des Menschen mehr als bisher zu berücksichtigen und sie dadurch zu fördern.

4. Das moderne Zeitbild

Neben der geschichtlichen Dimension ist zur Feststellung der heutigen Position unserer deutschen Schmerzensgeldverhältnisse — einschließlich der Begutachtung — eine Betrachtung der Umwelt, d. h. der anderen Länder, von Interesse und Bedeutung.

In Deutschland spielt das Schmerzensgeld eine bedeutsame Rolle. Wenn auch viele Juristen dieses Gebiet zwar als eine nur ihnen zugängliche Domäne ansehen, haben sich doch gerade in letzter Zeit zahlreiche Rechtsanwälte, Richter und Mediziner dahingehend geäußert, daß ohne den ärztlichen Sachverständigen die korrekte Abwicklung einer Entschädigung immaterieller Schäden nicht möglich ist.

Die rechtlichen Grundlagen des Schmerzensgeldes sind eindeutig umrissen und die hoheitliche Stellung des Richters, der nach eigenem Ermessen

[20] FISCHER, I., „Ärztliche Standespflichten“, Historische Studie. Braumüller, Wien und Leipzig 1912, S. 154 ff.

die Höhe des Schmerzensgeldes festlegt, unangetastet. Für die Zukunft wäre es zu wünschen, und von ausschlaggebender Bedeutung für allgemeingültigere und gerechtere Urteile, wenn es dem Richter zur Pflicht gemacht würde, in jedem Schadensfalle den ärztlichen Sachverständigen zu hören und seinen Erkenntnissen und Vorschlägen — falls sie überzeugen können — zu folgen. Die Kompliziertheit der rein medizinischen Seite immaterieller Schäden überfordert den Juristen zweifellos; warum sollte der medizinische Fachmann hier dem Richter nicht einen Teil seiner Verantwortung abnehmen! Es kann nicht im Interesse der Beteiligten liegen, irgendwelchen Kompetenzstreitigkeiten Vorschub zu leisten. Einzig und allein der Sache zu dienen, ist auch hier höchstes Gebot. Wie es für den Arzt Selbstverständlichkeit ist, die Heilung des Patienten als beherrschendes Ziel zu haben, so ist es auch für den Richter das einzige Ziel, ein gerechtes Urteil zu finden, wozu er sich der besten Mittel bedienen sollte. Die Ermessensfreiheit des Richters darf nicht zur Selbstherrlichkeit führen, sondern sollte ihn — der mit einer solchen Verantwortung belastet ist — Rückendeckung bei allen erreichbaren Fachleuten suchen lassen.

In anderen Ländern, wie beispielsweise in den USA, in denen nicht der Richter das letzte Wort spricht, sondern eine Jury aus Laien, ist die Hinzuziehung von ärztlichen Sachverständigen in Schmerzensgeldprozessen allgemein üblich. Die Einschaltung einer Laien-Jury in den USA ist aber andererseits auch recht ungünstig, da sie sich zu sehr emotional beeinflussen läßt. Den richterlichen Fachmann kann man mit blutigen Präparaten, erregenden Darstellungen von Verletzungen oder Vorführung Verstümmelter nicht so sehr beeindrucken. Er ist sachlich orientiert und hat meist ausreichende Erfahrung, um im Verein mit dem ärztlichen Sachverständigen, der seinerseits einige juristische Grundbegriffe beherrscht, den Schadensfall hinsichtlich seiner körperlichen Folgen und seelischen Schäden richtig einzuschätzen. Die deutsche Gesetzgebung bietet alle Vorteile zur Erreichung dieses Idealzieles, dessen Verwirklichung in anderen Ländern infolge der dort zur Zeit bestehenden Rechtsordnung einfach nicht möglich ist. Die Ignorierung immaterieller Schäden in Rußland und die durch Laien gefühlsmäßig festgestellten, oft immensen Schmerzensgeldhöhen in den USA sind gleichermaßen Irrwege, weil sie oft vom Boden der Tatsachen abweichen. In beiden Fällen sind die Staatsformen daran schuld.

In den UdSSR ist das Gemeinwohl alles und der Einzelmensch erscheint demgegenüber zu unwichtig, während in den USA das Persönlichkeitsrecht in einer sicherlich überspitzt aufgefaßten demokratischen Einstellung überbewertet wird. In besonders individualistisch eingestellten Ländern, wie in Frankreich, hat das Schmerzensgeld und seine praktische Abwicklung eine beachtliche Höhe entwickelt. Gerade in Frankreich, dem Land mit dem wohl verfeinertesten Lebensstil in der alten und der neuen Welt, können wir die Abhängigkeit der Behandlung des Schmerzensgeldanspruches gerade von diesen Gegebenheiten ablesen. Hier ist sogar der Schmerz naher Angehöriger zu vergüten.

Die meisten anderen Länder sind nach einem der großen Rechtskreise orientiert und imitieren infolgedessen weitgehend. Zu erwähnen sind allerdings bei einem Rundblick die zahlreichen Länder (etwa ein Drittel), in denen der Schmerzensgeldanspruch wohl besteht, praktisch aber keine Bedeutung hat und sicherlich auch keine ärztliche Mitarbeit kennt. In den besonderen Kapiteln wird auf die einzelnen Staaten eingegangen werden.

In Deutschland obliegt im allgemeinen dem Chirurgen — genauer dem Unfallchirurgen — die Erstellung von Schmerzensgeldgutachten. Da die meisten Haftpflichtschäden bei Verkehrsunfällen eintreten, sind sie bei Verschulden des schädigenden Kfz.-Führers durch die gesetzliche Pflichthaftpflichtversicherung der Kraftfahrer gedeckt. Um den Schaden belegen zu können, verlangt der Patient, dessen Anwalt oder die Haftpflichtversicherung in der Regel ein Gutachten von dem behandelnden Arzt, meist also von einem Unfallchirurgen. Die zu diesem Zweck von den Versicherungen zugesandten Formulare enthalten selten eine Frage nach der Dauer und Intensität der erlittenen körperlichen Schmerzen, niemals aber eine solche nach den seelischen, d. h. also anderen immateriellen Schädigungen, mit Ausnahme von Darstellungen über Entstellungen.

Bei zahlreichen Schäden handelt es sich um Bagatellfälle, die oft nur einen geringen Schmerzensgeldanspruch rechtfertigen. Ist der Schaden aber größer, so nimmt sich der Verletzte meist einen Rechtsanwalt zur Hilfe, der sich zunächst an den Schädiger oder dessen Versicherung wendet und eine Aufstellung der Schäden einreicht: Sachschäden, materielle Schädigungen anderer Art (Verdienstausfall, Unkosten etc.) und immaterielle Schäden. In vielen Fällen bittet er jetzt den Arzt, sein Zeugnis oder ein umfangreiches Gutachten über die Art, den Verlauf und die Prognose der Körperschäden seines Klienten abzugeben, wobei auch stets ausdrücklich nach dem Grad der immateriellen Schäden gefragt wird. Dieses Gutachten legt der Geschädigte bzw. sein Anwalt der Versicherung vor, die es ihrerseits anerkennt oder durch ein Gegengutachten eines anderen Arztes in Vergleich setzt und dann mit dem Verletzten in Verhandlungen eintritt, die die Höhe des Schmerzensgeldes betreffen. Inzwischen erscheint der Verletzte nicht selten bei seinem Gutachter und holt dessen Rat über die Höhe des zu fordernden und angebotenen Schmerzensgeldes ein. Die Antwort ist auch für den erfahrenen Gutachter nicht einfach. Häufig erkundigt sich der Anwalt des Geschädigten telefonisch bei dem Gutachter nach dessen Meinung über die Höhe des angemessenen Schmerzensgeldes. Viele Verletzte schlagen dem von ihnen gewünschten Betrag etwa 50% hinzu und können dann bei Verhandlungen mit der Versicherung entsprechend nachgeben, um so rascher zu dem Schmerzensgeld zu kommen, das sie sich vorgestellt haben.

Gelangen die Parteien zu keiner außergerichtlichen Einigung, so wird das Gericht bemüht. Hier spielt die ärztliche Begutachtung — je nach Einstellung des Richters — eine erhebliche, geringe oder kaum eine Rolle. Die erstrichterliche Entscheidung ist nicht endgültig, da ja die Anfechtungsmöglichkeit den Parteien offensteht, im Gegensatz zu der absolut endgültigen Entscheidung der Jury eines amerikanischen Gerichts. Außerdem wird in den USA das Schmerzensgeld nicht besonders beziffert, sondern mit den anderen Entschädigungen global genannt.

Im weiteren Ausbau der Schmerzensgeldbegutachtung und der Beibehaltung einer eingeschlagenen Entwicklungsrichtung wäre der Idealzustand für die Abwicklung des Schmerzensgeldanspruches in Deutschland in der Erfüllung folgender Forderungen zu erwarten und zu wünschen:

1. Beachtung immaterieller Schäden bereits während der Behandlung und entsprechende Vermerke in der Krankengeschichte.
2. Einholung ärztlicher Atteste und Gutachten über die medizinisch feststellbaren immateriellen Schäden durch Versicherungen auch beim außergerichtlichen Vergleich in jedem Falle.
3. Einschaltung des ärztlichen Sachverständigen in jeden Schmerzensgeldprozeß durch schriftliches und u. U. mündliches Gutachten.

Die weiter unten dargestellte Verfeinerung der Schmerzensgeldbegutachtung wird diesem Endziel dienlich sein, da sich der Richter dadurch in die Lage versetzt sieht, von einer vergleichsfähigen Plattform einen immateriellen Schaden durch das fachlich geschulte Auge des Mediziners zu überblicken.

II. Spezieller Teil

A. Der körperliche Schmerz

Über den körperlichen Schmerz — einem der bedeutsamsten Phaenomene der belebten animalischen und in höchstem Maße der bewußten Natur — ist viel geschrieben worden. Die Anatomie der Schmerzreizaufnahmeapparate, der weiterleitenden und der Endorgane, die Wirkungsweise dieser komplizierten Funktionen, die Beeinflussung der Psyche und deren Wechselwirkungen sind derart komplex, daß nur ein knapper Überblick gegeben werden kann, wobei alle spekulativen Theorien unberücksichtigt bleiben müssen. Eine moderne Darstellung der Vielfalt der Problematik des körperlichen Schmerzes findet der Interessierte in dem Buch „Wesen und Bedeutung des Schmerzes" von SAUERBRUCH/WENKE (Athenäum-Verlag, Frankfurt 1961). Für den Schmerzensgeldgutachter ist die Kenntnis der wichtigsten Grundtatsachen von großem Vorteil, wenn nicht unerläßlich.

Der Sinn körperlicher Schmerzen

Die Betrachtung des körperlichen Schmerzes hinsichtlich seiner sinnvollen Bedeutung aus den verschiedensten Blickrichtungen wie der biologischen, philosophischen, religiösen und pathologischen läßt erkennen, daß trotz aller Kompliziertheit der durch die menschliche Reflektionsfähigkeit eröffneten Perspektiven die Natur in ihrem Erhaltungstrieb dem Schmerz ganz einfach eine Warnfunktion zugeteilt hat, wie es in dem griechischen Zitat klassisch ausgedrückt ist: „Der Schmerz ist der Wachhund der Gesundheit". Wenn auch die Bedeutung dieser Feststellung für die direkte Begutachtung unwesentlich ist, falls es sich nicht um einen Patienten handelt, der anlagemäßig keine Schmerzen fühlen kann, so gewinnt sie an Bedeutung auch für den Gutachter, wenn ihm klar wird, daß eben wegen dieser Warnfunktion der Schmerz die einzige Sinnesqualität ist, die fast in allen Körperregionen empfunden werden kann.[21] Dieses anatomisch universelle „Sinnesorgan" ermöglicht eine ebenso universelle Schutzfunktion wie auch eine Vielzahl immaterieller Schädigungsmöglichkeiten im Sinne des § 847 BGB.

Da der körperliche Schmerz als heftiges Unlustgefühl und dessen weitverzweigte Beeinflussungsmöglichkeit des Wohlbefindens im Vordergrund der Schmerzensgeldbegutachtung steht, muß der Gutachter über die anatomischen, physiologischen und pathologischen Verhältnisse und Möglichkeiten informiert sein, wenn er zu einer umfassenden und stichhaltigen Beurteilung gelangen will.

Die Notwendigkeit, vor der weiteren Darstellung Begriffe zu definieren, ist bei der auf reine Beschreibung angewiesenen Realität „Schmerz" unerläßlich. Die Worte „Schmerzgefühl" und „Schmerzempfindung" bringen leicht Verwirrung in die Darstellung des Gutachters, weshalb wir die Definition von STUMPF[22] zu übernehmen empfehlen: „Empfindung" wird durch Erregung eines Sinnesnervs hervorgerufen, während das „Gefühl" eine Gemütsbewegung als Antwort auf eine Empfindung ist. Der Schmerz ist eine von Empfindung und Gemütsbewegung gemeinsam hervorgerufene Reaktion, eine „Gefühlsempfindung".

---

[21] SAUERBRUCH/WENKE, „Wesen und Bedeutung des Schmerzes", Athenäum-Verlag, Frankfurt/Main 1961, S. 31.

[22] STUMPF, C., „Gefühl und Gefühlsempfinden", Leipzig 1928, S. 54 ff., S. 103 ff.

Die Kenntnis der Zusammenhänge von Schmerz und Psyche, Verletzung und Schmerzmöglichkeit, pathologischer Schmerzentartung, subjektiven und objektiven Schmerzen, heben den ärztlichen Gutachter auf eine Plattform wissenschaftlicher Urteilsfähigkeit, die ihn allein befähigt, den Tatbestand zu erkennen und verständlich darzustellen. Der Verletzte ist dazu nicht in der Lage, da er keinen Unterschied zwischen objektiv und subjektiv macht, denn diese Trennung ist seinem spontanen Erleben fremd.[23] Aber auch der Richter kann als medizinischer Laie nur vage, aus „allgemeiner Lebenserfahrung"[24] gewonnene Aussagen machen. Hier liegt die Gefahr für eine gerechte Beurteilung erlittener Schmerzen. Da Schmerz ein individuelles Erlebnis ist, kann er durch einen Außenstehenden nicht nachempfunden werden. Diese Erkenntnis läßt LERICHE[25] sarkastisch sagen: „Es gibt nur einen Schmerz, der leicht zu ertragen ist: der Schmerz Anderer".

Nur die bestmögliche Kenntnis der Entstehung und Wirkung des Schmerzes läßt eine annähernd richtige Beurteilung zu. Die Bindung Schmerz — Krankheit macht die ärztliche Erfahrung zur wichtigsten Beurteilungsgrundlage.[26] Der Arzt, der den Kranken täglich sieht, kann vergleichen, mehr erkennen als jeder andere, der mit in den Apparat der Schmerzensgeldbemessung einbezogen ist. Der Schmerz ist ein Phaenomen, das auf der Grenze zwischen physiologischem und pathologischem Geschehen liegt. Entweder er erreicht durch sein frühzeitiges Auftreten und durch rasche Reaktion die Verhinderung einer Schädigung oder er erreicht dieses Ziel nicht und wirkt fort infolge der eingetretenen Schädigung; dann steigert er sich und wird zum Peiniger, der die ganze Gefühlssphäre stört, zu einer Depressionierung der Psyche führt und das Interesse an der Umwelt weitgehend ausschaltet. Der Geschädigte wird ein Gefangener seines Schmerzes. Die Fähigkeit zur Lebensfreude verliert er. Bei der Beurteilung von Schmerzen muß dazu bedacht werden, daß — abgesehen von dem reinen Warnschmerz, der als physiologisch angesehen werden muß — der pathologische Schmerz stets einen kranken Menschen, der also bereits stark belastet ist, trifft. Durch längere Dauer eines Schmerzes können zweifelsohne Persönlichkeitsveränderungen mit Vitalitätsminderung und Einengung des Lebensgefühls eintreten, die in schwersten Fällen bis zur Selbstvernichtung führen. In diesen Fällen scheint der Schmerz seinen ursprünglichen Sinn als Warner und Erhalter des Lebens verloren zu haben. Dennoch kann er nicht

---

[23] DÜNKELMEYER, Diss. med., Erlangen 1953, S. 13.

[24] LIEBERWIRTH, a. a. O., S. 37.

[25] LERICHE, R., „Chirurgie des Schmerzes", Leipzig 1958, zitiert nach SEIFERT, S. 11.

[26] SAUERBRUCH/WENKE, a. a. O., S. 17.

als sinnloses atavistisches Relikt angesehen werden, da seine Stellung als nociceptiver Reiz im protektiven System zu deutlich ist[27], wenngleich er durchaus entarten kann (Circulus vitiosus dolorosus von LIVINGSTON und Schmerzspirale nach FENZ) und nicht selten da versagt, wo er unbedingt warnen müßte (z. B. im Frühstadium zahlreicher bösartiger Tumoren). Die Vielfalt der Schmerzreaktionen und der Schmerzverarbeitung wird bedingt durch die phylogenetischen Stufen, die sich in vollster Ausbildung nur beim Menschen finden.

Der Ausgang des Impulsverlaufes in der Peripherie findet bereits in den spinalen Zentren die Möglichkeit einer raschen, unbewußten, reflektorischen Reaktion. Die Weiterleitung zum Hirnstamm, der das Gesamtgeschehen des Organismus zusammenfaßt,[28] verursacht triebhafte, instinktive Reaktionen, und die Erreichung des Großhirns führt zum Bewußtwerden des Schmerzreizes mit seinen unübersehbaren Folgen durch die Beeinflussung der seelischen Bereiche, seine intellektuelle Beherrschung, seine Übersteigerung und Wertung.

Durch diese individuelle Schmerzverarbeitung wird seine Beurteilung erschwert. Die Kenntnis der Beeinflussungsmöglichkeiten der Schmerzqualität und -quantität durch innere und äußere Faktoren ist für den Schmerzensgeldgutachter unerläßlich. Er muß wissen, daß die Bewußtseinslage den Grad des Schmerzerlebens entscheidend beeinflussen kann. Verdrängung auch heftiger Schmerzen durch Ablenkung, Ekstase, Rausch (auch Massenrausch)[29] — Affektstupor — ist möglich. Allein schon Herumwälzen, Schreien, Gegenschmerz (Kneifen) wirken dämpfend. Jedoch auch das sich in den Schmerz ergeben, z. B. durch den Gedanken an das Sinnvolle eines Schmerzes („Schmerz sei mir Freund"), vermag ihn zu lindern, macht ihn erträglicher.

Ist der Schmerz offensichtlich von kurzer Dauer oder durch eine erkennbar leichte und das Leben nicht gefährdende Schädigung (Zahnschmerz) verursacht, dann erschüttert er nicht so sehr wie das Bewußtsein einer durch ihn gemeldeten lebensgefährlichen Erkrankung, bei der eine Distanzierung nicht so leicht möglich ist wegen der größeren Ich-Nähe.[30]

Der Schmerz läßt uns in unvergleichlicher Weise erkennen, welch hohen Wert die Gesundheit für uns besitzt. Wie er ein Mittel verbrecherischer Individuen oder Institutionen ist, das Opfer zu zwingen, so vermag der biologisch verursachte Schmerz genauso den Betroffenen in „die Knie" zu

[27] HOCHE, A., „Vom Sinn des Schmerzes", 2. Aufl., Lehmann, München 1940.
[28] EBBECKE, U., „Schmerz", Acta neurovegetativa, Bd. VII, H. 1—4, 1953, S. 42.
[29] BECHER, H. K., „Pain in men wounded in battle", Anm. Surg., 123 (1946) 96.
[30] SAUERBRUCH/WENKE, a. a. O., S. 125.

zwingen. Der Leidende verlangt nicht nach einem freudevollen Zustand, sondern nach einem Zustand ohne Schmerz, d. h. zunächst nur nach einer neutralen Situation.

Wir erkennen daraus für die Beurteilung eines Schmerzzustandes, daß Schmerz zu haben nicht nur ein Verlust an Lebensfreude ist, er ist mehr, er ist eine Umkehrung in stark unlustbetonte Gefühle, er entfernt sich damit wesentlich weiter von der „gesunden" Lebensfreude als der spätere Schaden etwa eines verlorenen Hobbys und muß deswegen auch höher bewertet werden.

Die Schmerzrezeptoren

Wie zahlreiche Untersuchungen mit verschiedenen Methoden ergeben haben, finden sich in der Haut neben den Tastkörperchen — unabhängig von der Warm-Kalt-Empfindung — unterschiedlich dicht verteilte Schmerzpunkte. Wegen der außerordentlich kleinflächigen Ausdehnung der einzelnen Schmerzpunkte wurden sehr feine Applikatoren für die Energieübertragung verwandt, wie die Stachelborste,[31] Nadelstichmethode[32] u. a.

Zunächst wurde damit die Schmerzpunktdichte in den einzelnen Hautarealen bestimmt, wobei sich herausstellte, daß von der Dichte die Empfindlichkeit der betreffenden Partie abhängig ist. So sind die besonders empfindlichen Gegenden wie Hornhaut des Auges, Zungenspitze, Periost und Teile des Genitale besonders dicht „besät", während geringer schmerzhafte Regionen wie Fersenhaut, Penis, Glans, Halsvorderseite und Daumenbeugeseite wesentlich weniger Schmerzpunkte besitzen. Es gibt sogar völlig schmerzunempfindliche Stellen wie die oberste Schicht der Wangenschleimhaut, die demnach keinerlei Schmerzrezeptoren enthalten kann.

Diese Untersuchungen über Schmerzrezeptorendichte haben auch ergeben, daß es individuelle Unterschiede gibt, vor allem aber zwischen Männern und Frauen, wobei die Männer allgemein mehr Schmerzpunkte besitzen.

Interessant ist auch, daß für die Schmerzempfindlichkeit die Dicke der Epidermis keine wesentliche Rolle spielt. Neben der Dichte der Schmerzrezeptoren interessiert ihre Ansprechbarkeit. Die hierzu durchgeführten Versuche von HARDY[33] mit Wärmeenergie haben gezeigt, daß der Mensch in der Lage ist, etwa 22 Schmerzgrade zu differenzieren. Zwei derartige Schmerzgrade wurden zu der Einheit Dol zusammengefaßt, so daß zwischen der Schmerzschwelle und der obersten Schmerzgrenze 11 Dol liegen. Dar-

---

[31] FREY, M., „Versuche über schmerzerregende Reize", Ztschr. f. Biologie, 76 (1922) 1.

[32] HOESSLIN, Münch. med. Wschr., 1903, Nr .6, S. 251.

[33] HARDY, WOLFF und GOODELL. Science, Vol. 117:164, 1947, „Pain-controlled and uncontrolled".

überhinaus ist eine Steigerung nicht mehr möglich. Aus diesen Versuchen ergab sich auch, daß die Schmerzpunkte viel schwerer ansprechen als etwa die Temperatur- oder Druckrezeptoren. Um einen Schmerz soeben noch auszulösen, benötigt man z. B. 2000mal mehr Wärme, als zur Auslösung einer Wärmeempfindung.[34] Der Sinn dieser Tatsache wird verständlich, wenn wir uns vor Augen halten, daß der Schmerz an der Grenze zum Pathologischen steht. Der Schmerz weist eindeutig darauf hin, daß eine Schädigung zu erwarten ist, wenn die Einwirkung des schädigenden Agens — sei es in Form elektrischer, thermaler, mechanischer oder einer sonstigen Energieform — anhält. Die Gewebsveränderungen, die bereits geringe Traumen — als solche muß man schmerzauslösende Einwirkungen betrachten — verursachen, lassen sich mit dem einfachen und deswegen besonders eindrucksvollen Gummischnurversuch von EBBECKE[35] nachweisen. Ein Gummiring, der um den Unterarm gelegt wird, bewirkt bei geringem Anheben und Losschnellen eine leichte Berührungsempfindlichkeit, bei etwas stärkerem Anheben ist das Zurückschnellen schon stärker und unangenehmer zu fühlen und bei noch stärkerem Anheben und Loslassen tritt ein Schmerz ein, der bei extremer Spannung des Gummis mit Wucht auf die Haut schlägt, und unerträglich werden kann. Die Reaktion der Haut auf die schmerzhaften Gummibandschläge besteht in einer Rötung, Schwellung mit leichter lokaler Temperaturerhöhung und Schmerzhaftigkeit, also allen Zeichen einer Entzündung. Diese Veränderungen zeigen, daß der Schmerz nicht nur an der Grenze des Pathologischen steht, sondern bereits im Pathologischen selbst. Es kommt in diesen Fällen zu einer Gewebsreizung, Gewebsschädigung und Gewebsreaktion. Bei diesen Vorgängen entstehen Gewebszerfallsprodukte, die die nociceptiven Fasern reizen, den Schmerz auslösen und für die entsprechenden Reaktionen sorgen. Zu diesen Schmerzstoffen aus dem gestörten Gewebschemismus gehören Histamin und Schlackenstoffe, die in der Mehrzahl die Zellatmungsfermente stören und so zu einer Depolarisierung des elektrischen Membranpotentials der Nerven führen.

Die Erregung erfolgt durch Verschiebung der elektrischen Ladung zwischen Zell-Leib und dessen Umgebung.[36] Die Auslösung von Schmerzreizen ist demnach ein sehr komplizierter Vorgang unter Vermittlung von chemischen Substanzen und Potentialverschiebungen an der Zellgrenze durch Ionen. Morphologische Untersuchungen ergaben, daß neben den mark-

---

[34] HARDY, WOLFF und GOODELL, „Pain sensations and reactions", Baltimore, 1952, S. 23 und 53.

[35] EBBECKE, U., a. a. O., S. 43.

[36] HODGKIN, A. L., „The ionic basis of electrical activity in nerve and muscle", Biol. Rev. 26 (1951), 339.

haltigen Nervenfasern für die Tastempfindung wesentlich feinere Fäserchen ohne Markscheide verlaufen, die von einer dünnen Lipoidschicht umgeben sind (C-Fasern) und in das Zellplasma eintreten. Diese marklosen Fasern sind nur schwer zu erregen und lösen bei Erreichung der Erregungsschwelle mit entsprechend starken Energien das Schmerzgefühl aus. Diese feinen, schwer erregbaren, marklosen Nervenfasern sind in den meisten Geweben als sog. freie Nervenendigungen vorhanden und gelten als Schmerzrezeptoren mit spezifisch-selektiver Funktion. Nicht spezifisch dagegen ist die Ansprechbarkeit auf bestimmte Energieformen. Alle Energien führen bei entsprechender Dosis zum gleichen Ergebnis: zum Schmerz. Im Gegensatz hierzu sind die anderen Sinnesorgane energiespezifisch, so das Auge, das auf Licht — als dem adaequaten Reiz — ungleich feiner reagiert als etwa auf einen Schlag oder andere Energieübertragungen, die zwar auch Lichteffekte erzeugen, jedoch erst durch ungleich stärkere Dosierung der zugeführten Energie.

Außer diesen freien marklosen Nervenendigungen fand man einen weiteren Schmerzrezeptor in den feinsten Nervenumspinnungen der Blutgefäße.

Aus diesen anatomischen Fakten erklären sich einmal Schmerzauslösungen in Geweben ohne freie Nervenendigungen oder deren Ausschaltung infolge Trauma etc., aber auch die Schmerzlosigkeit von Geweben, die beide Formen der Schmerzrezeption nicht haben, wie die oberflächlichen Schichten der Wangenschleimhaut.

Die Kenntnis der Schmerzrezeption ist für den ärztlichen Schmerzensgeldgutachter von großer Bedeutung, da er von der Lokalisation die vermutliche Schmerzintensität und die Glaubwürdigkeit der Aussage des Begutachteten ableiten kann. Das Wissen von der doppelten Schmerzaufnahme und -leitung läßt erkennen, daß auch bei völliger Durchtrennung der somatischen Schmerzleitungsbahnen Schmerzreize über die vegetativen Systeme weitergeleitet werden können; die von den Betroffenen dann geäußerten Schmerzen sind also keinesfalls psychogen, wie der Gutachter ohne diese Erkenntnis leicht zu urteilen geneigt ist.

Für den objektiven Gutachter ist es nicht nur wichtig zu wissen, wann und wodurch ein Schmerz ausgelöst wird, sondern auch, wann ein solcher nicht empfunden werden kann. Gerade hier ist das Urteil eines Laien meist irreführend. Eine Schuß- oder Granatsplitterverletzung, die ein ganzes Bein momentan zerstören kann, wird von dem unwissenden Beobachter als ungewöhnlich schmerzhaft angenommen; aber gerade das Gegenteil ist der Fall, wie zahlreiche Berichte Verletzter beweisen.[37] Durch die in der

[37] EBBECKE, U., a. a. O., S. 45.

modernen Technik erreichten Geschwindigkeiten werden blitzschnelle Zerstörungen erreicht, so daß die wesentlich langsamere Schmerzleitung bereits durchtrennt ist, ehe der Impuls weitergeleitet ist. Wie Untersuchungsergebnisse eindeutig erkennen lassen, gibt die glatte und plötzliche Nervendurchtrennung keinen Reiz.

Der initiale Schmerz, der für schwere Verletzungen meist angenommen wird, ist jedoch gar nicht so häufig, ganz abgesehen von den zahlreichen Verletzungen, die mit einer Ohnmacht oder einer commotionellen Bewußtlosigkeit einhergehen.

Die Tatsache, daß die Eingeweide ohne Schmerz geschnitten, gebrannt oder gestochen werden können, beruht auf der geringen Zahl der getroffenen Schmerzfasern, d. h. die Zahl ist zu klein, um einen entsprechenden Schmerzreiz entstehen zu lassen, während bei Dehnung stets Schmerzen an den inneren Organen auftreten, da dadurch ein weit größerer Bezirk, d. h. mehr Schmerzfasern, betroffen wird. Auch das Gehirn, das keine nociceptive Nervenversorgung hat, kann schmerzlos geschnitten werden. Es wird durch die stark schmerzempfindlichen Hirnhäute geschützt.

Hierher gehört auch die Kenntnis der Unterbrechung der Schmerzleitungsbahnen zwischen Peripherie und Thalamus, die in allen drei Abschnitten möglich ist:[38]

1. im Protoneuron des peripheren Nervs, im Lumbalganglion oder der Nervenwurzel (die Reize kommen nicht bis ins Mark).

2. Schädigung des spinothalamischen Neurons, wobei die noxischen Reize im Mark eine örtliche oder regionale Reaktion auslösen, häufig mit thermischer Anaesthesie verbunden.

3. durch Zerstörung des Thalamus: echte Anaesthesie mit gleichzeitiger empfindlicher Störung der Tiefensensibilität.

Die Schmerzleitung

Wie aus dem letzten Kapitel ersichtlich ist, handelt es sich bei der Schmerzerregung nicht um eine einfache Schaltung Schmerzaufnahmeapparat (Rezeptor) — Großhirnrinde (bewußtes Schmerzerleben), sondern um ein ungemein kompliziertes System vielschichtiger Art. Die Schmerzleitung erfolgt einmal durch die somatischen Bahnen, die die oberflächlichen (Haut-) Schmerzreize auf schnellem Wege (A- und B-Fasern) mit einer Geschwindigkeit von 20—100 m/sec. weiterleiten,[39] [40] zum anderen durch die vegetativen

---

[38] GRASSET, A., Presse méd. 65/927, 1957.

[39] JAROSCH, MÜLLER, PIEGLER, „Das Schmerzengeld", Manz/Wien, 1960, S. 18.

[40] SAUERBRUCH/WENKE, a. a. O., S. 46.

Bahnen, die den sogenannten Tiefenschmerz der Eingeweide und der peripheren Tiefe — wie tiefe Hautschichten, Muskeln, Knochen usw. — durch die langsamen, dünnen C-Fasern mit einer Geschwindigkeit von 0,5—2,0 m/sec. zentralwärts führen. Innerhalb der A-Gruppe lassen sich 4 Unter-Gruppen (α, β, γ, δ) mit progressiv geringeren Leitungsgeschwindigkeiten unterscheiden. Als gesichert gilt heute aber nur, daß schmerzauslösende Erregungsimpulse peripher in Aδ- und C-Fasern geleitet werden[40a].

Da bei den meisten äußeren Schmerzreizen beide Systeme angesprochen werden, ist das bekannte Phänomen des Doppelschmerzes mit einem scharfen Initial- und einem dumpferen Nachschmerz erklärbar.[41, 42]

Bevor jedoch überhaupt ein Schmerzreiz die Großhirnrinde erreicht, ehe er uns also bewußt wird, bewirkt er auf seiner Bahn über das Rückenmark eine Fülle von Reaktionen. Hier befinden sich Reflexzentren, die nach Passage des I. Neurons (Peripherie — Spinalganglion — Hinterwurzeln — Hinterhornzellen ROLANDI) den Reiz über intermediäre Neurone der Hinterhörner zu den efferenten Vorderhörnern leiten, die auf ihren abwärtsführenden Bahnen Muskel- und Gefäßreflexe auslösen, wodurch es nicht selten zu dem vielgenannten circulus vitiosus dolorosus kommt, der eine erhebliche Schmerzverstärkung und -verlängerung zur Folge haben kann. Von diesen Zentren geht der Reiz aber auch über auf zentripetale Bahnen, und zwar in den Hintersträngen mittels schnelleitender Schmerzfasern, wodurch der Schmerzreiz der Großhirnrinde zugeleitet wird. Der Erregungszustand dieser Reflexzentren ist demnach der gemeinsame Ursprung für das objektive Reflexverhalten und das subjektive Schmerzverhalten.[43] Der Erregungszustand dieser Zentren wird als Schmerz gefühlt.

Unterschwellige Reize können in den Hinterhornzellen durch Summation zur Entladung kommen,[44] wodurch sich quälende Zustände herausbilden können, auch bei scheinbar geringer Reizauslösung; ein für die Begutachtung beachtlicher Vorgang, wenn diese Minimaldosen störender Einwirkungen längere Zeit bestehen. Durch Übergreifen der Schmerzerregung auf benachbarte Bezirke kommt es zur Irradiation, die für das Schmerzerlebnis eine Ausweitung der Schmerzen bedeutet, so daß bei einem Zahnschmerz die ganze Gesichtshälfte, bei einem verletzten Finger auch die benachbarten Finger oder die ganze Hand schmerzen können. Bei Erkrankungen inner-

---

[40a] HAUSMANN, H.: Psychologie des Schmerzes und Schmerzmittelmißbrauchs, Huber, Bern, 1968, S. 80.

[41] THUNBERG, T., Skand. Arch. f. Physiol. 12 (1902), 394.

[42] ZOTTERMANN, Y., Acta med. scand. 80 (1933), 185.

[43] EBBECKE, U., a. a. O., S. 47.

[44] SHERRINGTON, C. S., Integrative action, London 1910.

halb des Verlaufs einer Nervenbahn wird der Schmerz in den dieser Bahn zugehörigen peripheren Bezirk projiziert (Phantomschmerz). Desgleichen wird — zum Beispiel bei einer Amputation — durch Miterregung der an sich ruhenden Schaltstelle häufig ein Schmerz, ein Gliedgefühl etc. in dem nicht mehr vorhandenen Glied wahrgenommen, da die Großhirnrinde die Impulse in das vorgebildete Schema einordnet und entsprechend wertet.

Die Weiterleitung der Schmerzreize über das Rückenmark zum Großhirn müßte nach dem beschriebenen Funktionssystem bei kompletter Durchtrennung des Marks, wie bei der nicht seltenen Querschnittslähmung, vollständig unterbrochen sein. Das trifft jedoch nicht zu. Insbesondere der Eingeweideschmerz wird auch dann noch wahrgenommen, da er auf vegetativen Bahnen des Grenzstranges weitergeleitet wird. Nach EBBECKE[45] sollen die inneren Organe selbst keine eigenen Schmerznerven haben, sondern lediglich Reflexnerven. Wenn diese heftig erregt werden und Spasmen der glatten Muskulatur innervieren, strahlen sie ihre Erregung spinal-segmental auf die benachbarten (von der Peripherie kommenden) Schmerzzentren aus und erreichen so die oberen Instanzen und auch das Bewußtsein. Auf diese Weise erklärt sich auch das Phänomen der HEADschen Zonen, Gebiete auf der Haut, die infolge dieser Miterregung empfindlich werden. Die enge Koppelung der sogenannten pathischen Reflexe und die Bahnen für Schmerz, Jucken, Kitzel, Ermüdungsgefühl, Libido und Orgasmus im Vorderseitenstrang (Tractus spino-thalamicus) bewirken zahlreiche gegenseitige Beeinflussungen. So wird in hyperaesthetischen und hyperalgetischen Zonen bereits leise, kitzelnde Berührung als besonders lästig, ja fast schmerzhaft empfunden. Für die Schmerzerkennung muß der Schmerzensgeldgutachter wissen, daß diese gegenseitige Beeinflussung besonders für das vegetative System in Ausstrahlungen auf andere Teile des Nervensystems zutrifft mit Wirkungen auf das Herz, die Atmung und die Darmtätigkeit.

Die im Rückenmark teilweise ausgewählten Schmerzimpulse werden über die Hinterwurzel, zum Teil aber auch über das Vorderhorn, weiter zentralwärts geleitet (II. Neuron). Nach Passage der Medulla oblongata erreichen sie über die pons das Zwischenhirn (Thalamus). Hier befindet sich die große Umschaltstelle, die durch anderweitige Beeinflussungen von anderen Hirnteilen und Ausstrahlungen in andere Hirnteile die Schmerzimpulse modifiziert. Hier können die Reize abgeschwächt, verstärkt, überblendet werden und kommen in der neuen Modulation zur Hirnrinde, wo die Schmerzwahrnehmung entsprechend der Bewußtseinslage erfolgt. Die Aussage von HOCHE,[46] daß zum Fühlen eines Schmerzes Bewußtsein erforderlich sei, erscheint uns so selbstverständlich, daß die Behauptung von

[45] EBBECKE, U., a. a. O., S. 49.

[46] HOCHE, „Vom Sinn des Schmerzes“, Lehmann, München 1940.

GRASSET,[47] sensible oder sensorische Reize könnten ohne Cortex bewußt werden, nicht verständlich ist.

Die Schmerzverarbeitung

Die Vielzahl der Impulse, die durch einen Schmerzreiz ausgelöst werden, ist erkennbar an den bewußt wahrgenommenen Reaktionen wie Lokalisation des Schmerzes, Erkennen der Ursache, Charakteristik des Schmerzes, Kontrolle der Dauer, der Intensität, der Ausbreitung, Auslösen der Abwehrmaßnahmen, Einstellung der Psyche auf das Schmerzerlebnis (Ertragen, Auflehnen, sonstige seelische Verarbeitung). Darüberhinaus sind zahlreiche unbewußte Reaktionen vorhanden wie die vegetativen Beeinflussungen: Blutdrucksteigerung oder -senkung, Pupillenerweiterung, Beeinflussung des Herzschlags, der Darmtätigkeit, der inkretorischen Drüsen etc. Der Thalamus stellt so eine Art nervöses Integrationssystem dar[48] und bereitet insbesondere die bewußte Wahrnehmung vor, jedoch bereits in den meisten Fällen in einer der Situation angepaßten oder dem Menschen erträglichen Projektion. Erträglich insofern, als psychische Verarbeitungen sofort einsetzen, die beim Tier oder auch beim Kleinkind, das dem Schmerz ohne Widerstand ganz und gar verfällt,[49] fehlen. Wie HEBBEL es ausdrückt: ein gequältes Tier i s t Schmerz. Es kann sich nicht distanzieren.

Die psychischen Auswirkungen des körperlichen Schmerzes werden weitgehend durch die Assoziationen bestimmt, wie die präfrontale Lobotomie erkennen läßt.[50] Dem Schmerzaffekt wird durch die Durchtrennung der entsprechenden Fasern der „Wind aus den Segeln" genommen: der Kranke fühlt seinen Schmerz zwar noch, wird durch ihn jedoch in keiner Weise mehr belästigt. Aber nicht nur auf dem Gebiet der Schmerzen wird durch einen derartigen Eingriff Gleichgültigkeit erzielt, sondern auch andere erregende Impulse werden von dem Lobotomierten unbekümmert hingenommen. Ähnliche Wirkungen erzielt man heute vorübergehend auf unblutige Weise mit Medikamenten (Psychorelaxantien) wie beispielsweise mit den sogenannten Appetitzüglern, die keineswegs den Appetit zügeln, denn Hunger- und Appetitgefühl sind unverändert erhalten, aber sie belästigen nicht mehr, im Gegenteil, diese sonst quälenden Zustände können den durch die Mittel Beeinflußten sogar euphorisieren.

Hierzu hat EBBECKE[51] ausgezeichnet formuliert, so daß das Zitat wörtlich wiedergegeben wird: „Es zeigt sich darin, welch großer Anteil

---

[47] GRASSET, A., Presse méd., 65/927 (1957).
[48] SAUERBRUCH/WENKE, a. a. O., S. 55.
[49] WESTHUES, Münchener Univers. Reden, H. 12, 1955, S. 19.
[50] EBBECKE, U., a. a. O., S. 54.
[51] EBBECKE, U., a. a. O., S. 54/55.

für die subjektive Beurteilung und Bewertung des Schmerzereignisses der assoziativen psychischen Komponente zukommt, den Gedanken, die sich mit Entstehung und Anlaß und mit den Folgen des schmerzhaften Ereignisses beschäftigen, unablässig kreisend immer wieder zu dem Schmerz zurückkehren und Vergangenes und Künftiges zum Augenblick hinzufügen. Sie schaffen dadurch das, was für corticale Erregungen charakteristisch ist und wofür LORENTE de NO[52] histologisch die in sich zurücklaufenden geschlossenen Erregungskreise demonstriert, die corticale Dauererregung. Und diese Komponente ist, so wie sie psychisch assoziativ entstanden ist, auch psychisch assoziativ in positivem oder negativem Sinne, durch Autosuggestion oder Fremdsuggestion beeinflußbar. Sie macht die individuell so verschiedenen und wechselnden Grade der Abhärtung, Gewöhnung, Abstumpfung und Wehleidigkeit im Schmerzertragen aus. Sie reicht gewöhnlich — mit Ausnahme der Hysterie und tiefen Hypnose — für sich allein nicht aus, um einen echten Schmerz zu erzeugen, so wie eine gedankliche Vorstellung nicht zur sinnfälligen Halluzination zu werden pflegt. Es bleibt bei dem schmerzlichen Gefühl oder Affekt, der zwar die gleichen subcorticalen motorischen Erscheinungen in Gang setzt, dem aber die periphere sensorische Komponente fehlt, so wie ein bitteres, bitterliches Leid mit der körperlichen Bitterkeit zwar die Ausdrucksbewegung der bitteren Miene, aber nicht den bitteren Geschmack gemeinsam hat. Die Ausdrucksbewegung des Schmerzlichen ist zum übertragenen, vergeistigten Symbol einer nur mittelbar auf assoziativen Umwegen zustandegekommenen Stimmung geworden und zeigt immer noch den Schaden, die Beeinträchtigung, den Verlust an, den das Subjekt, die Person, erlitten hat. Nur ist es — um mit MEYNERT und WERNICKE[53] zu sprechen, nicht mehr das primäre Ich, die Somatopsyche, die es nur mit dem eigenen körperlichen Befinden zu tun hat, sondern das sekundäre Ich, die Allopsyche, die sich über den Bereich der Leiblichkeit erweitert und einen Teil der Außenwelt in den Bestand der Persönlichkeit aufgenommen und eingeschlossen hat. All das gehört nun zum sekundären Ich, was dem Menschen so lieb geworden ist wie seine Gliedmaßen und unzertrennlich mitgetragenen Bestandteile, was er, wie die Sprache sagt, ins Herz geschlossen hat, was ihm in Fleisch und Blut übergegangen, wie sein eigen Fleisch und Blut ans Herz gewachsen ist, die liebsten Angehörigen und Genossen, Hab und Gut, Beruf, Ehre, Freiheit, Heimat, was den Wert der individuellen Persönlichkeit ausmacht und ihm unter Umständen wichtiger werden kann als sein eigenes leibliches Dasein. Diesen Bestand des sekundären Ich zu wahren, ruft ihn der seelische Schmerz

[52] LORENTE de NO, Amer. J. Physiol. 113 (1935), 505.

[53] MEYNERT, Th., Sammlung von populär-wiss. Vorträgen über den Bau und die Leistung des Gehirns, Wien, 1892.

mit derselben Gewalt, mit der ihn die Beeinträchtigung des primären Ich zur Verteidigung aufruft."

Hier, an dieser Stelle der Kommunikation des Körpers und der Seele, in der Großhirnrinde, stehen wir mit unseren körperlichen Schmerzproblemen schon mitten im Bereich der seelischen Schmerzen, die einmal durch körperliche Schmerzen ausgelöst werden können, zum anderen aber völlig selbständig dastehen und ganz unabhängig von dem üblichen Begriff Schmerz im körperlichen Sinne Unlustgefühle beinhalten, die sich bis zu unerträglichen seelischen Qualen steigern können.

Die Erkenntnis und Benennung der Unterscheidung zwischen dem primären und sekundären Ich ist auch innerhalb unserer Untersuchung für den Schmerzensgeldgutachter von Bedeutung, denn „alles, was ihm lieb und wert geworden ist, hat er in seine Persönlichkeit aufgenommen", ist demnach ein Teil von ihm. Dazu gehören alle Kenntnisse und Fähigkeiten. Werden diese durch eine Verletzung ge- oder zerstört, ist eine Minderung der Lebensfreude damit gegeben. Die besonderen Verhältnisse in Frankreich gestatten sogar ein Schmerzensgeld, wenn das sekundäre Ich ohne eigene Körperschädigung erkennbar beeinträchtigt wurde, so bei einer Mutter, wenn das Kind tödlich verletzt wurde. Auch in Deutschland wird in solchen Fällen jetzt schon oft ein Schmerzensgeld gewährt,[54] wenn durch den Schreck die Gesundheit verletzt wird.

Bevor wir jedoch in die eingehendere Betrachtung seelischer Schmerzen eintreten, soll ein Rückblick auf die Entstehung, Weiterleitung und Erkennung der Schmerzimpulse zeigen, welche modifizierenden Einflüsse, die für den Gutachter von Bedeutung sein können, möglich sind:[55]

1. An den Rezeptoren kann die Schwellenerregbarkeit verändert werden, so Erhöhung durch analgetische Mittel, Herabsetzung bei Entzündung.
2. Innerhalb der peripheren Leitungsbahnen durch gegenseitige Beeinflussung von Erregungen anderen Ursprungs, so mindert Gegenschmerz den ursprünglichen Schmerz.
3. Durch zentrifugale Impulse, die vom ZNS ausgehen, die die Erregungsleitung beeinflussen.
4. Im Gehirn und Rückenmark durch Förderung oder Hemmung der Schmerzerregung durch Erregungen anderen Ursprungs.
5. Durch psychische Einwirkung.

Durch diese Einflüsse wird der endgültig erlebte Schmerz abgewandelt. Auf dieser Erkenntnis baut sich zum Teil auch die sehr bewährte Methode

---

[54] So z. B. BGH Urt. v. 14. 12. 53 im Vers.R 1954 S. 116 u. Urteil LG Frankfurt v. 28. 3. 69, NJW 1969 S. 2286 (Schmerzensgeld bei unmittelbarem Erleben eines tödlichen Unfalles).

[55] SAUERBRUCH/WENKE, a. a. O., S. 57/58.

der Beschäftigungstherapie auf, die den Patienten von seinem Leiden fort auf eine sinnvolle Tätigkeit lenkt. Es darf allerdings hier nicht der Eindruck entstehen, daß es lediglich zu Hemmungen der Schmerzreize kommen kann, auch die Verstärkung durch Vorerregungen im Sinne einer Bahnung oder Summation tritt nicht selten auf. Der körperliche Schmerz wird demnach individuell erheblichen Schwankungen unterworfen sein. Als Grundlage aber kann das WEBER-FECHNERsche Gesetz gelten, nach dem die Empfindungsintensität in arithmetischer Reihe anwächst, wenn die Reizstärke geometrisch zunimmt. Beachtlich aber ist, daß langandauernde, leichte Schmerzen unangenehmer empfunden werden als kurzdauernde, heftige — eine für die Beurteilung in einem Schmerzensgeldgutachten wesentliche Erkenntnis. Eine weitere entscheidende Feststellung ist die experimentell nachgewiesene Tatsache, daß die Schmerzreizschwelle bei gesunden Personen keine wesentlichen Unterschiede zeigt.[56] Das gilt natürlich nur für rassisch und altersmäßig homogene Probanden, denn innerhalb verschiedener Rassen, Altersgruppen und — wie bereits erwähnt — zwischen den Geschlechtern gibt es schon deutlich erkennbare Unterschiede. Eine Tabelle verdeutlicht einige dem Gutachter wertvolle Hinweise über die Variabilität der Reizschwelle für Schmerzen:[57]

Heraufsetzung der Schmerzreizschwelle
- bei torpiden Schwachsinnigen (Bewußtseinslage!),
- bei hysterischen Lähmungen bis zum gänzlichen Fehlen der Schmerzempfindung,
- bei bestimmten Rassen (z. B. Primitiven),
- im Alter (alle Sinne stumpfen ab!),
- in der Hypnose, durch Autosuggestion, durch Ablenkung.

Herabsetzung der Schmerzreizschwelle
- bei Neurotikern, bei Unterernährung, bei Überanstrengung,
- bei Übermüdung, bei Kälte, bei Fieber, in der Rekonvaleszenz, bei Witterungswechsel, bei Überempfindlichkeitsreaktionen, bei Durchblutungsstörungen, bei Analgeticamißbrauch, durch zu große Selbstbeobachtung, durch Angst vor Schmerzen.

Es ist natürlich sehr schwer zu sagen, ob es sich in diesen Fällen tatsächlich um eine echte Erhöhung der Schmerzreizschwellen an den Rezeptoren handelt. Wesentlich dürften hier nämlich auch psychische Faktoren — also zentrale Dämpfungen oder Erregungssteigerungen — beteiligt sein. Wir

---

[56] HARDY, WOLFF und GOODELL, zit. nach JAROSCH u. a., S. 24.
[57] JAROSCH, MÜLLER, PIEGLER, a. a. O., S. 24.

wissen, daß die Bewußtseinslage eine entscheidende Rolle für das Schmerzerlebnis darstellt. Im Schlaf, in der Narkose, unter Wirkung von Rauschgiften, in der Ekstase, bei starken Gemütsbewegungen, im Zorn und bei Schlägereien tritt der Schmerz oft nur bis an die Schwelle des Bewußtseins, ohne einzutreten. Der hochentwickelte, d. h. der bewußter lebende Mensch hat eine tiefere und intensivere Schmerzempfindung als der Primitve, wodurch der von SEIFFERT dargestellte „Wandel im menschlichen Schmerzerleben" erklärbar wird.

Dem Schmerzensgeldgutachter muß daher ein wesentlicher Grundsatz stets gegenwärtig sein:

Bewußtseinslage und Schmerzempfindung gehen immer parallel.

Die Methoden der Schmerzerkennung durch den Gutachter, die Beschreibung und Beurteilung erfolgt bei der Darstellung der Praxis der Begutachtung. Das gilt für die körperlichen Schmerzen wie auch für die seelischen.

B. Seelische Schmerzen

Der neben den körperlichen Schmerzen für den Schmerzensgeldgutachter wichtige Komplex der seelischen Schmerzen ist noch schwieriger zu beurteilen, da oft körperlich erkennbare Veränderungen ganz fehlen. Dennoch muß der Gutachter versuchen, hier Klarheit zu schaffen, ohne dabei vage, den Realitäten nicht entsprechende, negative seelische Reaktionen zu konstruieren oder zu dramatisieren. Wir müssen unterscheiden zwischen der seelischen Reaktion auf einen körperlichen Schmerz, die durch die Dauer, die Heftigkeit und die Wertigkeit des Schmerzes sowie durch die Ausgangslage des Individuums bestimmt wird, und der unabhängig von körperlichen Schmerzen sich aus der Schädigung entwickelnden negativen seelischen Situation, die die Lebensfreude des betroffenen Menschen mehr oder weniger beeinträchtigt.

Wenn ein kurzdauernder körperlicher Schmerz meist im Leiblichen bleibt, so führt ein längere Zeit anhaltender Schmerz stets zur seelisch-geistigen Verarbeitung[58] und tritt damit in den Bereich der seelischen Schmerzen ein. Die dadurch entstehenden seelischen Qualen sind individuell sehr verschieden, so fragt sich etwa ein religiös eingestellter Mensch: „Warum hat es mich gerade getroffen? Werde ich wieder gesund? Will Gott mich strafen?" etc.

Die Beeinflussung nicht nur des momentanen seelischen Zustandes durch körperliche Schmerzen, sondern die Veränderung der ganzen seelischen Einstellung wird nicht selten durch besonders schwerwiegende Schmerzerlebnisse

[58] DEICH, F., Ärztl. Mitt., 1957, S. 593 ff.

verursacht. Das Gedächtnis vermag noch nach Jahren quälende Zustände hervorzubringen, die eine ernste Beeinträchtigung darstellen können.

Aber nicht nur die Qualität des Gedächtnisses vermag die seelischen Qualen zu verstärken, sondern eine hochentwickelte Intelligenz leidet durch die höhere Erkenntnisstufe in besonderem Maße. SCHOPENHAUER setzt die Entwicklung der zunehmenden Erkenntnis in lineare Beziehung zur Zunahme der Qual, die den „Genius am meisten" leiden läßt.

Die psychische Reaktion auf eine Körperschädigung hängt demnach zunächst einmal direkt vom körperlichen Schmerz und der Ausgangssituation ab. So kann das schädigende Ereignis einen „Normalmenschen" treffen, der sofort versucht, aus dem Rest des ihm Verbliebenen das noch möglichst Beste zu machen. Wie der erfahrene Arzt immer wieder feststellen kann, besitzt fast jeder Patient ein ausreichendes Quantum an Lebenswillen und versucht von sich aus, die seelische Schädigung zu verkleinern und einzuengen. Um so leichter gelingt es dem geschulten Arzt, die abartig reagierenden Verletzten zu erkennen. Dies wiederum versetzt den Gutachter in die Lage, den Richter auch über die für einen Laien unmöglich zu durchschauenden Zusammenhänge zu orientieren.

Wenn auch die seelische „Normalstruktur" vorherrscht, so kommen seelische Abartigkeiten doch gelegentlich vor, wie hysterische, hypochondrische Ausgangslagen psychopathischer Persönlichkeiten. Die Erkennung ist meist nicht schwierig, da die Normabweichung durch nicht adäquate Reaktionen wie Zittern, Schütteln, neurologisch unmotivierte Lähmungen, Gliedmaßenschwächen, Stummheit, Stimmlosigkeit, Taubheit, Sehstörung und so weiter recht auffällig ist. Hier wird es immer notwendig, Fachärzte der entsprechenden Fachgebiete und vor allem den Neurologen und Psychiater bereits bei der Behandlung und später bei der Begutachtung einzuschalten. Wie die Erfahrung zeigt, sind derartig grobe Normabweichungen recht selten. Eine wesentlich häufigere Reaktionsform seelischer Abweichungen ist — ähnlich der bei der Begutachtung der Minderung der Erwerbsfähigkeit bekannten Rentenneurose — die Schmerzensgeldneurose. Die sich zunächst in die Verletzungsfolgen hineinsteigernde Person erwartet eine möglichst hohe Entschädigung, glaubt später selbst unverrücklich an die demonstrierten Leiden, und es ist oft außerordentlich schwierig, hier zu helfen. Je länger ein Rechtsstreit dauert, das gilt insbesondere für den Streit um das Schmerzensgeld, desto größer ist die Gefahr der Entwicklung einer Neurose. Eine fachlich gut fundierte Begutachtung mit Anerkennung berechtigter und strikter Ablehnung ungerechtfertigter Ansprüche ist das beste Verhütungs- und Heilmittel solcher Reaktionen. Ließe sich jedoch der Gutachter von den Demonstrationen eines derartigen Patienten beeindrucken, so würde er die seelische Abartigkeit nur vertiefen und den Sinn des Schmerzensgeldes, das seelische Gleichgewicht des Verletzten möglichst rasch wiederherzustellen, in sein Gegenteil verkehren. Hinzu käme die Ungerechtigkeit, die eine Bevorzugung schmerzensgeldneurotischer Patienten darstellt und den Verletzten geradezu bestrafen würde, der sich bemüht, von sich aus sein seelisches Gleichgewicht wiederzuerlangen. In ganz seltenen Fällen wird der Gutachter auf eine echte Psychose treffen, die eine Weiterleitung an den Psychiater als einzige Möglichkeit offenläßt.

Um in die Fülle der „seelischen Schmerzen" eine überblickbare und dem vorliegenden Zweck entsprechende Ordnung zu bringen, erscheint es zweckmäßig, gemäß dem Verlauf einer Schädigung eine chronologische Reihe derartiger Schäden aufzustellen. Der Gutachter ist dadurch in der Lage, das, was er beachten muß, nachzuschlagen:

I. Seelische Beeinträchtigung im engeren Zeitraum der Entstehung des Schadens
   1. Schrecksituation beim Erkennen des sich nahenden Ereignisses;
   2. Entsetzen oder Angst beim Eintritt des Ereignisses wegen Verletzung oder Lebensgefahr;
   3. Erlebnis der Verletzung;
   4. Hilflosigkeit und Verzweiflung, besonders dann, wenn keine sofortige Hilfe vorhanden ist;
   5. Ohnmacht bei zu großen Schmerzen, durch Schock oder auch Bewußtlosigkeit.

II. Während der Behandlung
   1. Operative Behandlung, Injektionen, Wundversorgung, Narkosen, Streckapparaturen;
   2. Krankenhausaufenthalt als „Freiheitsentzug" und nicht zu umgehende unangenehme Situationen wie Zusammenliegen auf einem Zimmer mit anderen Kranken, deren Leiden und Besonderheiten, Langeweile, Sorgen um die Familie;
   3. Depression wegen fraglicher Wiederherstellung;
   4. Angst vor weiteren schmerzhaften Heilmaßnahmen;
   5. Suchtgefahr durch schmerzstillende Mittel;
   6. evtl. Todesangst durch intercurrente Zwischenfälle (Embolie, Herzanfälle);
   7. Sorgen um berufliche Zukunft, Arbeitsunfähigkeit und Schicksalsgestaltung.

III. Nach der Behandlung im Alltag
   1. Verlust oder Beeinträchtigung der Sinnesorgane (Sehen, Hören, Riechen, Schmecken usw.), der Fortbewegungs-, Greif- oder anderer Organe;

2. dauernde Entstellung mit ihren Folgen, insbesondere für weibliche Verletzte (Minderung der Heiratsaussichten);
3. Körperbehinderungen mit Verlust besonderer Fähigkeiten (Wandern, Instrumente spielen, Sport treiben, Beeinträchtigung des Naturgenusses, des Jagdvergnügens, Unmöglichkeit des Beischlafes, der Zeugung etc.);
4. Berufs- oder Arbeitsunfähigkeit (ganz oder teilweise) als seelische Belastung;
5. Störung der zwischenmenschlichen Beziehungen;
6. Schamgefühle wegen Unfähigkeit;
7. Erleiden von Kränkungen wegen unfallbedingter Defekte;
8. Depressionen wegen ekelerregender, durch die Schädigung bedingter Krankheiten (Lues, Ausschläge, Speichel- oder Tränenfluß).

IV. Sonstige, chronologisch unabhängig auftretende seelische Beeinträchtigungen

1. Unlustgefühle verschiedener Art (Mißempfindungen),
2. Suicidgedanken und -versuche;
3. Allgemeine Beeinträchtigung der Lebensfreude.

Es muß vorweggenommen werden, daß die Bewertung der verschiedenen Möglichkeiten seelischer Schmerzen keineswegs in Relation zu der hier mehr oder weniger ausführlichen Darstellung gebracht werden darf. Es muß in jedem Einzelfall geprüft werden, ob und in welcher Höhe sie gewertet werden können oder müssen. Es ist leicht einzusehen, daß die Aufzählung nicht vollständig sein kann, da durch die Praxis immer wieder neue Arten der Beeinträchtigung der Lebensfreude — die vorher nicht vorauszusehen sind — bekannt werden. Andererseits ist es beachtlich, daß die hier durchgeführte Aufstellung nicht theoretischen Ursprungs ist, sondern weitgehend auf tatsächlich erfolgte Rechtsprechung zurückgreift. Eine ausführliche Katalogisierung entsprechender Urteile findet sich bei LIEBERWIRTH.

Die Unfallsituation

Der initiale Schreck ist nur eine der Möglichkeiten des ersten Erlebens einer Bedrohung neben dem häufigen Angsterlebnis. Der Schreck unterscheidet sich von der Angst durch das plötzliche Hereinbrechen über den Bedrohten und hat damit auch einige differente Reaktionen zur Folge. Die Angst wiederum läßt durch das langsamere Auf-ihn-zu-kommen mehr Leidensspielraum und kann sich zum Schauder, zur Verzweiflung und bis zum Grauen steigern. Letztere Möglichkeiten sind durchaus real zu nehmen, weswegen zu prüfen ist, in welcher Weise die Schädigung begonnen hat. Bei zahlreichen Verletzungen fehlt zweifellos diese emotionelle Belastung, vor allem bei geringeren Schäden, sofort einsetzender Ohnmacht oder sonstiger Bewußtlosigkeit. Während bei der Angst das Bewußtsein meist klar ist, tritt beim Schreck häufig eine graduelle Bewußtseinstrübung ein. Grauen und Schauder lassen nicht selten länger dauernde, belastende Eindrücke zurück, insbesondere Schlafstörungen, vor allem wegen des Nicht-davon-loskommens.

Dennoch sind keine Dauerschädigungen psychischer Art bei einmaligen belastenden Ereignissen zu erwarten, da grundsätzlich diese Belastungseinwirkungen reversibel sind.[59] Anders jedoch ist der Schädigungsverlauf bei lange anhaltender Lebensbedrohung wie z. B. bei einem Konzentrationslageraufenthalt. Die Darstellung dieser besonderen Verhältnisse erfolgt in dem Kapitel „Schmerzensgeld und Bundesentschädigungsgesetz“ (S. 81).

Durch die Angst werden tiefste seelische Entwicklungsschichten aufgewühlt und nach Lösung der Erwartungsspannung kann es vorübergehend zu Dämmerzuständen kommen. Auch findet man nicht selten bei diesem Erleben Schmerzaufhebung.

Bei der Erwartungsspannung, dem Zeitraum vom ersten Erkennen der Gefahr bis zum Eintreten des schädigenden Ereignisses, spielt der Zeitfaktor wiederum eine besondere Rolle durch die subjektive Zeitdehnung, die die Qual erheblich steigern kann.

Da nach deutschem Recht bisher in der Regel nur dann für Schreck und Angst Schmerzensgeld gewährt wird, wenn gleichzeitig eine Körperschädigung eingetreten ist (Ausnahme u. a. OLG München v. 7. 9. 62 Vers.R 63, 666), kann auch der initiale psychische Schaden als seelischer Schmerz nur in Verbindung mit der anschließenden Körperverletzung abgegolten werden.

Wenn die Verletzung eingetreten ist, braucht damit noch nicht die Angst beendet zu sein. Sicher liegt jetzt zunächst ein vorläufiges Ergebnis hinsichtlich des anatomisch überblickbaren Körperschadens vor. Das wahre Ausmaß der Schädigung bleibt aber weitgehend ungeklärt, da der Verletzte wohl Blut fließen sieht, Schmerzen spürt, für die er noch keine greifbare Erklärung hat, besonders bei gedeckten Bauch- und Brustkorbverletzungen. Die Angst kann allein schon aus diesen Gründen anhalten, auch kann sich Entsetzen über das Ausmaß oder die Besonderheit der Verletzung (z. B. die furchtbare Erkenntnis der Endgültigkeit eines Armverlustes) sofort einstellen. Der panische Schrecken kann bei drohender oder eingebildeter akuter Lebensgefahr sich in Extreme steigern, wobei die Besonderheit einer Situation, wie Hilflosigkeit, keine Hilfe herbeirufen zu können, entscheidend ist und u. U. tiefer Verzweiflung Platz macht.

---

[59] PANSE, „Angst und Schreck“, Thieme, Stuttgart 1952, S. 185.

Wenn auch durch eine erlösende Ohnmacht oder eine Gehirnerschütterung das weitere bewußte Erleiden unterbrochen wird, so ist die Rückerinnerung an dadurch verlorene Lebensstunden oder Lebenstage eine seelische Belastung, die unter die seelischen Schmerzen einzuordnen ist.

Während der Behandlung, die meist mit der Einlieferung in das Krankenhaus beginnt, treten mannigfaltige seelische Belastungssituationen an den Geschädigten heran. Je nach Verletzung ist bereits die Umbettung von der Krankentrage auf den Operations- oder Behandlungstisch nicht nur recht schmerzhaft, sondern auch — durch die ungewohnte und in Erwartung unbekannter Unannehmlichkeiten bedrückende Umgebung — eine Belastung. Ohne hier etwas aufbauschen zu wollen, sollte sich der Gutachter darüber klar werden, daß die — ihm selbst so vertraute — Umgebung, in die ein Verletzter als Patient plötzlich gestellt wird, eine erhebliche Erlebnisverarbeitung verlangt. Hierzu gehören das Ertragen bestimmter Zwangslagen, wie z. B. in der Streckapparatur, in einem Gipsverband, auf einer Schiene. Es tritt sicherlich nach einigen Tagen bereits eine gewisse Gewöhnung ein, wie man als Arzt immer wieder feststellen kann, trotzdem ist die Beengung, die teilweise oder gänzliche Bewegungseinschränkung, die Defaekation auf einem Bettschieber, das Ertragenmüssen fremder Menschen — z. B. deren übelriechende Stuhlentleerungen, Schnarchen, Schmerzäußerungen, Erbrechen, ihr Gerede etc. — belastend. Daß hierbei auch die Zeitdimension berücksichtigt werden muß, ist selbstverständlich.

Die Sorgen um die Familie, die beruflichen Belange und andere deprimierende Gedanken sind gerade in der ersten Zeit eines stationären Aufenthaltes — dann nämlich, wenn noch kein Ende abzusehen ist — oft gravierende Faktoren, die nicht selten ungünstig auf den Heilungsprozeß einwirken, immer aber zu den seelischen Schmerzen gerechnet werden müssen.

Die Dauer des Krankenhausaufenthaltes (Stationierung) ist ebenfalls nicht ohne Einfluß auf die Beurteilung der Schmerzensgeldhöhe. Es handelt sich bei einer stationären Einweisung immer um einen — wenn auch notgedrungen gutgeheißenen — Freiheitsentzug, dem der Verletzte sich zur besseren Heilung und Wiederherstellung zu unterwerfen gezwungen ist. Die meisten Patienten sehnen sich während dieses Krankenhausaufenthaltes nach Hause, wo sie ihre besonderen Bequemlichkeiten haben, ihre vertraute Umgebung, die Nähe ihrer Familie etc. Jeder Krankenhausarzt kennt die fast tägliche Frage der Kranken nach dem Entlassungstermin. Nur ungern und oft unter sichtbarem Widerwillen erduldet der Verletzte die weitere „Kasernierung". Daran ändert auch nicht viel die aufopfernde Hilfsbereitschaft der Schwestern und der Ärzte. Mit Rücksicht auf die Hausordnung, die Mitpatienten und seinen eigenen Zustand muß der Verletzte Unannehmlichkeiten auf sich nehmen, die nicht jedem mit der Beurteilung derartiger immaterieller Schäden Betrauten bekannt genug sind. So ist das Mitleiden bei Schmerzzuständen anderer, Rücksichtnehmenmüssen bei eigener Schonungsbedürftigkeit, Störungen und Belästigungen durch diverse Gewohnheiten und Wünsche anderer — Rauchen und viel Reden, viel Besuch etc. — eine besondere Belastung. Aber auch schon die fremde Kost ist in manchen Fällen eine Belastung, ebenso wie die Langeweile, die besonders langwierige Krankheitsverläufe mit sich zu bringen pflegen, und auch das trostlose Gefühl, daß das Leben „draußen" ohne ihn weitergeht mit allen seinen interessanten und oft schönen Erlebnissen (Urlaubsreisen, Zerstreuungen wie Kino-, Theater- und Konzertbesuch). Besonders bedrückend wirkt auf viele Verletzte, bei denen das Endresultat der Heilung noch nicht abzusehen ist, die fragliche Wiederherstellung. Die daraus sich ergebenden Depressionen können zu ernsten Krisen führen, besonders dann, wenn die ausreichende Wiederherstellung nicht nur in Zweifel gezogen, sondern von vornherein ausgeschlossen wird. In diesen besonders schwerwiegenden Fällen sollte der Gutachter in seinem Gutachten deutlich zu verstehen geben, daß eine kleinliche Beurteilung nicht angebracht ist.

Im Verlaufe der stationären Behandlung werden nicht selten weitere schmerzhafte und belastende Heilmaßnahmen erforderlich, wie z. B. Knochennagelungen, Amputationen, Hautübertragungen, die sorgfältig in der Darstellung des Verlaufs aufgeführt werden müssen und in der Beurteilung entsprechende Würdigung finden sollten, nicht nur hinsichtlich des erneuten körperlichen Schmerzes, sondern auch der seelischen Belastung (Angst vor dem Eingriff, Sorge um das Gelingen).

Die in den meisten Fällen anfänglich nicht vermeidbaren schmerzstillenden Mittel, die auch heute noch weitgehend zu den Opiaten gehören, bergen immer die Gefahr der Sucht in sich. Es ist zwar selbstverständlich, daß jeder Arzt diese heimtückische Erkrankung zu vermeiden sucht, doch gelingt dies nicht immer.

Kommt es zu einer Sucht, so muß festgestellt werden, inwiefern die Unfallschädigung dafür verantwortlich ist, da die anlagebedingte Komponente zur Entstehung einer Sucht nicht weniger beitragen dürfte als die Schmerzen, die zur Verabreichung des Suchtmittels veranlaßten. Da eine Sucht und besonders die Entziehungserscheinungen eine schwere seelische Belastung darstellen, muß der Gutachter auch hierzu Stellung nehmen. Hinzu kommt für die Beurteilung körperlicher Schmerzen, daß bei Gewöhnung an analgetische Mittel diese nicht mehr ausreichend wirken und die Schmerzen dadurch heftiger verspürt werden, besonders dann, wenn zur Vermeidung einer Sucht Einsparungen vorgenommen werden. Immer wieder kommt es zu Behandlungszwischenfällen, die nicht nur vermehrte Schmerzen mit sich bringen, sondern darüberhinaus in der Regel starke seelische Belastungen wie Wundinfekte mit und ohne Allgemeinerscheinungen, Heilungsverzögerungen, besonders bei Knochenbrüchen (Osteomyelitis, verzögerte Kallusbildung, SUDECKsche Erkrankung), und ganz besonders schwerwiegende Zwischenfälle wie eine Lungenembolie, die neben den heftigsten Schmerzen Todesangst hervorrufen kann. Treten derartige intercurrente Erkrankungen auf, so soll eine entsprechende Darstellung im Schmerzensgeldgutachten erfolgen, und zwar nicht einfach unter der Diagnose — etwa „es kam zu einer Lungenembolie" —, sondern mit der Angabe der näheren Umstände, z. B. Dauer der zusätzlichen Belastung, Schwere und Verarbeitung durch den Verletzten.

Wenn auch in vielen Fällen der Verletzte durch die Sozialversicherungsträger (Berufsgenossenschaften, Krankenkassen) hinsichtlich seiner Existenz weitgehend geschützt ist, kann nicht übersehen werden, daß die Sorgen um seine berufliche Zukunft den Patienten oft sehr mitnehmen, und auch die Tatsache seiner zeitweisen Arbeitsunfähigkeit. Diese Sorgen verdichten sich bei längerem Krankenlager zu Grübeleien um seine fernere Schicksalsgestaltung überhaupt. Sie runden das reale Bild des oft schicksalsschweren Loses eines Beschädigten während der stationären Behandlung ab, ganz abgesehen von Selbstbeklagungen wie „warum hat es mich ausgerechnet getroffen!", die kaum zu erfassen sind und in ein Gutachten nicht ohne weiteres Eingang finden können. Die Ausführlichkeit der Darstellung soll keineswegs zu skrupelhafter Betrachtung und Auswertung im Einzelfalle ermutigen, sie soll lediglich vermeiden, in das andere Extrem, das gleichgültige Übersehen ernsthaften Leidens, zu verfallen. Immer wieder muß sich der Gutachter das bereits zitierte Wort LERICHEs vor Augen halten: „Es gibt nur einen Schmerz, der leicht zu ertragen ist: der Schmerz Anderer!"

Nach der stationären Behandlung — ebenso wie nach Abschluß der ambulanten Behandlung — treten neue Probleme an den Verletzten heran, da sich jetzt zum Teil oder auch schon endgültig herausstellt, welchen Dauerschaden er davongetragen hat. Das gilt insbesondere für Verstümmelungen und Entstellungen. Letztere sind für weibliche Verletzte unter Umständen von der allergrößten Bedeutung, da durch verminderte Heiratsaussichten oder — wie ein Fall beschrieben wurde — durch Verlassen durch den Ehemann das Schicksal mit aller Wucht entscheidende und häufig lebenslängliche seelische Schmerzen bereitet. Aber auch der entstellte Mann kann durch Störungen zwischenmenschlicher Beziehungen in schlimmster Weise belastet sein, vor allem dann, wenn es sich um ekelerregende Veränderungen (Gesichtsverstümmelungen, künstlicher After, Blaseninkontinenz etc.) handelt. Die Umgebung meidet ihn, Kontakte werden abgebrochen, und der Geschädigte wird isoliert — für einen normalentwickelten Menschen eine der schlimmsten Konsequenzen. Eine andere Form der Umweltreaktion ist das Mitleid, das den Verunstalteten seinen Zustand schmerzlich spüren läßt. Die Wirkung dieser Isolierung auf den Verletzten ist für sein Wohlbefinden und die Lebensfreude von ausschlaggebender Bedeutung und wird bestimmt durch

1. die Schwere der Verunstaltung,
2. ihre Sichtbarkeit,
3. die Empfindsamkeit des Verletzten.

Gesichtsverletzungen mit Narbenbildungen und Formveränderungen, die das charakteristische Profil oder das Ebenmaß des Gesichtes stören oder gar zerstören, sind für das zu einem normalen Lebensgefühl gehörende Selbstbewußtsein eine große Gefahr. Es kann zu einer völligen Vernichtung des Selbstgefühls kommen, auch bei leichteren Entstellungen, besonders bei empfindsamen Menschen und hier vor allem bei Frauen. Auch muß die Minderung der Heiratsaussichten — wie bereits erwähnt — berücksichtigt werden, die zusätzlich durch Grübeleien zu seelischen Schmerzen führt und das Erlebnis der Ehe als erfüllende Lebensform ausschaltet. Zu diesen Entstellungen gehören auch funktionelle, beispielsweise Veränderungen der Gangart, der Haltung etc. Im allgemeinen ist eine Einschätzung dieser Schäden nicht schwierig, da sie ins Auge springen. Es gibt — insbesondere im Gesicht und hier vor allem bei Männern — durchaus Veränderungen — wie Narben —, die nicht zu stören brauchen und gelegentlich sogar erwünscht sind (Mensurnarben bei Studenten). Der Gutachter muß sich in jedem Einzelfall die Frage stellen: verursacht diese Narbe tatsächlich eine kosmetische Beeinträchtigung? Derartige Störungen sind im Gesicht immer anzunehmen bei Keloiden, Ektropium und Verziehungen des Lippenrots, auch bei Nasenverbiegungen und Ohrmuschelverletzungen.

Keloidnarben am übrigen Körper — besonders an verdeckten Stellen, bedürfen meist keiner Beachtung, es sei denn bei Frauen an Armen oder Beinen, die im Sommer oder beim Baden in der Öffentlichkeit sichtbar werden. Häßliche Entstellungen auch am bedeckten Körper können dagegen nicht ohne weiteres unberücksichtigt bleiben, da schon das Bewußtsein der Versehrtheit für sich — ohne daß andere davon wissen — dem Verletzten seelische Schmerzen — Minderwertigkeitsgefühle — verursachen kann. Auch kommt es vor, daß eine zunächst nicht sichtbare Entstellung bei Intimsituationen entscheidende Entschlüsse des Partners mit schwerwiegenden Folgen für den Verletzten nach sich zieht. Das Psychotrauma[60] ist bei derartigen Entstellungen stets zu berücksichtigen.

---

[60] SCHÜTZ, R., „Das ärztliche Gutachten im Privatversicherungswesen“, Wien 1956, S. 68.

Bei Kindern kann es zu einer besonderen Bewertung kommen, wenn eine seelische Fehlentwicklung zu befürchten oder aber bereits eingetreten ist (Absonderung von anderen Kindern, Hänseleien, die unter Kindern häufig in Grausamkeiten ausarten). Hier ist von dem ärztlichen Schmerzensgeldgutachter unter Umständen eine kosmetische Operation anzuraten, die — wenn auch noch so kostspielig — vorgenommen werden sollte. Die Versicherung wird zwar zunächst belastet, aber dem Verletzten wird oft große Seelennot und der Versicherung werden nicht selten erhebliche Schmerzensgeldbeträge erspart. Hier ist nicht nur die Wiederherstellung der Arbeitsfähigkeit wichtigstes Behandlungsziel, sondern die Erreichung des kosmetischen Idealzustandes.

Eine Körperbehinderung ist nicht nur oft für die Ausübung des Berufes hinderlich (Minderung der Erwerbsfähigkeit), sondern häufig auch eine „funktionelle Verunstaltung", wie etwa bei hinkendem Gang.

Da der Beruf in zahlreichen Fällen nur zum Broterwerb dient, ist der wichtigste Lebensbereich für viele Menschen ihre Existenz als Privatperson, die sich — als besondere Erfüllung ihrer Lebensinhalte — nicht selten irgendeinem Hobby, einer Liebhaberei zuwenden. Die Behinderung bei der Ausübung eines Hobbys stellt demnach einen erheblichen Eingriff in die Kontinuität seiner lustbetonten Existenz dar, so daß die Beurteilung eines Schmerzensgeldgutachtens daran nicht vorübergehen kann. SPERLING sagt dazu („Vergleichende Untersuchungen der Erlebnisverarbeitung und Lebenssituation bei Hirn- und sonstigen Körperverletzungen", Veröffentlichung in Vorbereitung): „Zuletzt müssen wir zu dem Wort ‚Kontinuität' etwas sagen: Hiermit klingt alles das an, was der Person bedeutsam war, bevor sie in die Gestörtheit geriet. Es bedarf keines Kommentars, daß beispielsweise bei einem Bergsteiger, dem beide Beine amputiert wurden, die Kontinuität erheblich gestört ist. Daß in einem solchen Falle gutsitzende Prothesen wirksamer sind als ‚Manipulationen' an der Psyche, erscheint als eine Selbstverständlichkeit. Aber wenn die Prothesenbeschaffung allein ausreichend wäre, hätte sich niemals eine Rehabilitationsmedizin entwickelt. Hier kommt also alles darauf an, einen Weg zu finden, um — wir bedienen uns bewußt des Symbolgehaltes der Sprache — weiterlaufen zu können." Damit ist auch eine weitere Möglichkeit, der Schwere einer Schädigung beizukommen, gegeben. Wie bei der kosmetischen Operation, sollte der Schmerzensgeldgutachter in geeigneten Fällen eine Besserungsmöglichkeit des Dauerzustandes durch Rehabilitationsmaßnahmen erkennen und anregen.

Ein Verletzter, der begeisterter Bergsteiger ist und ein Bein verliert, ist in seiner Lebensfreude natürlich mehr geschädigt als ein gleichartig Verletzter, der die Berge lieber im Kino genießt.

Die Fülle der Möglichkeiten einer Hobby-Beeinträchtigung ist nicht überschaubar. Ein Versuch, hier aufzuzählen, ist schlechterdings unmöglich. Nur einige Hinweise mögen die Weite des Feldes erkennen lassen. Besonders schwerwiegend sind Hand- und Armschäden bei Geigern, Pianisten, Musikern überhaupt, bei Bastlern; Beinverluste bei Wanderern, Bergsteigern, Sportlern; Augenverletzungen gleichschlimm für alle Verletzte; Unmöglichkeit des Beischlafes und der Zeugung schlimmer in jüngeren Jahren als im Alter, obwohl auch da nicht generell geurteilt werden sollte, da es oft erstaunliche Fähigkeiten gibt.

Ein interessantes und oft nicht leicht zu beurteilendes Grenzgebiet zwischen beruflicher und Liebhaber-Beschäftigung ist hier die Freude am Berufsleben. Es gibt offensichtlich zahlreiche Berufe, die mit dem Hobby des Betreffenden identisch sind. So vor allem in schöpferischen (nicht nur!) Berufen bei Künstlern, Gelehrten, überhaupt weitgehend differenzierten Berufsgruppen. Es ist dagegen kaum anzunehmen, daß ein Fabrikarbeiter, der z. B. den ganzen Tag Schrauben dreht, diese Tätigkeit zu Hause als Hobby weiterführen möchte, selbst dann nicht, wenn er die dazu benötigten Maschinen hätte. Aber auch ein Chirurg z. B. kann zu Hause aus dem gleichen Grunde nicht operieren, dennoch ist vielen Operateuren ihr Beruf auch die liebste Beschäftigung, ebenso wie manchem Künstler, der nichts anderes als seine Kunst kennt. Die Freizeit ist deswegen nicht immer das ausschließliche Kriterium für ein Hobby. Natürlich könnte der Verletzte auf diesem Gebiet leicht ungerechtfertigte Vorteile durch Vortäuschungen eines nach der Verletzung behinderten Hobbys suchen. Er kann behaupten, früher leidenschaftlicher Akkordeonspieler gewesen zu sein, wozu er durch die Armversteifung nicht mehr in der Lage sei. Hier kann der Gutachter lediglich die Aussage fixieren und einschränkend bemerken: „wenn die Angaben stimmen, beurteile ich ...". Die Nachprüfung der Richtigkeit der Angaben ist nicht Sache des Arztes.

Aber nicht nur die finanziellen Verluste und die eventuelle Hobby-Beeinträchtigung sind bei der teilweisen oder vollständigen Arbeitsunfähigkeit zu berücksichtigen, denn das Nicht- oder nur bedingt Arbeitenkönnen ist für viele Verletzte eine seelische Belastung durch die Sorge um die Störung des Ausbaues ihrer Position, der Entwicklung im Beruf, des Aufsteigens, der Zurücksetzung durch längeres Fehlen, Schwächung der Initiative etc. Das gleiche gilt in verstärktem Maße für die Arbeitslosigkeit. Auch diese Verhältnisse müssen von einem gewissenhaften Schmerzensgeldbegutachter berücksichtigt werden. Hierbei besteht die Kunst des Gutachters darin, die Spreu vom Weizen zu sondern, die Bagatellen von den wirklich gewichtigen immateriellen Schäden zu trennen. Es ist nicht gut, in hypochondrischer Art das Leben des „armen" Verletzten, der vielleicht nur einen kleinen Finger verloren hat, in den schwärzesten Farben zu schildern. Das Gutachten muß auch in diesen Punkten sachlich überzeugen, wenn es für den Richter oder die Versicherung Wert haben soll. Beeinträchtigung von Sinneswahrnehmungen sind auch für das Schmerzensgeldgutachten von Bedeutung. Außer bei einigen besonderen Verhältnissen (Augenverlust bei bildenden Künstlern, Gehör bei Musikern) haben sie so allgemeine Bedeutung, daß sie auch auf dem Sektor der Minderung der Lebensfreude kaum individuelle Unterschiede in der Beurteilung zulassen. Es ist für nahezu jeden Menschen gleichschlimm, nicht sehen, hören oder riechen zu können. Bei Verlust von Sinneswahrnehmungen steht eine Minderung der Lebensfreude — wegen der durch sie möglichen Lustgewinnung — in der Regel weit über der dadurch bedingten Minderung der Erwerbsfähigkeit in der Beurteilung. Der Verlust z. B. des Geruchssinnes ist höchstens für den Duftprüfer (ein sehr seltener Beruf), für Köche etc. und in weit geringerem Maße auch für andere Berufe erwerbsfähigkeitsmindernd; für die Minderung der Lebensfreude aber hat diese Schädigung praktisch für alle Menschen große Bedeutung, denn der Geruchssinn vermittelt nicht nur Duftqualitäten, sondern er bestimmt auch das Bukett der sonst nur recht primitiven Geschmacksmöglichkeiten. Bei den Sinnesorganen soll der Gutachter — wie bei neurologischen Schäden — stets eine Beurteilung des zugehörigen Facharztes einholen. Die oft nicht unerheblichen Schwierigkeiten, die sich dem Verletzten nach Abschluß der Behandlung bei Dauerschäden in den zwischenmenschlichen Beziehungen entgegenstellen, sind durch geschicktes Erfragen der jetzt bestehenden Lebensverhältnisse aufzudecken. Das gilt für die ehelichen Kommunikationsmöglichkeiten, den Umgang mit Freunden (wird der Verletzte gemieden?) und auch am Arbeitsplatz (Hänseleien, Händel) oder in der Öffentlichkeit (Mitleidsäußerungen, Distanzierungen, ablehnende oder geringschätzige Blicke[61]). Ein Reichsgerichts-Urteil aus dem Jahre 1938[62] ist in diesem Zusammenhang interessant: Eine verheiratete 45-jährige Frau verliert ein Bein. Der Ehemann zieht sich daraufhin von ihr zurück. Das Reichsgericht erkennt ein hohes Schmerzensgeld an, wegen weitreichender Bedeutung der adaequaten Folgen des Unfalles (gleichgültig, ob das Verhalten des Ehemannes zu billigen war oder nicht).

Unabhängig von chronologischen Abläufen sind zahlreiche Unlustgefühle, die an sich keine schwere Belastung im einzelnen darstellen, summiert das Wohlbefinden jedoch außerordentlich stören können.

---

[61] REICHARDT, M., „Einführung in die Unfall- und Rentenbegutachtung", 1958, Fischer, Stuttgart, S. 87.

[62] REICHSGERICHTSBRIEFE IV. 173/38 — 17. 2. 1938.

Hierzu gehören Mißempfindungen bei Organstörungen wie blendendes Licht bei Augenverletzungen, Lärm bei Hyperacusis, ekelhafte Gerüche eigener Produktion (eiternde Wunden etc.) oder bei Zimmernachbarn im Krankenhaus, Jucken und Kitzeln, Zustände, die extreme Formen annehmen können und schon zum Selbstmord führten.

Bereits 1931 forderte CAHN[63] Schmerzensgeld für Unbehagen und Beeinträchtigung des Wohlbehagens.

Geboren aus verschiedenen Ingredienzien der vorstehenden seelischen Belastungsmöglichkeiten wie Angst, Leid, Sorgen etc., kann es — besonders bei gewissen Verletzungen (z. B. Hirnerschütterung) oder besonderen Persönlichkeitsartungen (z. B. Psychopathie, Unreife etc.) — zu echten Suicidversuchen kommen (hier muß sorgfältig der echte von dem demonstrativen Suicidversuch unterschieden werden), wie ein uns vorgekommener Fall zeigt:

Ein 23jähriger Mann erleidet eine erhebliche Gehirnerschütterung. Er steht kurz vor der Gesellenprüfung. Nach Entlassung aus der stationären Behandlung leidet er an einer Gedächtnisschwäche, wie sie bei der Commotio cerebri bekanntlich oft vorkommt. Der Patient steigert sich dadurch in einen Examensangstzustand hinein, der ihn am gleichen Tage noch 30 Schlaftabletten in suicidaler Absicht einnehmen läßt. Er kann nur nach schwieriger Behandlung und längerer Bewußtlosigkeit gerettet werden. Dieser Fall — belastet durch die kurz zuvor erfolgte Gehirnerschütterung — war ein Suicidversuch aus subjektiv untragbarer situativer Belastung.[64] Ein Unfallzusammenhang und damit die Möglichkeit einer Schmerzensgeldgewährung sind gegeben.

Kenntnisse über die Motivation der Suicidenten sind für einen Schmerzensgeldgutachter wertvoll; die entsprechende Diagnostik aber sollte er dem Psychiater überlassen. Es ist — ähnlich wie bei einer Sucht (S. 37) — stets zu prüfen, inwieweit eine abartige Persönlichkeitsstruktur den Selbstmordversuch verursachte, wobei das Trauma (gleichgültig, ob seelisch oder körperlich) eventuell nur den geringfügigen Anstoß zur Auslösung gab.

„Wird dagegen jemand durch einen Unfall in seiner körperlichen Unversehrtheit entscheidend getroffen, so ist der psychische Zusammenbruch, der sich in einem Selbstmord äußert, nicht außerhalb der Reichweite jeder Erfahrung. Meist ist jedoch eine neurotische Übersteigerung in diesem Geschehen mit verknüpft.[65]“

---

[63] CAHN, H., in LININGER, WEICHBRODT, FISCHER, Barth, Leipzig 1931, S. 204.

[64] DUBITSCHER, „Der Suicid“, Thieme, Stuttgart 1957, S. 18.

[65] DUBITSCHER, a. a. O., S. 123.

Dieser außerordentliche Komplex seelischer und körperlicher Schmerzen kann von dem Gutachter nur unter einem Gesichtspunkt zusammengefaßt werden, nämlich dem der Minderung der Lebensfreude.

Es ist verständlich, daß auch hier der Zeitfaktor eine entscheidende Funktion hat, wie der Schweregrad der Belastung. Darüberhinaus ergeben sich bei der Beurteilung hinsichtlich der einzelnen Lebensalter gewisse Beurteilungsvarianten.

Beim Kind ist ein zeitlich auf das Kleinkindesalter begrenzter, das Schmerzensgeld beeinflussender Schaden niedriger zu bewerten, da infolge des kaum entwickelten Ich-Bewußtseins eine weiterreichende Schmerzverarbeitung nicht erfolgt; Reflexionen sind dem Kleinkind nicht möglich. Aber auch noch Kinder im Alter von 4 bis 5 Jahren sind durch ausgezeichnete Anpassung selbst bei schweren Körperschäden sehr rasch nicht mehr leidend, auch nicht bei notwendigen Zwangslagen (Streck- oder Gipsverbände). Eine dauernde Minderung der Lebensfreude oder ständige Schmerzen sind beim Kind höher zu bewerten, da die voraussichtliche Lebensdauer auch eine lange Schadensdauer bedingt. Hier ist immer die Frage einer Schmerzensgeldberentung zu prüfen. Dazu sagt GÖBBELS:[66] „Kinder ertragen körperliche Schmerzen schwerer als Erwachsene. Körperliche Verunstaltung wird für die weitere und berufliche Entwicklung eines Kindes durch das Entstehen von Minderwertigkeitsgefühlen als Reaktion auf das Verhalten der Umwelt zumeist eine ungünstigere Bedeutung und einen anderen Einfluß haben als ein gleichartiger Körperschaden bei Erwachsenen." Hierher gehört auch das Problem der Krüppelseele bei schweren kindlichen Körperschäden. Die Entwicklung zu Neurosen ist dabei immer gegeben. Eine oft beobachtete Folge derartiger Körperschäden ist eine kindliche Unreife mancher körpergeschädigter Erwachsener.[67]

Wie bereits oben erwähnt, spielt die Angst bei Kindern eine erhebliche Rolle; sie sind dem Schmerz völlig ausgeliefert und leiden deswegen in vielen Fällen mehr als der Erwachsene.

Beim Erwachsenen liegen die Verhältnisse nicht extrem, so daß hier die nicht abgewandelte Form der Schmerzensgeldbegutachtung anzuwenden ist.

Das Greisenalter stellt den anderen Extremfall der Lebensalter dar. Es sind dabei verschiedene Gesichtspunkte zu berücksichtigen. Im allgemeinen ist es so, daß bei alten Menschen nicht nur die Sehkraft, das Gehör etc. in den meisten Fällen abnehmen, sondern auch die Schmerzempfindlichkeit. Die Ursache dieser Heraufsetzung der Schmerzgrenze im

---

[66] GÖBBELS, Die Med. 1952, 672, u. 1953, 1560.

[67] MENG, H., „Seelischer Gesundheitsschutz", Basel 1939, S. 103.

Alter ist nicht immer die gleiche. Im Zweifelsfalle ist eine Untersuchung der Schmerzempfindlichkeit angezeigt. Der aufmerksame Arzt kann bereits während der Behandlung darüber ein ausreichend klares Bild erhalten. Die Nebenumstände sind natürlich von Bedeutung, ob z. B. eine arteriosklerotische Demenz vorliegt, auch welchen Wirkungskreis der Greis noch hat, inwieweit er am Alltag Anteil nimmt, ob er noch berufstätig ist (es gibt bekanntlich in der Politik, der Kunst und auch der Wirtschaft hochaktive Greise!). Auch hier ist die eventuelle Beeinträchtigung von Hobbys zu prüfen. Selbst die sexuelle Potenz kann noch bei Achtzigjährigen erhalten sein.

C. Die Praxis der Begutachtung

Allgemeines

Der äußere Aufbau eines Schmerzensgeldgutachtens entspricht weitgehend dem eines Rentengutachtens, das den ursächlichen Zusammenhang und den Grad der Minderung der Erwerbsfähigkeit zu ermitteln hat. Da praktisch in jedem haftpflichtigen Verletzungsfalle der Grad der materiellen wie auch der immateriellen Schäden zur Feststellung des gesamten Gesundheitsschadens beurteilt werden muß, wird der Auftrag einer Begutachtung in der Regel auch beide Komplexe umfassen. Hierbei erleichtert sich der Gutachter seine Aufgabe dadurch erheblich, daß er von Anfang an beide Schädigungsarten bewußt getrennt im Auge behält. Ein derart kombiniertes Gutachten unterscheidet sich von einem einfachen Erwerbsfähigkeitsgutachten dadurch, daß es in der Schilderung des Unfallherganges, der Behandlung und des Verlaufes eingehender die Tatsachen darstellt, die eventuell Schmerzen, Unlustgefühle, Belästigungen etc. verursacht haben, ferner durch klare Darstellung verbliebener Verunstaltungen, Behinderungen und Schmerzen in dem zum Zeitpunkt des Gutachtens festgestellten Befund sowie den noch geführten subjektiven Klagen. In der Beurteilung wird dann eine Trennung der erwerbsfähigkeitsmindernden von den lebensmindernden Unfallfolgen vorgenommen, die im einzelnen nach Zeitabschnitten geordnet in Prozentsätzen der MdE (Minderung der Erwerbsfähigkeit) wie der LM (Lebensminderung) aufgeführt werden. Zuvor muß — wie in jedem Gutachten — zu eventuellen Zusammenhangsfragen Stellung genommen werden. Der oben erwähnte Begriff der „Lebensminderung“ wird in dem Kapitel „Bezifferung der immateriellen Schäden“ erläutert.

Demnach unterscheidet sich ein Schmerzensgeldgutachten von einem Erwerbsfähigkeitsgutachten hauptsächlich durch die Beurteilung.

Der Auftrag zu einem Schmerzensgeldgutachten kann durch den Patienten selbst erteilt werden, doch sollte der Gutachter in einem solchen Falle verlangen, daß ein Rechtsanwalt mit dieser Auftragserteilung betraut wird. Dadurch ist ein wesentliches — unsachliches — Moment, die Arzt-Patienten-Beziehung, die für eine Begutachtung immer ungünstig ist, ausgeschaltet. Das Gutachten, das ein Anwalt anfordert — der seinerseits den Schaden vor einer Versicherung oder einem Gericht vertreten muß —, wird dadurch auf eine sachliche und fachliche Ebene gehoben, die es dem Gutachter leichter macht, persönliche Momente auszuschalten.

Der Gutachter, der aus Gefälligkeit und Gutmütigkeit oder sonstigen Gründen die mehr oder weniger subjektiven Meinungen und Klagen des Verletzten „wohlwollend" beurteilt, erweist diesem letzten Endes keinen Gefallen, denn gerade dadurch kann er den Rechtsuchenden in eine Lage manövrieren, die ähnlich der befürchteten Rentenneurose eine Schmerzensgeldneurose auszulösen vermag, außerdem wird ein derartiges Gutachten vom Gericht oder einem Obergutachter in der Regel verworfen. Bei der sowieso schwierigen Beurteilung immaterieller Schäden und der häufig stark affektgeladenen Einstellung des Verletzten, bei dem fast immer Begehrenstendenzen bestehen, muß diese Klippe von dem Gutachter energisch und selbstkritisch konsequent umgangen werden. Es erweist sich immer wieder als wohltuend, daß der Anwalt als nüchterner Beobachter und Urteiler schon von sich aus offensichtlich ungerechtfertigte Wünsche bei seinem Klienten zu reduzieren versucht, — er ist also keineswegs nur Partei, sondern auch Vermittler, wie es auch der ärztliche Gutachter sein sollte, er soll die Tatsachen beiden Parteien vermitteln. Das gilt für jeden Gutachter, insbesondere aber für den Schmerzensgeldgutachter. Die Skepsis der Versicherungen und des Gerichts gegenüber Schmerzensgeldgutachten ist leider nicht immer unbegründet. Um ein gutes Schmerzensgeldgutachten zu schreiben, muß der Gutachter über eine reiche Erfahrung auf diesem Spezialgebiet verfügen. Die im privaten Auftrag erstellten Schmerzensgeldgutachten sind nicht allzu häufig, wohl aber die Beauftragung durch den Rechtsanwalt des Geschädigten. Die Fragen, die der Anwalt stellt, sind meist präzise und entsprechen den juristischen Erfordernissen. Zumeist wird nach den besonders schmerzhaften Vorkommnissen gefragt, nach der Dauer der Behandlung, speziell nach der stationären. Besonders interessieren den Anwalt die entstellenden Dauerschäden, da hierauf eventuell eine Schmerzensgeldrente aufgebaut werden kann. Manche Anwälte verlangen kein direktes Schmerzensgeldgutachten, sondern lediglich eine einfache Darstellung der Verletzungen und ihrer Folgen, wonach sie sich dann ein eigenes Urteil über den Umfang der immateriellen Schäden bilden. Daß der Gutachter ein solches Ansinnen ablehnen sollte, falls er erfährt, daß auch ein Schmerzensgeld gefordert wird, entspricht der Erkenntnis, daß der Arzt allein in der Lage ist, dieses schwierige Gebiet fachlich zu erschließen.

Eine Anfrage bei dem betreffenden Anwalt führt in der Regel zu einer Verständigung, begreiflich, da der Jurist schon durch die ärztliche Anfrage erkennt, daß sich der Gutachter mit den Problemen der Schmerzensgeldbegutachtung befaßt, was leider nicht bei jedem Gutachter der Fall ist. Das ist eine Tatsache, die den übrigen Institutionen, die sich mit dem Schmerzensgeld befassen müssen — Versicherung und Gericht — genauso bekannt ist wie den Anwälten.

In der Regel enthält die Beauftragung durch den Rechtsanwalt eine Befreiung von der ärztlichen Schweigepflicht gegenüber Anwalt, Gericht und Versicherung. Liegt eine derartige Erklärung nicht bei, ist sie spätestens bei der Begutachtung von dem Untersuchten schriftlich zu fordern, so daß der Gutachter unbeeinflußt und ungehindert seine Meinung äußern kann. Mit dieser Unterschrift unterwirft sich der Verletzte zwar nicht der Beurteilung des Gutachters, gestattet diesem aber, den beteiligten Parteien seine Meinung ohne Einschränkung — auch die für ihn ungünstige — mitzuteilen.

Die Durchbrechung der ärztlichen Schweigepflicht gegenüber einer Partei, etwa nur gegenüber dem Anwalt, bedarf bei Abgabe des Gutachtens an andere der besonderen Genehmigung des Untersuchten. Die Verletzung der ärztlichen Schweigepflicht ist nach § 300 StGB strafbar. Praktisch kommen solche Fälle aber kaum vor, da durch den Gang der Verhandlung die Gutachten vom Anwalt — der Vollmachten hat — weitergereicht werden. Selbstverständlich ist Dritten gegenüber, für die keine besondere Entbindung von der ärztlichen Schweigepflicht erteilt worden ist (etwa dem Gegner, Verwandten etc.), kein Einblick in die Akten zu gewähren.

Die meisten Gutachten— auch über Äußerungen hinsichtlich der immateriellen Schäden — werden durch die Haftpflichtversicherungen erbeten. Das ist verständlich, denn sie sind zahlungspflichtig, und sie haben demnach ein Interesse daran, ob die Forderungen des Verletzten übersetzt sind. Zwar hat sich das Routine-Schmerzensgeldgutachten den Versicherungen gegenüber noch nicht durchgesetzt, doch ist zu erwarten, daß mit zunehmendem Interesse der Ärzte für dieses Problem und damit zunehmender Erfahrung und Sicherheit bei der Beurteilung immaterieller Schäden die Schmerzensgeldgutachten genauso selbstverständlich werden, wie es die Erwerbsfähigkeitsgutachten bereits seit langem sind. In den meisten — leichten — Fällen dürfte sogar ein Fragenanhang an die üblichen Fragebögen bei Körperschäden genügen.

Das Schmerzensgeldgutachten in anderen Ländern

Die umfangreichen Untersuchungen über die Form, den Inhalt und die Verwendung ausländischer Schmerzensgeldgutachten sind im Anhang dieses

Buches ausführlich dargestellt. Hier hat der deutsche Gutachter Gelegenheit, seine eigene Gutachtentechnik zu vergleichen, seine Methodik zu verbessern und Anregungen aufzunehmen. Die wesentlichsten Besonderheiten werden an dieser Stelle vorweggenommen und sollen zur kurzen Information dienen. Wichtig ist auch festzustellen, daß das Schmerzensgeldgutachten in der ganzen Welt weite Verbreitung gefunden hat, womit seine Notwendigkeit unterstrichen wird und die Gegner des ärztlichen Schmerzensgeldgutachtens, die bei Medizinern und Juristen zu finden sind, ausreichend widerlegt werden.

Die ärztliche Sicht immaterieller Schäden wird vor allem in den USA so hoch eingeschätzt, daß die Fachjuristen sich intensiv mit medizinischen Studien befassen, um den Ausführungen des Arztes folgen zu können und von nicht ausreichend vorgebildeten Ärzten unrichtig gemachte Angaben oder Beurteilungen zu erkennen. Eine eigene juristische Vereinigung (NACCA) organisiert regelmäßig Vorlesungen namhafter Mediziner, die diese Informationswünsche erfüllen. Das Gericht stellt durch ein Kreuzverhör fest, ob der mit einer Schmerzensgeldbegutachtung beauftragte Arzt qualifiziert ist, und fordert dann in der Regel ein mündliches Gutachten, obwohl auch schriftliche Schmerzensgeldgutachten zugelassen sind. Sie müssen hieb- und stichfest sein, da die medizinisch geschulten Juristen Unklarheiten zu erkennen in der Lage sind. Gerade dadurch aber wird der begutachtende sachverständige Arzt im Schmerzensgeldprozeß besonders hoch gewertet. Die medizinisch-juristische Fachliteratur hat höchstes Niveau und behandelt hauptsächlich Fragen aus der (Unfall-) Chirurgie, Psychiatrie und Neurologie.

Der Einwand, die amerikanischen Verhältnisse mit den oft ungebührlich hohen Entschädigungen immaterieller Schäden könnten und dürften nicht übernommen werden, ist durchaus berechtigt, betrifft aber keineswegs die ärztliche Begutachtung, sondern das System der Prozeßführung. Die letzte Entscheidung über die Höhe eines Schmerzensgeldes fällt nämlich nicht, wie in Deutschland, der Richter, sondern eine Laien-Jury, die von den Parteien erheblich in ihrer Meinungsbildung beeinflußt werden kann, so mit bildlichen Darstellungen amputierter Gliedmaßen, schockierenden Operationspräparaten etc. Die nüchterne Wertung wird dadurch sicher erschwert, was auch schon durch den Titel einer amerikanischen Schrift, „Wieviel Blut verträgt eine Jury?“, deutlich zum Ausdruck gebracht wird.

Der Aufbau eines amerikanischen Schmerzensgeldgutachtens ist beispielhaft und entspricht in weiten Teilen dem des in Deutschland üblichen. Nach der Angabe der Personalien ist der Unfallhergang darzustellen; dann folgt der objektive Befund, zu dem das Gericht auch die Beobachtungen des Arztes zählt. Es schließen sich die subjektiven Symptome an, wobei auch Kleinigkeiten erwähnt werden müssen. Die Forderung nach weitestgehender

Objektivität erfordert das Ausschließen von Simulationen. Gegebenenfalls ist ein Psychiater oder Neurologe zu bemühen, insbesondere, wenn der Verdacht auf eine „traumatische Neurose" vorliegt. Diagnostische Hilfsmittel — EEG, EKG und Röntgenbefunde — müssen selbstverständlich verwendet werden. Die darauffolgenden Diagnosen sollen vollständig sein, damit auch aus dieser Kurzfassung des Befundes die Schwere der Verletzung in etwa zu ersehen ist. Die Behandlungsmaßnahmen sollen Angaben über verabreichte Medikamente enthalten; Dauer des Klinikaufenthaltes, besondere Maßnahmen, Verhalten des Patienten und eventuelle physische und psychische therapeutische Bemühungen sollen nicht unerwähnt bleiben.

Die Prognose ist besonders im Schmerzensgeldgutachten wichtig, da der Zeitfaktor die Höhe des Schmerzensgeldes maßgeblich beeinflußt.

Entsprechend der hohen Individualbewertung in Frankreich werden dort ärztliche Schmerzensgeldgutachten stets verlangt. Die Bemühungen, auch in Frankreich vergleichbare Fälle und Einteilungen bei der Beurteilung zu verwenden, führten zu einer Gruppenklassifizierung, ähnlich unserer Tabellen von FISCHER und GOLDBACH-FÖRSTER, durch den Arzt Dr. THIERRY. Als Besonderheit ist zu erwähnen — wie bereits dargestellt —, daß auch nahe Verwandte des Geschädigten unter Umständen für den seelischen Schmerz, den Schock, den sie durch die Leiden oder den Tod des nahestehenden Opfers erlitten haben, ein Schmerzensgeld erhalten können. Die Einbeziehung des „Sekundär-Ich" — denn dazu gehört ein nahestehender Mensch — in die immateriellen Schäden ist ungewöhnlich, für die Beurteilung kaum zu erfassen aber dennoch in der neuesten deutschen Rechtsprechung berücksichtigt worden*.

Die besondere Bewertung der Konstitution des Geschädigten und das Vorliegen gravierender Faktoren oder mindernder Eigenarten bei dem Verletzten ist beachtlich (Erhöhung bei Hyperthyreoiden, Herabsetzen bei Kindern unter 10 Jahren und alten Menschen über 75 Jahren), dürfte jedoch nur im Einzelfalle zu entscheiden sein.

Die österreichischen Schmerzensgeldgutachten sind den deutschen sehr ähnlich. Sie treten jedoch nicht so sehr in Erscheinung, da die Gewährung eines Schmerzensgeldes nur in verhältnismäßig seltenen Fällen erfolgt. Wesentlich ist, daß es in Österreich den Facharzt für Unfallchirurgie gibt, der meist mit der Erstattung des Gutachtens beauftragt wird.

In England werden ausführliche Schmerzensgeldgutachten nicht allgemein gefordert, wohl kurze Bescheinigungen, die etwas über immaterielle Schäden aussagen.

---

* Urteil LG Frankfurt vom 28. 3. 69, NJW 1969 S. 2286 (Schmerzensgeld bei unmittelbarem Erleben eines tödlichen Unfalles).

Eine Sonderstellung nimmt die Begutachtung in der Tschechoslowakei ein, da der Arzt hier praktisch durch seine ausführliche Begutachtung die Höhe des Schmerzensgeldes bestimmt, denn er hat die erlittenen Schmerzen in Grade einzuteilen von 0 % bis zu höchstens 1000 % (tausend!). Für 1 % wird ein bestimmter Betrag gezahlt.

Die anderen Länder, in denen das Schmerzensgeldgutachten die Regel ist und entscheidend zur Urteilsbildung beiträgt, gehören einem der großen Rechtskreise (USA — England — Frankreich — Deutschland) an und bieten für uns keine Besonderheiten. So gehören dem französischen Rechtskreis an: Tunesien, Belgien, Luxemburg, Algerien (ohne muselmanisches Recht), dem englischen Australien; Thailand und Japan haben ihre Rechtsverhältnisse dem deutschen Recht nachgebildet, wie Kanada das seine dem nordamerikanischen.

Die Länder, in denen das Schmerzensgeldgutachten nur bedingte Bedeutung hat, sind: die Schweiz, Griechenland, Äthiopien, Türkei (dem schweizerischen Recht nachgebildet), Niederlande, Südafrikanische Union (angelsächsisch orientiert), Dänemark, Norwegen, Schweden, Island und Neuseeland.

Keine Bedeutung haben Schmerzensgeldgutachten in: Italien, Iran, Spanien, Portugal, Algerien (muselmanisches Recht), Argentinien, Brasilien, Finnland, Rumänien und der UdSSR.

Zum Teil ist die Entschädigung immaterieller Schäden überhaupt nicht möglich, so im muselmanischen Recht Algeriens und in Rußland. In anderen Ländern wird trotz bestehender theoretischer Möglichkeiten praktisch kein Gebrauch von einer Schmerzensgeldzahlung gemacht.

Diese Übersicht zeigt, daß einmal der Schmerzensgeldanspruch sich überhaupt in vielen Ländern noch durchsetzen muß, zum anderen aber, daß es bis zum ärztlichen Schmerzensgeldgutachten in den meisten Ländern noch ein weiter Weg ist.

Das Gutachten

Der Exploration und Untersuchung des Verletzten muß gegebenenfalls das Studium der Akten durch den begutachtenden Arzt vorausgehen, damit er im Augenblick der Kontaktnahme mit dem Patienten bereits orientiert ist. Dieses Vorgehen ist besonders dann erforderlich, wenn der Gutachter den Verletzten noch nicht kennt. In der überwiegenden Zahl der Fälle jedoch ist der Gutachter vorher auch der Behandelnde gewesen, so daß er in groben Umrissen über den Umfang der Schädigung und auch den Zustand und das Verhalten des zu Untersuchenden im Bilde ist. Da aber jede Kleinigkeit von Bedeutung sein kann und das Gedächtnis nicht jede Einzelheit festhält, sind zumindest vor der Begutachtung das Krankenblatt, die Fieberkurve und auch die vorhandenen Röntgenbilder zu studieren.

Zur Feststellung des Gesundheitszustandes des Verletzten vor dem Unfall können frühere Arztberichte, Unterlagen der Krankenkasse, frühere Gutachten und vor allem auch die Anamnese des Patienten selbst herangezogen werden, die bei geschickter Fragestellung — in Verbindung mit den Untersuchungsergebnissen — zu guter Aufklärung des Vorzustandes, der prämorbiden Persönlichkeit, führen können. Äußerste Genauigkeit ist dabei vonnöten, da die Gesamtpersönlichkeit erfaßt werden muß und geringe Hinweise nicht selten Krankheitszustände aufdecken, die auch für das Schmerzensgeldgutachten aufschlußreich sind. Geklagte Schmerzzustände können zum Beispiel durch einen alten chronischen Rheumatismus verursacht sein und nicht durch das Trauma.

Unklarheiten in der Krankengeschichte können oft große Schwierigkeiten bereiten, besonders dann, wenn der Erstbefund nicht vollständig ist. Der Verletzte gibt dann hinterher nicht selten Verletzungen an, die im Krankenblatt nicht gefunden werden. Die Frage, ob es sich tatsächlich um vergessene Befunde oder um unwahre Angaben des Verletzten handelt, ist oft kaum zu beantworten. Nicht selten steht die Schwere einer Verletzung derart im Vordergrund, daß ein Übersehen leichterer Schäden verständlich, wenn auch nicht entschuldbar ist. Deswegen sollte bei der Erstuntersuchung der ganze Patient durchuntersucht und der Befund — auch der negative — genau aufgeführt werden. Die Anfertigung von Farbphotographien sichtbarer Verletzungen hat sich bewährt, besonders die innerhalb einer Minute fertiggestellten Polaroid-Color-Bilder, die auf der Rückseite mit dem Namen des Verletzten, seinem Geburtstag, dem Unfall- und Aufnahmedatum, dem Stempelabdruck und der Unterschrift des Arztes versehen, vorzügliche Dokumente darstellen und den Erstbefund, aber auch die späteren Befunde (Narben, Entstellungen etc.) eindrucksvoll untermauern. Die Vorgeschichte — insbesondere die vor dem Unfall — soll sich nicht nur auf frühere Erkrankungen und Unfallverletzungen beschränken, sondern soll — immer unter Berücksichtigung der zu treffenden Entscheidung hinsichtlich des Verlustes an Lebensfreude — auch die Liebhabereien, das Bildungsniveau, den Familienstand sowie das Berufsbild umfassen. Eine derartige Erforschung des Vorlebens erfordert viel Zeit und Geduld, hebt aber den Wert des Gutachtens außerordentlich und sollte in schwerwiegenden Fällen unbedingt erfolgen. Die Darstellung des Unfallherganges ist aus der polizeilichen Ermittlungsakte meist genau bekannt, jedoch nur in seinem äußeren Ablauf. Für den Gutachter ist aber auch die subjektive Darstellung durch den Geschädigten von Bedeutung, denn aus seiner Sicht kann ein Vorgang ganz andere Aspekte aufweisen. Es ist sicherlich nicht gleichgültig, ob der Verletzte sofort und unter Umständen sogar mit einer retrograden Amnesie verbunden bewußtlos geworden ist. Das initiale Schreckerlebnis ist in einem solchen Falle nicht mehr bewußt und kann daher auch nicht als unlustbetontes Erlebnis (Schreck, Angst, Entsetzen) im Gutachten gewertet werden. Umgekehrt ist das langsame und unabwendbare Aufeinenzukommen einer schrecklichen Gefahr durch das damit verbundene Grauen ein sehr gravierender Umstand.

Der Zusammenhang des Unfallereignisses mit der Verletzung muß durch die Schilderung des Herganges deutlich werden. Die schädigende Einwirkung muß dem Schaden entsprechen. Wie in allen Begutachtungen geht es beim Schmerzensgeld letzten Endes immer um Geld, und dieser Umstand muß den Gutachter bei aller Objektivität den Angaben des Verletzten gegenüber stets skeptisch sein lassen. So hat der Schmerzensgeldgutachter bereits bei der Darstellung des subjektiv dargebotenen Unfallherganges, mehr noch aber bei der Schilderung der noch geklagten Beschwerden und auch bei der gründlichen Untersuchung, immer sein Augenmerk auf eventuelle Aggravationen und Simultationen zu richten. Bei der Darstellung früherer krankhafter Veränderungen, die unter Umständen den späteren Unfallfolgen zur Last gelegt werden, muß der Gutachter immer an die Möglichkeit der Dissimulation denken. Ein nicht unbedingt wahrhaftiger Verletzter wird gerne frühere Krankheiten und Mangelzustände in seiner Darstellung verkleinern, um den Unfallfolgeschaden damit zu vergrößern, d. h. mehr Schmerzensgeld zu erlangen.

An dieser Stelle ist es für den Gutachter gut, sich noch einmal die im Kapitel „seelische Schmerzen" aufgestellte chronologische Reihe der möglichen Schmerzerlebnisse anzusehen. Der routinierte Gutachter weiß genau, worauf er zu achten hat, welche Fragen er stellen muß, um ein deutliches Bild der immateriellen Schäden zu erhalten; er wird sich vor allem aber vor Suggestivfragen hüten. Der allgemeinen Anamnese und dem Unfallhergang schließt sich die Beschreibung des stationären Aufenthaltes bzw. der ambulanten Behandlung an.

Auch dabei ist eine Exploration über die subjektiven Erlebnisse, die der Verletzte hatte — im Gegensatz zur Begutachtung einer Erwerbsfähigkeit —, vonnöten.

Aus der objektiven und subjektiven Darstellung des stationären Aufenthaltes und der ambulanten Behandlung mit allen Vorkommnissen wie Operationen, Zwischenfällen, Dauer der Bettruhe, evtl. in Streckverbänden, mit Gipsverbänden, Schienen und anderem, ersieht der Arzt sehr gut die mögliche Belastung des Geschädigten und kann — wiederum durch geschickte Fragen und einfaches Erzählenlassen — herausbekommen, welche negative Beeinflussung in der betreffenden Zeit die Lebensfreude des Untersuchten erlitten hat. Eine genaue Darstellung und Aufzählung ist allerdings erforderlich. Der Versicherung und dem Richter muß erkenntlich werden, daß die subjektive Darstellung und der beschriebene Verlauf sich decken; wenn Abweichungen vorhanden sind, muß der Gutachter schlüssig darlegen, wieso dieser Verletzte so und nicht anders reagierte. Das kann bei nicht normgerechten Persönlichkeiten die Hinzuziehung eines psychiatrischen Gutachters erforderlich machen, und der Schmerzensgeldgutachter sollte in geeigneten Fällen nicht vor einer solchen Konsultation zurückschrecken.

Die körperliche — und, wenn erforderlich, auch psychische — Untersuchung ist die unbedingte Voraussetzung für die Beurteilung eines Körperschadens, vor allem auch hinsichtlich der dadurch eingetretenen immateriellen Schäden. Sie sollte sehr eingehend sein und nach dem strengen Schema einer alle Körperregionen umfassenden Systematik erfolgen, damit nichts vergessen wird. Dieses Vorgehen ist jedem geübten Gutachter geläufig. Die örtlichen Befunde der eigentlichen Verletzungen sollen besonders gründlich dargestellt werden, wobei die Funktionen von Gliedmaßen (Gelenken) und Sinnesorganen, die Narbenlage und -beschaffenheit sehr sorgfältig zu untersuchen und zu beschreiben sind. Auch der chirurgische Gutachter sollte sich soviel psychologische und psychiatrische Kenntnisse aneignen, daß er in der Lage ist, einen kurzen psychologischen Befund anzufügen, vor allem aber, um die Fälle zu erkennen, die einer psychiatrischen Untersuchung zugeführt werden müssen. Es versteht sich von selbst, daß in den Befund auch Daten über Gewicht, Körpergröße, Alter und Konstitutionstyp aufgenommen werden. Kommen dem Gutachter während der Untersuchung und Exploration Anzeichen für Simulation oder Aggravation zur Kenntnis, so sollte er durch Simulationsprüfungsmethoden versuchen, den wahren Sachverhalt zu klären. Die Erfahrung zeigt, daß Übertreibungen gerne geboten werden, die für den Gutachter meist leicht zu erkennen sind, so daß er sie bei der Beurteilung berücksichtigen kann, ohne zu irgendwelchen Tricks greifen zu müssen.

Bei der regelrechten Simulation aber haben sich manche Kunstgriffe bewährt:

(frei nach JAROSCH, MÜLLER, PIEGLER, „Schmerzengeld", Manz, Wien 1960, S. 34/36).

1. Beobachtungen des Allgemeinverhaltens: wie kleidet sich der Untersuchte aus und an, Beobachtungen durch einen Spiegel, durch Hilfspersonal, beim Verlassen des Krankenhauses, bei Ablenkung. Desgleichen bei Untersuchungen ablenken, bei Gelenkbeweglichkeitsprüfungen in verschiedenen Stellungen prüfen.

2. Beobachtungen der Mimik, jede Übertreibung im Gesichtsausdruck ist verdächtig.

3. Prüfung der typischen Nervendruckpunkte und auch der HEADschen Zonen, die der Verletzte nicht kennen kann, können zum Vergleich herangezogen werden.
4. Druck auf schmerzempfindliche Stellen können vegetative Veränderungen hervorrufen (Pulsbeschleunigung, Pupillenerweiterung, Lidspaltenerweiterung, Schwitzen, Weinen, Blutdrucksteigerung, Erblassen).
5. Interessant ist vor allem der MÜLLERsche Versuch, bei dem der Verletzte die Augen schließen muß. Man drückt mit einem Finger auf eine angeblich schmerzende Stelle und mit einem anderen auf eine schmerzfreie. Hebt man den auf der schmerzenden Stelle auf, müßte der Schmerz allmählich abklingen.
6. Zu den Möglichkeiten einer Entlarvungskontrolle gehört auch die Prüfung der individuellen Schmerzempfindlichkeit; sie weicht normalerweise nur in unwesentlichen Graden bei den einzelnen Menschen ab, kann aber gelegentlich recht starke Differenzen nach oben und unten, d. h. zur Hypersensibilität oder Unempfindlichkeit hin, aufweisen. Die Schmerzprüfungsmethoden sind in derart extremen Fällen zu benutzen.
   Es wird auf eine Darstellung derartiger Verfahren verzichtet, da sie in der Begutachtungspraxis kaum zur Anwendung gebracht werden können. Bei auffälliger Schmerzlosigkeit oder Schmerzüberempfindlichkeit ist — allein schon zur Klärung der Ursache — die Hinzuziehung eines Neurologen angezeigt.

Das Kernstück des Schmerzensgeldgutachtens ist — wie bei jeder Begutachtung — die Beurteilung. In diesem Gutachtenabschnitt werden die Untersuchungsbefunde und Explorationsergebnisse miteinander verglichen, gegeneinander abgewogen, die Ursachen diskutiert und, wenn möglich, aufgezeigt, sowie die Zusammenhangsfragen erörtert. Der Gutachter wiederholt kurz alle wesentlichen Punkte aus Befund und Anamnese, so daß der Richter, der sich zunächst nur für die Beurteilung interessiert, nicht erst lange zurückzublättern braucht. Dann schließt sich die Prognose der noch eventuell bestehenden Schäden an, d. h., ob es zu einer Ausheilung kommen wird und wann, oder ob Dauerschäden zurückbleiben.

Eine Darstellung der durch die nun als Unfallfolgen festgestellten Körperschäden hat im Schmerzensgeldgutachten nur dann einen Sinn, wenn sich eine Beurteilung der immateriellen Schäden anschließt.

Davon handelt der folgende Abschnitt.

Die Bezifferung der immateriellen Schäden

In den vorstehenden Kapiteln wurden alle Gesichtspunkte aufgezählt und erläutert, die bei der Beurteilung der Schwere der immateriellen Schäden in Frage kommen können.

Das Schmerzensgeldgutachten muß — wenn es Anspruch auf Korrektheit und Vollständigkeit erheben will — zu diesen Gesichtspunkten Stellung nehmen. Dem Richter soll eine gut gegliederte und durch Tatsachen, die die medizinischen Befunde liefern, gut belegte Darstellung der Art und Dauer der erlittenen seelischen und körperlichen Schmerzen gegeben werden. Diese Darstellung soll ein abgerundetes Bild des entstandenen immateriellen Schadens ergeben, so daß schon anhand dieses großen Überblicks sich eine Vorstellung von dem Ausmaße des Gesamtschadens bei den beteiligten Parteien herauskristallisieren kann.

Diese Darstellung der erlittenen immateriellen Schäden genügt aber keineswegs. Sie muß von einer wissenschaftlich begründeten Beurteilung abgeschlossen werden, in der auf alle Besonderheiten des Falles eingegangen werden soll. Allein die Tatsache, daß es für das Ausmaß körperlicher und seelischer Schmerzen kein objektives Maß gibt, das es einem Außenstehenden erlauben würde, eine unfehlbare Kritik oder Anerkennung über die gezeigten Schmerzäußerungen zu geben[68 69], zwingt den Gutachter, seine ärztliche Erfahrung zu Rate zu ziehen und die bekannten allgemeinen Einflüsse auf das Schmerzerleben wie Geschlecht, Temperament, Rasse, Lebensalter, Anpassungsfähigkeit etc. zu berücksichtigen. Die Ausführung eines derartigen Gutachtens wird im Anhang der Gutachtertechnik am Beispiel erläutert. Die oft verwirrende Vielfalt der aufgeführten und im Gutachten (Beurteilung) diskutierten Schäden und Gesichtspunkte hat schon immer die Notwendigkeit nach Zusammenfassungen — Vereinfachungen — suchen lassen, ohne dabei Abstriche an der Vollständigkeit machen zu müssen. Zahlreiche Verfahren sind empfohlen und praktiziert worden. Von der kurzen Zusammenfassung bis zur Einordnung in Schemata und Tabellen mit mehr oder weniger zutreffenden Schätzungen in Form von Superlativ-Ausdrücken sind durch die verschiedenen Autoren mancherlei Vorschläge gemacht worden. Diese durch knapp gefaßte Bezeichnungen oder Berechnungen als Quintessenz resultierenden Hilfsmittel sind recht wertvoll und haben zum Teil Eingang in die Schmerzensgeldbegutachtungspraxis gefunden.

Die verschiedenen Praktiken sind jedoch alle noch mangelhaft und führen meist zu nicht ausreichenden und nicht selten zu irreführenden Ergebnissen. Die in Deutschland weitverbreitete und anerkannte Einordnung immaterieller Schäden in eine nach Schweregraden aufgestellte Liste von FISCHER gehört zu diesen Versuchen einfacher Darstellung komplexer Schäden. Es ist unerläßlich, dieses Hilfsmittel als Schmerzensgeldgutachter zu kennen. Der praktizierende medizinische Sachverständige auf dem Gebiet

[68] FELDER, a. a. O., S. 23.
[69] SCHOENEICH, Hippokrates 22, 1951, 635.

der Beurteilung immaterieller Schäden erkennt jedoch unschwer, daß es sich bei der Einordnung eines Schadens in diese Aufstellung nur um eine sehr unvollständige Methode handelt, wenn er versuchen sollte, den zu beurteilenden Fall allein danach zu werten. Der Versuch hierzu muß sehr oft scheitern, da eine Einordnung nur gewaltsam möglich ist. Die Tabelle von A. W. FISCHER geht mit der Einteilung nach FÖRSTER-GOLDBACH in etwa konform.

Es erfolgen dabei folgende Einstufungen:

a) ganz leichte Fälle
Prellungen, Blutergüsse, oberflächliche Hautverletzungen wie Hautschürfungen, oberflächliche Riß- und Schnittwunden, leichte Verstauchungen etc., wobei eine ärztliche Behandlung meist gar nicht notwendig ist und die Abheilung in 1 bis 2 Wochen erfolgt.

b) leichte Fälle
Weichteilwunden ohne Entstellung, die genäht werden müssen, einfache Knochenbrüche ohne Verschiebung (Speichenbruch, Nasenbeinbruch, Rippenbruch), einfache Verrenkungen, Gelenkergüsse, unkomplizierte Trommelfellrupturen, Gehirnerschütterungen mit kurzer Bewußtlosigkeit, Verlust von 1 bis 2 Zähnen, Verlust eines Fingergliedes. Die ärztliche Behandlung kann ambulant erfolgen und wird (nach FÖRSTER) höchtens 4 Wochen, wenn stationäre Aufnahme erfolgen sollte, andauern.

c) mittelschwere Fälle
mittlere Knochenbrüche ohne Komplikationen (einschließlich Kieferbruch, Schädeldachbruch), mehrere Rippenbrüche, schwere Verrenkungen mit Bänderrissen und Dauerschäden, Gehirnerschütterung mit längerer Bewußtlosigkeit, gut heilende Bauchverletzungen (nach FÖRSTER einschließlich Verlust einer Niere oder der Milz, obwohl dies meist schon zu den schweren Fällen zu zählen ist), Augenverletzungen ohne Dauerfolgen, Verlust eines einzelnen Fingers oder von 3 bis 5 Zähnen. Hierher rechnet nach FÖRSTER auch ein Krankenhausaufenthalt von über 8 Wochen.

d) schwere Fälle
Knochenbrüche mit Komplikationen oder längerer Heildauer sowie längerer Nachbehandlung, Oberschenkelbrüche, Bauchoperationen mit kompliziertem Verlauf, rezidivierendem Ileus, Harnröhrenstrikturen, Kehlkopffrakturen, Augenverletzungen mit Sehstörungen, Verlust von 6 oder mehr Zähnen. Nach FÖRSTER auch stationärer Aufenthalt bei diesen Schäden von mehr als 16 Wochen.

e) s e h r s c h w e r e F ä l l e
Knochenbrüche und Weichteilverletzungen, Gelenkbeteiligungen mit langwierigem Heilungsverlauf, schmerzhafter Behandlung und Nachbehandlung, mehrfachen Operationen, bei welchen es aber schließlich nach Monaten doch zu einem gewissen Abschluß der sehr schweren seelisch-körperlichen Störung kommt. Hierher zählen Amputationen, Pseudarthrosen großer Knochen, Bauchafter, schwere Röntgenverbrennungen, Verlust eines Auges und beidseitige Sehminderung, Zeugungsunfähigkeit, schwere Entstellungen (Nasendefekt, Ohrmuschelabriß, Haarverlust etc.), Krankenhausaufenthalt von über 26 Wochen.

f) g a n z u n g e w ö h n l i c h s c h w e r e F ä l l e
Verlust beider Augen, völlige Ertaubung, Wirbelbruch mit völliger Markdurchtrennung und Lähmung beider Beine, der Blase, des Mastdarmes, mit andauernden Schmerzen, Doppelamputationen, Amputationen mit Phantomschmerzen, Kausalgien etc. Schwere Dauerfolgen, oft verbunden mit bleibender Hilflosigkeit.

Für eine erste Orientierung und Einordnung eines Schadens ist diese Tabelle ein wertvolles Hilfsmittel hinsichtlich des Schweregrades überhaupt. Mehr jedoch kann sie nicht sein, denn jeder Fall liegt anders.

Für eine der tatsächlichen Schädigung entsprechende Beurteilung bietet auch die umfangreichste Tabelle keinen Vorteil, da dann letztlich wieder ein komplexes Befundbild vorliegt, das alle Gesichtspunkte aufführen müßte. Die Forderung der kurzen und übersichtlichen, dabei erschöpfenden Formulierung und Bewertung ist auf diesem Wege nicht zu erfüllen. Wie sollte zum Beispiel ein Unterarmbruch klassifiziert werden, der durch intercurrente Zwischenfälle mannigfaltiger Art kompliziert ist? Derartige Komplikationen wie SUDECKsche Erkrankung, Gelenkbeteiligung, Operationen zur Einrichtung, Kallusdruck auf Nerven, wiederholte Reposition, Nagelung oder Drahtumschlingung etc. sind verhältnismäßig häufig und können eine Einordnung in die FISCHERsche Tabelle unmöglich machen.

Andererseits kann ein Oberschenkelbruch, der durch Marknagelung verhältnismäßig frühzeitig wieder belastungsfähig wird, wenig immaterielle Schäden verursachen. Es kann sicherlich nicht im Sinne einer gerechten und angemessenen Schmerzensgeldentschädigung liegen, die Diagnose zur Grundlage der Errechnung des Schmerzensgeldbetrages zu machen, sondern lediglich die tatsächlich erlittenen körperlichen und seelischen Schmerzen.

Es ist auch nicht zu übersehen, daß den Worten „leicht“, „mittelschwer“, „sehr schwer“, „außergewöhnlich schwer“ immer ein Gefühlswert innewohnt, der sie zur korrekten Bezeichnung von Tatsachen ungeeignet macht. Hinzu kommt, daß jeder Gutachter unter schwer und leicht sich etwas anderes vorstellt. Zu der Ungenauigkeit einer summarischen Beurteilung, die weder den Zeitfaktor noch die Fallbesonderheiten gebührend berücksichtigt, kommt bei diesem Verfahren die Fehlerquelle der zu subjektiv beeinflußten Einordnung in ein ungenügendes Schema. Jeder Gutachter weiß, daß subjektive Momente kaum ganz auszuschalten sind, doch sollte gerade der Schmerzensgeldgutachter stets darauf bedacht sein, sie auf ein Minimum zu reduzieren. Die Erkenntnis dieser Zusammenhänge und Notwendigkeiten hat zahlreiche Methoden zur besseren Beurteilung und Aufschlüsselung der immateriellen Schäden entstehen lassen. Es war leicht einzusehen, wie ungenügend eine tabellarische Einteilung nach Schweregraden und Verletzungsarten sein muß. Die Aufgliederungsmöglichkeiten sind hier zu gering — das Schema ist für die wechselvollen Schadensbilder zu starr.

Die Berücksichtigung des Zeitfaktors ist nach SCHÜTZ[70] in Österreich üblich. Jeder Tag während der Krankheitsdauer wird hinsichtlich des Grades der erlittenen Schmerzen eingeteilt in

starke Schmerzen,
mittlere Schmerzen,
leichte Schmerzen,

wobei außerdem berücksichtigt wird, ob die Schmerzen

a) dauernd auftreten,
b) zeitweise auftreten

und zu b) auch noch, ob diese zeitweise auftretenden Schmerzen häufig oder selten beobachtet werden konnten. Interessanterweise werden bei dieser Bewertung nur die körperlichen Schmerzen berücksichtigt. Seelische Schmerzen werden in Österreich nur selten anerkannt.

Offensichtlich beruht diese Zurückhaltung der Bewertung seelischer Schmerzen auf ihrer anscheinend schwierigen Beurteilungsmöglichkeit. Die Erkennung körperlicher Schmerzen ist aber sicherlich nicht viel leichter, und man kann bei einiger Erfahrung als Arzt verhältnismäßig gut Rückschlüsse von dem Schweregrad der Verletzung, den Äußerungen und dem Verhalten sowie den klinisch auftretenden Symptomen auf den Schweregrad der seelischen und körperlichen Schmerzen ziehen. Der Ausschluß seelischer immaterieller Schäden aus dem Schmerzensgeldgutachten macht das Gutachten wertlos. Der Mensch mit seiner ausgeprägten Fähigkeit der Reflektion leidet ja vorwiegend dadurch unter einem eingetretenen Schaden.

Die von SCHÜTZ gebrauchte Technik der Bewertung eines immateriellen Schadens bedient sich zur Vereinfachung der sogenannten „Komprimierung". Er zieht mehrere Tage mit geringen Schmerzen auf einen kürzeren Zeitraum rechnerisch zusammen und wertet diesen „kompri-

---

[70] SCHÜTZ, a. a. O., S. 61.

mierten" kürzeren Zeitraum als „vollschmerzhaft". Diese „Verrechnung des Schmerzes" erfolgt etwa so: Ein Verletzter hat 20 Tage lang Schmerzen, die etwa $^{1}/_{10}$ der vollen Schmerzhaftigkeit entsprechen, also kann rechnerisch gesagt werden: diese 20 Tage zu $^{1}/_{10}$ Vollschmerz entsprechen 2 Tagen mit Vollschmerz.

Dieses Verfahren ist nicht nur umständlich, sondern auch recht fehlerhaft, da der Begriff „vollschmerzhaft" nicht zu definieren ist und außerdem die Summe vieler geringer Schmerzen noch lange nicht einem kürzeren schweren Schmerz entspricht, da die psychologischen Auswirkungen dabei ganz andere sind. Zur Feststellung, ob heftige Schmerzen vorgelegen haben, soll die Fieberkurve kontrolliert werden, z. B., ob analgetische Mittel verabreicht wurden, so daß ein Rückschluß auf die erlittenen Schmerzen möglich ist. Andererseits jedoch werden Schmerzen eben durch diese Medikamente beseitigt, so daß dadurch wieder eine Herabsetzung der „Vollschmerzhaftigkeit" erfolgen muß. Die Fehlerquellen einer derart mechanischen Errechnung gehen schon daraus hervor, daß es ausreichend Fälle gibt, bei denen kein körperlicher, sondern nur seelischer Schmerz vorliegt. Schwere Ätz- oder Verbrennungsschäden im Gesicht einer Frau sind anfänglich sehr schmerzhaft, aber hinterher folgt oft ein schwerer seelischer Schmerz mit Depressionen, Minderwertigkeitsgefühlen, Verlust der Lebensfreude, der Heiratsaussichten, der Anerkennung als Frau überhaupt.

Gegen die Aufstellung typischer Fälle sind KRAUSS und VOSSCHULTE[71], und die Unzulänglichkeiten bei der Bewertung und Einstufung immaterieller Schäden haben die Begutachtung bisher stets erschwert.

Zahlreiche Autoren haben Vorschläge gemacht, die zum Teil vor dem Problem kapitulieren, zum anderen aber auch brauchbar und richtungsweisend geworden sind.

HELLNER[72] ging soweit, daß er die zu meisternden Probleme mit dem Ausspruch „fort mit dem Schmerzensgeld" für sich erledigte. Da es sich bei dem Schmerzensgeldanspruch aber um eine juristische Realität handelt, ist eine derartige Forderung undiskutabel, und wir müssen uns weiter um eine bestmögliche Lösung bemühen.

BÜRCKLE de la CAMP[73] hat schon in den 30er Jahren darauf hingewiesen, daß das Schmerzensgeld hoch anzusetzen sei. BAUER[72] will auf eine Zusammenfassung in der Beurteilung immaterieller Schäden durch den Arzt verzichten und begnügt sich mit einer einfachen Aufzählung der Tatsachen. Das ist wohl ein bequemes Verfahren, doch ist damit weder dem

---

[71] zit. nach MÜLLER, Diss., Bonn 1935, S. 37.
[72] zit. nach MÜLLER, a. a. O., S. 37.
[73] zit. nach MÜLLER, a. a. O., S. 34.

Richter noch dem Verletzten oder dem Haftpflichtigen gedient. Wenn ein Arzt nicht bereit ist, ein eigenes Urteil in seinem Gutachten abzugeben, fehlt das Wesentlichste, und das Gutachten brauchte gar nicht geschrieben zu werden, denn dann muß der Richter selbst die nur dem Mediziner erkennbaren Folgerungen ziehen. So können wir uns auch die Auffassung von ROSTOCK nicht zu eigen machen, der ganz auf eine Schmerzensgeldbegutachtung verzichten will, da „Schmerzen nicht mit Geld abgegolten werden können". Es ist interessant, wie sich in den einzelnen Meinungen geschichtlich längst abgetane Vorstellungen in unserer Zeit hier und da wiederfinden.

Ein weiterer Schritt in der ärztlichen Beurteilung immaterieller Schäden ist die Anwendung des Prozentsatzsystems. DICK[74] hat den bisher praktischsten Vorschlag gemacht. Er bezeichnet schwere Schmerzen mit 100 % und stuft dann in größeren Schritten — etwa nach einigen Tagen — auf 50 % — ab. In der gleichen Richtung liegt auch der Vorschlag von NAEGELI, der „die Angelegenheit" generell so regeln möchte, wie dies bei der Erwerbsfähigkeitsminderung von Unfallpatienten geschieht. Diese beiden Vorschläge kommen zusammengenommen der besten Lösung des Problems der Bezifferung immaterieller Schäden schon sehr nahe. Es fehlte jedoch bisher vor allem noch das wichtigste Bindeglied, der zusammenfassende Oberbegriff, unter dem die zahlreichen immateriellen Schäden vereinigt werden können. Die Prozentsätze von DICK beziehen sich vorwiegend auf die rein körperlichen Schmerzen und teilen nur grob ein. Der NAEGELI-Vorschlag, der ganz richtig die Möglichkeiten der hundertfachen Einteilung nach Prozentsätzen ausnutzen will, möchte vor allem die Klarheit des Verfahrens der Begutachtung der Erwerbsfähigkeit auf das Schmerzensgeldgutachten übertragen.

Einen interessanten und systematisch ausgebauten Versuch zur rechnerischen Erfassung immaterieller Körperschäden stellte GÜNTHER[75] in letzter Zeit vor. Er benötigt dazu vor allem die minutiöse Aufstellung eines Verletzungskatalogs („Klassifikationsschema"), der möglichst viele Verletzungen und deren Kombinationen enthalten muß. Dieses Schema teilt die Schäden in Gradstufen (ähnlich der FISCHER'schen Tabelle) von I—VI ein und bewertet innerhalb dieser Stufen die verschiedenen Schäden mit Gradfaktorengruppen und verteilt über das ganze Schema die Gradfaktoren 1—25. Nach erfolgter Einordnung, d. h. Klassifizierung des Schadens folgt die Multiplikation mit Zeitfaktoren (ZF), Minderungs- und Steigerungsfaktoren, wobei zu unterscheiden ist zwischen GZF (Gesamtzeitfaktor), ZFT

[74] zit. nach MÜLLER, a. a. O., S. 36.
[75] H. GÜNTHER, Schmerzensgeld, Thieme, Stuttgart, 1964.

(temporärer Zeitfaktor) und ZDF (Zeitfaktor für Dauerschäden). Außerdem sind bestimmte Regeln bei der Anwendung zu beachten, so das Prinzip der elektiven Berücksichtigung der relativ hochgradigen Schädigungsfolgen und das Prinzip des Nichtüberschreitens des übergeordneten Zeitfaktors. Als Resultat endlich erscheint die für den Mediziner endgültige Leitzahl, die nun wiederum vom Richter mittels weiterer Steigerungs- oder Minderungsfaktoren, je nach Verschuldensgrad und Vermögenslage (beider Kontrahenten), Schädigungsanlaß oder Mitverschulden multipliziert wird, um dann die finale Leitzahl, auch „Schmerzensgeldfaktor" genannt, zu ergeben. Die Umrechnung der endgültigen Leitzahl in einen Schmerzensgeldbetrag ist Sache des Richters. Daß nach besonderen Tabellen Zeitfaktoren hinsichtlich der Lebenserwartung und Tabellen für erschwerende Umstände (Lebensalter, Geschlecht, Vorschäden) Minderungsfaktorentabellen zu benutzen sind, verlangt die Vervollständigung der Methode.

Die Kompliziertheit der Methode — die den Einsatz eines Computers rechtfertigen würde (und bei Anwendung des Prinzips in vielen Fällen erforderte) — läßt seine Praktikabilität in Frage stellen. Darüber hinaus ist das Problem der Schätzung eines Schadens nicht gelöst, denn die Schätzung ist immer eine Einordnung nach Gradstufen, die durch Zuordnung von Prozentzahlen, die sich auf allen anderen medizinischen Begutachtungsgebieten als zweckmäßig erwiesen hat, in gleicher Weise erfolgt. Hinzu kommt, daß die Bewertung — abgesehen von den durch den Verfasser a priori fixierten Bewertungen in der Klassifikationstabelle — wegen der Spielräume (trotz der Einengungen) keineswegs die im Titel versprochene „Reproduzierbarkeit" gewährleistet. GELHAAR (Der Betriebs-Berater, H. 33, 1966, S. 1356) hierzu: „Außerdem läßt sich der Geldbetrag, der zum Ausgleich für die erlittene Lebensbeeinträchtigung erforderlich ist, nicht allein nach objektiven Gesichtspunkten bemessen, sondern es bedarf, um zu einem gerechten Ergebnis zu gelangen, in viel stärkerem Umfange, als es GÜNTHER für richtig hält, auch der Berücksichtigung subjektiver Kriterien."

Nur in der individuellen gutachtlichen Schätzung durch den Arzt lassen sich im Einzelfalle — ohne Schemata — auch die subjektiven Faktoren unterbringen und berücksichtigen.

In der im Folgenden dargestellten Begutachtungsmethode, die sich aus der bisher geübten Begutachtungstechnik entwickelte, wird versucht eine einheitliche Bewertung zu erreichen und gleichzeitig jeden Einzelfall individuell zu berücksichtigen. Dadurch werden willkürliche Entschädigungen vermieden, und das Gutachten wird der Wahrheit des tatsächlichen Schadens — soweit das bei menschlichen Einschätzungen überhaupt möglich ist — am nächsten kommen.

Die neue Methode

Wenn wir die immateriellen Schäden insgesamt betrachten, so fällt auf, daß sie alle eine gemeinsame Wirkung auf das Leben und Erleben des Geschädigten haben:

sie setzen die Lebensfreude herab
und mindern das Lebensgefühl.

Oder wie REUSS[76] es ausdrückt: „Das Schwergewicht liegt für die Bemessung des Schmerzensgeldes in der Höhe und dem Maße der Lebensbeeinträchtigung des Geschädigten". Ob es nun körperliche oder seelische Schmerzen, Unlustgefühle, Not, Angst, Sorgen, Qualen sind, sie müssen von dem Betroffenen erduldet werden. Hier haben wir den Oberbegriff, unter dem alle mannigfaltigen Erscheinungsformen und Möglichkeiten der negativen Beeinflussung des wertvollsten unseres irdischen Daseins, nämlich des gesunden Lebens auf körperlichem, seelischem und geistigem Sektor, gesammelt betrachtet werden können. Diese Beeinträchtigung des persönlichen Lebens ist eine Minderung des Lebens schlechthin, wobei auch die Dauer des Lebens, die durch besondere Schädigungen herabgesetzt sein kann, berücksichtigt werden muß. Die kurze Formel für diese Lebensminderung wird durch den Schmerzensgeldgutachter mit der Abkürzung LM bezeichnet.

Entsprechend der Prozenteinteilung bei der MdE (Minderung der Erwerbsfähigkeit) wird sie auch bei der LM (Lebensminderung) angewandt. Sie ist einprägsam, eindeutig und für den Schaden umfassend und erfüllt die Forderung, bei der Beurteilung der immateriellen Schäden die Gesamtpersönlichkeit als Körper-Seele-Einheit zu berücksichtigen.

Die extremen LM-Prozentsätze lassen dies gut erkennen. Eine LM von 0 % liegt vor bei einem völlig gesunden Menschen, wobei der Begriff „Gesundheit" nach der Definition der Weltgesundheitsorganisation zugrundegelegt werden kann. Sie lautet: „Gesundheit ist das völlige körperliche, seelische und soziale Wohlbefinden". Wenn sich der Gutachter nach dieser Basis seiner Bewertung richtet, ist es für ihn nicht allzu schwierig, eine nach Zeitabschnitten aufgegliederte Gesamtbeurteilung des Zustandes eines immateriell Geschädigten vorzunehmen.

Das andere Extrem — die LM von 100 % — betrifft vollkommene Lebensminderung, das wäre entweder der Tod oder ein derart schwerer körperlicher und/oder seelischer Schmerzzustand, der dem Verletzten den Tod als Erlösung oder einzigen Ausweg zu suchen oder wünschen übrig läßt.

Es ist selbstverständlich, daß derart hohe Prozentsätze für immaterielle Schäden nur bei schwersten Zuständen von seelischen oder körperlichen Qualen angesetzt werden können. Da jedoch die Zeitdimension bei der

---

[76] REUSS, K. F., Med. Klin. 1956, Nr. 21, S. 927.

Beurteilung immaterieller Schäden berücksichtigt wird, ist eine initiale, kurzfristige LM von 100 % sicherlich nicht allzu selten. In der Folge des Verlaufs wird dann eine zeitlich genau anzugebende, niedrigere LM beziffert. Die Höhe richtet sich nach dem weiteren Fortgang in der Heilung, Behandlungsnotwendigkeiten, Komplikationen etc. und zuletzt nach dem bleibenden immateriellen Schaden.

Später erfolgende operative Eingriffe (z. B. Marknagelung, Amputation etc.) haben stets eine erhöhende Wirkung auf die LM, ebenso wie unfallbedingte intercurrente Zwischenfälle, so etwa eine Embolie, die ungewöhnlich schmerzhaft sein und Todesangst auslösen kann, Wundinfekte, erneute stationäre Aufnahme etc. Die Schätzung wird dadurch erleichtert, ja erst ermöglicht, daß sich der Gutachter den zusammenfassenden Oberbegriff der LM stets vor Augen hält und das gesamte Zustandsbild mit allen Auswirkungen für den Patienten zu überblicken lernt. Dazu ist ein genaues Studium auch der Fieberkurven und des Krankenblattes unerläßlich.

Hier ist die Plattform, von der aus man letzten Endes die Höhe des Schmerzensgeldes — auch als Richter — beurteilen kann, nach der GRUHLE[77] in seiner „Gutachtertechnik" fragt.

Ist der Gutachter gleichzeitig der behandelnde Arzt, so wird dadurch die schwierige Aufgabe weiter erleichtert, und die Bezifferung wird eine recht brauchbare und objektive Beurteilung darstellen. Aus diesem Grunde wäre es zweckmäßig, stets den behandelnden Arzt zu hören. Da bei schweren Verletzungen fast immer ein stationärer Krankenhausaufenthalt erforderlich wird, ist der behandelnde Arzt in der Regel ein Unfallchirurg, der mit der Beurteilung derartiger Schäden vertraut ist. Die Angaben des Gutachters in Prozentsätzen der Lebensminderung (LM) sind also die Quintessenz seiner Untersuchungsbefunde, der eingehenden Darstellung des Unfallgeschehens, des Krankheitsverlaufes und gegebenenfalls der für die Dauer einer gewissen Zeit oder für das ganze weitere Leben des Geschädigten vorauszusagenden immateriellen Schäden. Die auf das ausführliche Gutachten folgende Beurteilung und die Zusammenfassung vermitteln den Beteiligten einen guten Überblick und die Prozentangaben stellen eine mit anderen Fällen vergleichbare Größe dar, die einzige Möglichkeit einer einigermaßen gerechten und allgemeingültigen Berechnungsgrundlage. Der weitere Schritt — die Transposition ärztlicher Bewertung in Geld — ist Angelegenheit des Richters und wird in dem Kapitel „Das Schmerzensgeldgutachten in der Hand des Richters" besprochen.

Da schwere Unfallschäden Arbeitsunfähigkeit und Minderung der Erwerbsfähigkeit in der Regel zur Folge haben und auch die immateriellen

[77] GRUHLE, „Gutachtertechnik", Springer, Berlin 1955.

Schäden oft entsprechend schwerwiegend sind, besteht zwischen den Prozentsätzen der Erwerbsfähigkeitsminderung (EM) und denen der Lebensminderung (LM) häufig eine gewisse Parallelität. Sie sind aber keineswegs identisch.

Solange der Patient wegen der ärztlich verordneten Behandlung nicht arbeiten darf, damit die Heilung nicht gefährdet wird, besteht völlige Arbeitsunfähigkeit. Die Lebensminderung jedoch wird bereits während dieser Arbeitsunfähigkeit in den meisten Fällen abgestuft werden können. Eine anfängliche LM von 100 % für vielleicht 2 bis 3 Tage wird dann bereits im Abklingen der ersten heftigen körperlichen Schmerzen und dem Sichfangen nach dem initialen Entsetzen über die Schwere des Schadens, der Eingewöhnung in die fremde (Krankenhaus-) Atmosphäre, auf einen niedrigeren Prozentsatz absinken, der bei gleichbleibenden Beeinträchtigungen des körperlichen und seelischen Wohlbefindens bis zur Entlassung in die ambulante Behandlung einen gleichmäßigen niedrigen Wert darstellen kann. Die dann wiedererhaltene „Freiheit" mindert die LM weiter und klingt nach Abschluß der Behandlung, falls keine Dauerfolgen zurückgeblieben sind, ganz aus.

Anders verläuft etwa eine entstellende Verletzung, die nach Wiederherstellung der Arbeitsfähigkeit eine immaterielle Dauerschädigung in LM-Prozenten ergeben kann.

Aus diesen unterschiedlich verlaufenden Kurven ergibt sich die Notwendigkeit einer getrennten Beurteilung der beiden Schädigungsbereiche, des materiellen und des immateriellen Körperschadens.

Schema eines Schmerzensgeldgutachtens

Die Gliederung eines Schmerzensgeldgutachtens muß übersichtlich und vollständig sein und sollte in allen Fällen eingehalten werden. Es erleichtert dem Gutachter und den Gutachtenempfängern — und auch den Bearbeitern — die Arbeit erheblich, wenn das Gutachten eine fest umrissene und stets wiederkehrende Form hat. Derartige Gutachten sind besser verständlich und bieten die Gewähr, daß nichts vergessen wird. Die Fachausdrücke sollten möglichst verdeutscht werden, doch kann es zur Präzisierung manchmal ratsam sein, das lateinische Wort dahinter in Klammern zu nennen.

An die Haftpflichtversicherung
in ....

Ärztliches Sachverständigengutachten über erlittene Körperverletzungen und die dadurch bedingten immatriellen Schäden

Über die bei dem Unfall vom............ eingetretenen Körperschäden und die dadurch bedingten immateriellen Schädigungen bei dem

Beruf ....
Name und Vorname ....
geboren am ....
wohnhaft in ....

wird auf Veranlassung Ihrer Versicherung ein Sachverständigengutachten erstattet.

Das Gutachten soll feststellen, welche immateriellen Schäden (körperliche und seelische Schmerzen, d. h. Verlust an Lebensfreude) durch den Unfall vom .... entstanden sind. Es soll den Grad der Lebensminderung in den verschiedenen Zeitabschnitten seit dem Unfallereignis bis jetzt und den zu erwartenden ab jetzt, auch den evtl. Dauerschaden auf immateriellem Gebiet in Prozentsätzen beziffern.

Das Gutachten stützt sich auf die vorliegenden Krankenpapiere (Zeugnisse, ärztliche Bescheinigungen, Vorgutachten, Krankenblatt, Fieberkurve, Unfallbericht, evtl. Durchgangsarztbericht), die Aussagen des Verletzten, die Beobachtungen des Gutachters während der Behandlung, die Röntgenaufnahmen sowie eine eingehende Untersuchung vom ...., gegebenenfalls auf fachärztliche Zusatzgutachten (chirurgische, neurologische, psychiatrische oder andere).

Anamnese

Familienanamnese: Krankheiten, insbesondere Erbkrankheiten, soziales Milieu.

Eigenanamnese: Krankheiten, Verletzungen, Schulausbildung, Berufsausbildung (Berufsbild).

Spezielle Anamnese: Unfallhergang oder Darstellung des Zustandekommens einer Schädigung anderer Art.

Krankheitsverlauf: Stationäre und ambulante Behandlung, Dauer, Zwischenfälle, alle Angaben mit Hinweisen auf die Art und Dauer der dabei aufgetretenen Schmerzen und seelischen Belastungen.

Angaben des Verletzten über erlittene Schmerzen und seelische Belastungen während der Behandlung.

Jetzige Beschwerden und Klagen des Verletzten: Auch die das Leben im privaten Bereich betreffen, soweit sie durch die Unfallfolgen bedingt sind: Sorgen, Behinderungen bei der Ausübung eines Hobbys.

Jetziger Befund: Körperlicher und seelischer Befund, eventuell Simulationstests. Jetzige Berufslage, Beeinträchtigungen im privaten Bereich. Röntgenbefunde, Laboratoriumsbefunde, Elektrokardiogramm, Elektroencephalogramm, falls erforderlich. Befunde anderer Fachrichtungen.

Beurteilung: Kurze Wiederholung der wesentlichsten, zuvor festgestellten Tatsachen aus Anamnese, Verlauf und Befunden. Diskussion eventueller Zusammenhangsfragen. Abwägen der geführten Klagen und festgestellten Befunde. Kurze Aufzählung der dann noch anzunehmenden Unfallfolgen (körperliche Schäden und der daraus sich ergebenden immateriellen). Bezifferung der immateriellen Schäden nach Zeitabschnitten in LM-Prozenten. Dabei sind Prognose und Dauerschäden nicht zu vergessen. Gegebenenfalls Empfehlung einer erneuten Begutachtung oder Mitteilung darüber, daß ein weiteres Gutachten nicht erforderlich ist.

Die Empfehlung einer Schmerzensgeldrente ist nicht Angelegenheit des Gutachters, wie auch in der Beurteilung durch den ärztlichen Gutachter keine Schmerzensgeldbeträge genannt werden sollen.

Gutachtenbeispiel

An die
Haftpflichtversicherung in D................

Ärztliches Sachverständigengutachten über erlittene Körperverletzungen und die dadurch bedingten immatriellen Schäden

(Kombiniertes Erwerbsfähigkeits- und Schmerzensgeld-Gutachten)

Über die bei dem Unfall vom 3. Mai 1961 eingetretenen Körperschäden und die dadurch bedingten immateriellen Schädigungen bei dem

Arbeiter
Herrn Ewald K...................,
geboren am 1. 6. 1922,
wohnhaft in G...................,
Hermannstraße 15,

wird auf Veranlassung Ihrer Versicherung das folgende Sachverständigengutachten erstattet.

Das Gutachten soll feststellen, welche Minderung der Erwerbsfähigkeit (MdE) und welche immateriellen Schäden (körperliche und seelische Schmerzen) durch den Unfall vom 3. Mai 1961 entstanden sind. Es soll den Grad der MdE und der Lebensminderung in den verschiedenen Zeitabschnitten seit dem Unfallereignis bis jetzt schätzen und auch eventuelle weitere Schädigungen in Prozentsätzen beziffern.

Das Gutachten stützt sich auf die vorliegenden Krankenpapiere, die Aussagen des Verletzten, die Beobachtungen des Gutachters während der Behandlung sowie auf eine eingehende Untersuchung vom 19. 7. 1962 und eine zusätzliche fachneurologische Untersuchung.

Vorgeschichte

Familienanamnese:

In der Familie keine Erbkrankheiten bekannt. Vater mit 70 Jahren an Herzschlag gestorben. Er war Eisenbahnrottenarbeiter. Mutter lebt noch, ist 71 Jahre alt und gesund. Zwei Brüder leben, sind gesund und verheiratet. Der eine ist Handwerker, der andere am Bau tätig. Eine Schwester ist verheiratet und gesund.

Eigenanamnese:

Er habe einige Kinderkrankheiten gehabt, sei bis auf eine „Blinddarmoperation", Hämorrhoiden, Afterriß und eine Knieprellung nie krank gewesen. Er sei verheiratet und habe zwei Kinder. Seine Familien- und Finanzverhältnisse seien geordnet. Nach der glatt durchlaufenen Volksschule sei er gleich als Arbeiter tätig gewesen. Jetzt sei er in einer Maschinenfabrik beschäftigt, ebenfalls als Arbeiter. Bis zum Unfall habe er an einer Stanzmaschine gearbeitet. Sein Einkommen habe gut gereicht. Er besitze ein Fernsehgerät und einen FIAT 600-PKW, mit dem er auch den Unfall erlitten habe. Seine Liebhaberei sei das Fußballspielen. Er sei in seinem örtlichen Fußballverein in der Senioren-Mannschaft gelegentlich aktiv gewesen. Er lese gerne Kriminal- und Wildwest-Romane. Sonst habe er keine Liebhaberei.

Spezielle Anamnese:

Am 3. Mai 1961, dem Unfalltag, sei er etwa gegen 5.50 Uhr morgens auf der Hauptstraße zwischen G........ und A........ an einer engen Eisenbahnüberführung als PKW-Fahrer von einem entgegenkommenden LKW, der zum Überholen angesetzt habe, derart behindert worden, daß er sein Fahrzeug nach rechts gegen die Begrenzung der Brücke habe fahren müssen, um einen frontalen Zusammenstoß zu vermeiden. Durch den Anprall an dem Brückengeländer sei er mit dem Gesicht nach vorne in die Windschutzscheibe geschlagen, die dabei zu Bruch gegangen sei. Er sei nicht bewußtlos gewesen und durch das bewußte Miterleben der auf ihn zukommenden Gefahr in einen heftigen Angst-Schreck-Zustand geraten. Nach dem Aufprall mit dem Gesicht sei er allerdings etwas benommen gewesen. Er selbst habe sein stark beschädigtes Fahrzeug nicht verlassen können, sondern sei von Passanten befreit worden. Man habe ihn sofort mit einem Krankenwagen ins Krankenhaus gefahren, da er sich wegen der schweren Beinverletzungen und heftigster Schmerzen nicht habe aufrichten können.

Erstbefund und Krankheitsverlauf

Herr K. wird am 3. Mai 1961 morgens um 6.20 Uhr mit Krankenwagen ins hiesige Krankenhaus eingeliefert. Es besteht ein schwerer Schockzustand mit kleinem, frequentem Puls, blassem Aussehen und flacher Atmung. Der Patient ist ansprechbar und kann über den Unfall klare Angaben machen. Kein Erbrechen.

Der linke Unterschenkel hat an der Vorderseite eine 14 cm lange, leicht schräg verlaufende Platzwunde, die breit klafft, aus der die Bruchstücke der in der Mitte des mittleren Drittels gebrochenen Tibia vorstehen. Die Knochenhaut und die Muskulatur sind teilweise zerfetzt. Abnorme Beweglichkeit. Ein Knochenkeil des Schienbeins ist zusätzlich ausgebrochen. Die körperferne Durchblutung ist nicht sichtbar gestört. Das rechte Kniegelenk ist stark geschwollen, lebhafter Schmerz bei Bewegungsversuchen. Der rechte Fußrücken ist blutunterlaufen, geschwollen und druckschmerzhaft.

Das Nasenbein ist gebrochen, die Nase verbogen. Platzwunde auf dem Nasenrücken, Blutung aus beiden Nasenlöchern. Lebhafter Druckschmerz über dem unteren Brustbeindrittel, Knochenreiben, keine Luftansammlung (Emphysem) unter der Haut, kein Bluthusten. Lebhafter Druckschmerz und Knochenreiben über den Rippen links unten. Druckschmerz im li. Nierenlager. Der Urin ist rein blutig.

Röntgenaufnahmen

Querbruch im mittleren Drittel des linken Schienbeines. Ein Knochenkeil ist ausgebrochen. Aus dem Wadenbein ist etwas oberhalb davon ein 6 cm langes Stück herausgebrochen und hat sich schräggestellt. Das Nasenbein ist gebrochen, jedoch nicht eingesunken. Bruch des inneren Oberschenkelknorrens rechts, der bis ins Kniegelenk in die Grube zwischen den beiden Oberschenkelknorren hineinreicht. Röntgenologisch ist am Brustbein keine Knochenverletzung festzustellen. Die Rippen 5—7 links sind seitlich gebrochen.

Diagnose

1. Oberschenkelbruch rechts mit Kniegelenksbeteiligung,
2. offener Unterschenkelstückbruch links,
3. Nierenquetschung mit Blutharn (links),
4. Rippenreihenbrüche links,
5. offener Nasenbeinbruch,
6. Brustkorbquetschung,
7. Fußquetschung rechts,
8. Unterarmwunden links.

Sofortige stationäre Aufnahme.

Dauer des stationären Aufenthaltes vom 3.5.61 — 11.8.61. Erstbehandlung: SEE schwach i. v., Evipannarkose. Einrichtung des Unterschenkelbruches, Wundausschneidung und Naht, Gips-U-Schiene für das linke Bein und Drahtstrecke durch das rechte Fersenbein, Lagerung beider Beine auf KIRSCHNER-Schienen. Einrichtung des Nasenbeinbruches. Tetanusserum nach Hauttest. Schockbehandlung mit Infusionen, Cortison. Supracillinschutz, Depotnovadral.

Nach Wiedererwachen heftige Schmerzen. Schmerzstillende Mittel, Opiate.

5. 5. 1961 Blutkonserve. Fieber. Heftige Schmerzen.
6. 5. 1961 Ab heute Reverinschutz i. v., Atemnot, Schmerzen beim Atmen.
8. 5. 1961 Kniegelenkspunktion rechts (50 ccm Blut mit Fettbeimengungen). Sehr gedrückt. Starke Schmerzen.
16. 5. 1961 Blutkonserve. Hb. 59 %, Kopfschmerzen.
31. 5. 1961 Gipsverband linkes Bein, Schiene weg.
5. 6. 1961 Entfernung der Drahtstrecke. Gipsverband rechtes Bein.
3. 7. 1961 Gipsverband rechtes Bein ab, Schienenverband.
29. 7. 1961 Gips-U-Schiene linkes Bein.
11. 8. 1961 Entlassung in die ambulante Behandlung mit Gehgipsverband linkes Bein und elastischer Binde rechtes Bein.

Ambulante Behandlung

25. 8. 1961 Gipswechsel linkes Bein.
23. 10. 1961 Gipsverband ab, Gips-U-Schiene.
6. 11. 1961 Venostasin-Einspritzungen in die Vene (i. v.) wegen Durchblutungsstörungen des linken Beines. Weiter elastische Verbände mit Bewegungsübungen.
10. 1. 1962 Gipsverband linkes Bein ab, Zinkleimverband.
22. 1. 1962 Weitere Venostasin-Injektionen i. v., Bewegungsübungen, elastische Verbände, Massagen.
5. 2. 1962 Zinkleimverband ab, elastische Verbände beider Beine.
2. 5. 1962 Entlassung aus der Behandlung.

Wiederaufnahme der Arbeit in seinem früheren Betrieb, hat jetzt jedoch eine leichte Arbeit im Magazin, vorwiegend sitzende Tätigkeit.

Jetzige Beschwerden

Er könne beim Gehen das rechte Kniegelenk nicht ganz durchdrücken, da er dann zuviel Schmerzen habe, wodurch er sehr unbeholfen sei und weswegen er einen Stock benützen müsse. Er habe ständig Schmerzen im linken Fußgelenk, die bei Belastungen (schweres Heben oder längeres Gehen und Stehen) zunehmen sollen. Am Brustkorb verspüre er ebenfalls bei Belastungen — aber auch bei Witterungswechsel — Schmerzen und

Atembeklemmungen. Im linken Nierenlager habe er gelegentlich stichartige Schmerzen.

Seinen Fußballsport könne er nicht mehr ausüben. Einen Versuch dazu habe er wegen der Gehstörung auch nicht machen können.

Kopfschmerzen habe er nicht, lediglich gelegentlich Schmerzen im Bereich des Nasenbeines.

Er sei durch die leichte Arbeit, die er jetzt nur noch durchführen könne, finanziell nicht geschädigt; er quäle sich aber darüber, daß er nicht mehr vollwertig arbeiten könne. Er habe die leichte Arbeit auch nur bekommen, weil er schon lange in dem Werk tätig sei, also eigentlich nur aus einem Mitleid heraus. Eine andere Stelle könne er gar nicht bekommen, da ihn in diesem Zustand niemand mehr einstellen würde.

Jetziger Befund

40jähriger Mann in ausreichendem Allgemeinzustand. Leichte Schwerhörigkeit. Kein Anhalt für innere Krankheiten. Gewicht 74 kg ohne Kleidung, Größe 178 cm, Blutdruck 120/90 mmHg.

Der Kopf ist frei beweglich. Leichter paravertebraler Druckschmerz beiderseits der Halswirbelsäule. Schädelform unauffällig. Kein Klopfschmerz, keine Klopfschalldifferenz. Hirnnerven o. B.

Die Nase ist leicht nach rechts verbogen. Die Nasenatmung ist frei.

Der Brustkorb ist gut gewölbt. Beide Seiten heben sich bei der Einatmung seitengleich und ausgiebig.

Brustumfang dicht oberhalb der Brustwarzen: bei extremer Ausatmung 94 cm, bei extremer Einatmung 101 cm.

Das Brustbein ist nicht verformt. Bei Druck auf das untere Brustbeindrittel wird leichter Schmerz angegeben.

Kein Bluthusten, kein Hautemphysem.

Lungenperkussion und -auskultation ohne Besonderheit.

Die klinische Herzuntersuchung ergibt keinen Anhalt für krankhafte Veränderungen.

Der Bauchraum ist frei. Kein pathologischer Tumor tastbar. Normale Darmgeräusche. Bruchpforten geschlossen.

Die Nierenlager sind nicht druckschmerzhaft, keine Schwellung.

Harn- und Stuhlentleerung ungestört.

Grobneurologisch keine Besonderheiten.

Äußerlich am rechten Oberschenkel keine Besonderheit. Das rechte Kniegelenk ist gering verdickt, die Beweglichkeit ist eingeschränkt. Das Gelenk ist im O-Sinne etwas auch außen eingeknickt, während das linke Kniegelenk eine leichte X-Stellung aufweist, wodurch beide Kniegelenke zur gleichen Seite (nach rechts) um etwa 10 Grad abgewinkelt sind. Der Bandapparat des linken Kniegelenkes ist fest, der des rechten Kniegelenkes gelockert. Starke vordere Schublade ist auslösbar. Kein Gelenkserguß.

Die Fußgelenksbeweglichkeit links ist etwas eingeschränkt. Beiderseits Senk-Spreizfuß.

Einbeinstand beiderseits, wenn auch nur kurz, möglich. Der Bruch des linken Unterschenkels ist klinisch fest, an der Bruchstelle ist eine Verdickung tastbar. Keine Wassersucht an den Beinen. Gut verschiebliche und reizlose Narbe an der Unterschenkelvorderseite links.

Der Gang ist unsicher und nur am Stock möglich. Das Becken wird nach links geneigt gehalten.

Umfangmaße:	*rechts*	*links*
20 cm oberhalb Kniescheibenrand	51,5 cm	50,0 cm
10 cm oberhalb Kniescheibenrand	41,0 cm	40,5 cm
Kniemitte	38,0 cm	38,5 cm
Waden größter	30,5 cm	28,5 cm
Unterschenkel kleinster	20,5 cm	21,0 cm
Fußgelenk	27,0 cm	28,0 cm
Mittelfuß	24,5 cm	24,5 cm
Beinlänge	90,0 cm	89,0 cm
Kniegelenksbeweglichkeit	50°—160°	45°—180°
Fußgelenksbeweglichkeit	70°—110°	75°—105°

R ö n t g e n b e f u n d e

Schädel in zwei Ebenen, Halswirbelsäule in zwei Ebenen:

Am Schädeldach und am Schädelgrund keine Knochenverletzungen zu erkennen. Nebenhöhlen gering entwickelt, frei strahlendurchlässig. Türkensattel eng, scharf begrenzt.

Gute Wölbung (Lordosierung) der Halswirbelsäule. Altersbedingte Wirbelveränderungen mit Randzacken und Verschmälerung der Zwischenwirbelscheibe zwischen dem 4. und 5. Halswirbelkörper.

Nasenbein in zwei Ebenen:

In guter Stellung verheilte Nasenbeinbrüche, die noch gut sichtbar sind.

Brustkorbübersichtsaufnahme:

An den Rippen 5—7 links seitlich deutliche Kallusbildung mit zum Teil leicht verschobenen Bruchstücken, die jedoch alle knöchern fest verheilt sind. Die Lungenzeichnung rechts ist zart und gut strahlendurchlässig, die linke Seite ist stark verschattet, wie nach Verkalkung abgelaufener Lungen-

oder Rippenfellprozesse. Eine kindsfaustgroße, ovale Verschattung im linken Mittellappen fällt besonders auf. Die Rippenwinkel sind frei. Kein Anhalt für einen frischen Lungenprozeß. An der Brustwirbelsäule — soweit sichtbar — keine Besonderheit.

Die Herztaille ist verstrichen.

Brustbeinspezialaufnahmen in zwei Ebenen:

Auf der seitlichen Aufnahme ist eine alte oder frische Knochenverletzung nicht erkennbar. Die Schrägaufnahme ist ebenfalls nicht beweisend für einen stattgehabten Knochenbruch. Lage und Umrisse des Brustbeins regelrecht, keine Kallusbildung.

Die auf dieser Aufnahme gut zur Darstellung gebrachte Brustwirbelsäule zeigt außer leichten, dem Alter entsprechenden, degenerativen Veränderungen keine Besonderheiten, insbesondere keinen Wirbelbruch.

Beckenübersicht:

Im Beckenbereich keine Knochenverletzung erkennbar. Schambeinfuge nicht erweitert, Kreuzbeinfugen regelrecht, Hüftgelenke o. B.

Kniegelenk in zwei Ebenen (rechts):

Der Bruch des inneren Oberschenkelknorrens ist fest knöchern verheilt. Die Grube zwischen den Oberschenkelknorren ist weitgehend abgeflacht, so daß auf der Aufnahme von vorne die Gelenkfläche des ganzen körperfernen Oberschenkelendes in einer Ebene liegt. Der innere Gelenkspalt ist deutlich verschmälert, der äußere erweitert. Die Kreuzbandhöcker sind nicht sichtbar verletzt. Auf der seitlichen Aufnahme fällt auf der Beugeseite der Oberschenkelknorren eine daumengroße, aber am Knochen festhängende Knochenneubildung auf. Die Kniescheibe zeigt mittelstarke, altersbedingte (arthrotische) Veränderungen.

Unterschenkel links in zwei Ebenen:

Die Schienbein- und Wadenbeinbrüche sind in achsengerechter Stellung sicher fest knöchern verheilt. Die Aufnahme von vorne zeigt eine schaftbreite Verschiebung des oberen Schienbeinbruchstückes nach innen und eine ebensolche des Wadenbeines nach außen, wobei ein 6 cm langes, ausgebrochenes Knochenstück die beiden Bruchstücke schräg fest knöchern verbindet. Entsprechende Befunde zeigt die seitliche Aufnahme. Keine Kalksalzminderung.

Nierenleeraufnahme und zwei Aufnahmen nach intravenöser Kontrastdarstellung (Urografin):

Die Nierenleeraufnahme zeigt außer einer geringen allgemeinen Luftansammlung im aufsteigenden Dickdarm keine Besonderheiten. Die gut dargestellte Lendenwirbelsäule ist o. B.

Die Kontrastdarstellung der Nieren (nach 10 und 20 Minuten) zeigt beiderseits prompte Ausscheidung und gute Darstellung beider Nierenbecken mit scharf begrenzten Konturen der Nierenkelchsysteme. Kein Anhalt für krankhafte Veränderungen.

Blutbild:

Blutfarbstoff 100 %, rote Blutkörperchen 5,40 Mill., Färbeindex 0,95, weiße Blutkörperchen 7200.

Differentialblutbild: seg. 53 %, stabf. 2 %, eos. 10 %, Lymph. 28 %, Mono 4 %, Mastz. 3 %.

Senkung: $^{2}/_{5}$.

Harnbefund: o. B.

Jetzt noch bestehende Unfallfolgen:

Erhebliche Gangstörungen, Beinverkürzung links um 1,0 cm, Schädigung des rechten Kniegelenkes mit Teilversteifung (Streckbehinderung), Bandapparatschädigung, Bewegungseinschränkung im linken Fußgelenk, leichte Nasenverbiegung, glaubhafte Belastungsschmerzen in den Beinen.

Das zusätzliche fachneurologische Gutachten stellte folgendes fest:

Es ist bei dem Untersuchten zu einer Prellung des Gesichtsschädels gekommen. Eine Gehirnerschütterung hat nicht vorgelegen. Die Frage, ob es zu körperfernen Nervenschäden an den Beinen gekommen ist, kann verneint werden. Die Ableitung der Hirnströme (Elektroencephalogramm) ergab keine Besonderheiten.

Beurteilung

Bei dem Unfall vom 3. Mai 1961 kam es bei dem Untersuchten zu einem Oberschenkelbruch rechts mit Kniegelenksbeteiligung, zu einem offenen Unterschenkelbruch links, einer erheblichen Nierenquetschung links, einem offenen Nasenbeinbruch, Rippenreihenbrüchen links, einer Fußquetschung rechts, einer Brustbeinquetschung und Unterarmwunden links. Die Wunden heilten ohne Komplikationen ab. Die Brüche wurden in befriedigender Stellung fest, bis auf eine Verschiebung des inneren Oberschenkelknorrens nach oben, wodurch eine Bewegungsbehinderung des Gelenkes bedingt wird. Die Nierenquetschung heilte ohne Komplikationen ab.

Die verletzte Niere zeigt jetzt wieder normale Funktionen. Die Rippenbrüche wurden ebenfalls fest und verursachen keine Atembehinderung.

Als Unfallfolgen bestehen jetzt noch:

1. erhebliche Gangstörung, besonders durch die Streckbehinderung im rechten Kniegelenk und die Bewegungseinschränkung im linken Fußgelenk;
2. eine Beinverkürzung links um 1 cm, die ohne Bedeutung ist;
3. Schädigung des Kniegelenksbandapparates mit O-Stellung durch die knöcherne Schädigung der Oberschenkelgelenkfläche;
4. leichte Beschwerden bei der Nasenatmung;
5. glaubhafte Belastungsschmerzen in den Beinen.

Durch den Unfall ist es zu einer Erwerbsfähigkeitsminderung gekommen, die ich nach Zeitabschnitten geordnet in folgender Höhe schätze (siehe auch das Diagramm S. 77):

vom 3. 5. 1961 — 2. 5. 1962	100 % MdE,
vom 3. 5. 1962 — 2. 6. 1962	60 % MdE,
vom 3. 6. 1962 — 2. 7. 1962	50 % MdE,
vom 3. 7. 1962 — 2. 1. 1963	40 % MdE.

Ab dann ist mit einer Dauerschädigung von 30 % MdE. wegen der irreparablen Kniegelenksschädigung zu rechnen.

Um den Zustand jedoch sicher feststellen zu können, der als Dauerschaden anzuerkennen wäre, ist eine gutachtliche Nachuntersuchung zu diesem Zeitpunkt zu empfehlen. Bis dahin ist eine Besserung der Fußgelenksbeschwerden und der Fußgelenksbeweglichkeit zu erwarten.

Hinsichtlich der immateriellen Schäden ist zu beachten, daß es sich um multiple, sehr schmerzhafte und ernste Verletzungen handelte. Der initiale seelische Schock als Folge des bewußten Miterlebens der auf ihn zukommenden Gefahr und des Eintritts der Verletzungen war erheblich, da keine Gehirnerschütterung, also kein Bewußtseinsausfall, die Psyche entlastete. Das gleiche gilt auch für die Erinnerung an das Unfallerlebnis. Die Erstbehandlung wurde in Vollnarkose durchgeführt, so daß hier keine zusätzliche Belastung seelischer oder körperlicher Art hinzukam. Das Liegen im Streckapparat für die Dauer von mehr als einem Monat und die Fixierung auf Schienen mit Gipsverband am anderen Bein stellten eine erhebliche Belastung dar, da strenge Rückenlage nicht zu vermeiden war. Hinzu kam die schwere Brustkorbquetschung mit Rippenbrüchen und Atembeschwerden und erheblichen Schmerzen, Schmerzen in der Nierengegend und die zahlreichen Einspritzungen und Blutübertragungen.

Bei der durch die Verletzung beider Beine besonders schwierigen pflegerischen Betreuung und Stuhlentleerung entstanden dem Verletzten eine Menge unlustbetonter und schmerzhafter Erlebnisse. Der stationäre Aufenthalt dauerte über ¼ Jahr, ein notwendiger Eingriff in die persönliche Freiheit und die liebgewordenen Lebensgewohnheiten des Geschädigten. Auch nach der Entlassung aus der stationären Behandlung in die ambulante, die bis zum Unfalljahrestag dauerte, war der Verletzte durch die mannigfachen Beschwerden und Behinderungen körperlichen und seelischen Belastungen ausgesetzt, die sein Wohlbefinden sehr beeinträchtigten.

Der Verlust der Arbeitsstelle und die Beschäftigung mit einer weniger schwierigen Arbeit bereiten dem Geschädigten Sorgen. Von einer schweren Depression deswegen kann allerdings keine Rede sein. Auch der Verlust seines Fußballhobbys kann nicht von wesentlicher Bedeutung sein, da er mit seinen 40 Jahren sowieso nicht mehr lange als aktiver Fußballspieler hätte tätig sein können. Die verbleibende Gehbehinderung allerdings stellt im allgemeinen einen nicht unwesentlichen Abstrich seines körperlichen und seelischen Wohlbefindens dar und muß — zumal es sich um einen Dauerschaden handelt — auch bei der Bewertung immaterieller Schäden Berücksichtigung finden, wobei seine Persönlichkeitssituation vor dem Unfall in mittlerem sozialen Milieu und die daraus sich ergebende Kontinuitätsstörung beachtet werden müssen.

Da er das Bein aber noch gebrauchen kann und sogar in der Lage ist, damit sein Auto zu fahren, ist diese Dauerbehinderung entsprechend zu werten.

Bei der Vielfalt der Schäden ist eine Einordnung des Falles in das FISCHERsche Schema nicht möglich.

Die Minderung der Lebensfreude (Lebensminderung = LM) schätze ich — nach Zeitabschnitten geordnet — wie folgt in LM-Prozenten (siehe auch Diagramm Seite 77):

vom	3. 5. 1961	—	7. 5. 1961	100 % LM,
vom	8. 5. 1961	—	5. 6. 1961	70 % LM,
vom	6. 6. 1961	—	11. 8. 1961	50 % LM,
vom	12. 8. 1961	—	10. 1. 1962	40 % LM,
vom	11. 1. 1962	—	2. 5. 1962	30 % LM,
vom	3. 5. 1962	—	2. 8. 1962	20 % LM.

Ab dann schätze ich die immateriellen Schäden infolge der Behinderungen des rechten Beines auf Dauer mit 10 % LM.

Die Bewertung der ersten 5 Tage mit 100 % LM erfolgte wegen der außergewöhnlich schmerzhaften Schäden sowie der ersten Gewöhnungszeit an die unbequeme Lagerung im Streckapparat und im Gips-Schienenverband, die Nierenbeschwerden und insbesondere die schmerzhaften Atembeschwerden infolge der schweren Brustkorbquetschung mit Rippenreihenbrüchen. Die dann folgende Abstufung auf 70 % LM bis zur Abnahme des Streckverbandes erfolgt wegen der inzwischen eingetretenen Gewöhnung an den Lagerungszustand und das Abklingen der anfänglich besonders heftigen Schmerzzustände.

Nach Abnahme des Streckverbandes besserte sich der subjektive Zustand erheblich durch die nun bequemere Lagerungsmöglichkeit, so daß bis zum 11. 8. 1961 — dem Tag der Entlassung aus der stationären Behandlung — auf 50 % LM abgestuft werden kann.

Der Wiedereintritt in das häusliche Milieu und die damit verbundenen Annehmlichkeiten erlauben eine Herabsetzung der LM auf 40 % bis zur Abnahme des Gipsverbandes (11. 1. 1962), wonach nur noch eine LM von 30 % anzunehmen ist.

Die Wiederaufnahme der Arbeit und der damit beginnenden Eingliederung in den Alltag ermöglichte eine Einstufung auf 20 % LM, da dadurch auch die seelische Belastung langsam geringer wurde, so daß nach Eingewöhnung in die alltäglichen Erfordernisse und den Restzustand mit einer Dauer-LM von 10 % eine angemessene Bewertung folgt. Letztere muß allerdings zuerkannt werden, da der Verletzte auch in seinem körperlichen und seelischen Wohlbefinden durch diesen bleibenden Körperschaden zweifellos beeinträchtigt ist. Die tatsächliche Behinderung in vielen, für einen gesunden, unversehrten Menschen selbstverständlichen Tätigkeiten (Gehen, Wandern, Tanzen und auch Fußballspielen) sowie das Bewußtsein, auf Lebenszeit versehrt zu sein, lassen die Berechtigung der Schätzung erkennen.

— Datum — — Unterschrift —

....

In welchem Verhältnis bei dem vorliegenden Fall, der tatsächlich begutachtet und nicht konstruiert wurde, die Verlaufskurven der MdE und der LM zueinander stehen, zeigt das nebenstehende Diagramm (S. 77). Die Begründung für die Abstufungen findet sich in der Beurteilung des Mustergutachtens.

III. Das Schmerzensgeldgutachten in der Hand des Richters

Den Gutachter interessiert die Frage: was kann der Richter mit meinem Gutachten anfangen?

Das fertiggestellte Schmerzensgeldgutachten kommt über den Anwalt, die Versicherung oder direkt in die Hand des Richters, der es eingehend studiert. Er vergleicht die Resultate mit den ihm bereits bekannten Tatsachen und hat nun die schwierige Aufgabe der Transposition der Prozentsätze in Geldbeträge, wobei er allerdings noch rein juristische Fakten zu berücksichtigen hat. Es soll nicht verkannt werden, daß diese Aufgabe vor allem deswegen schwierig ist, weil kein willkürlich bestimmter Geldbetrag

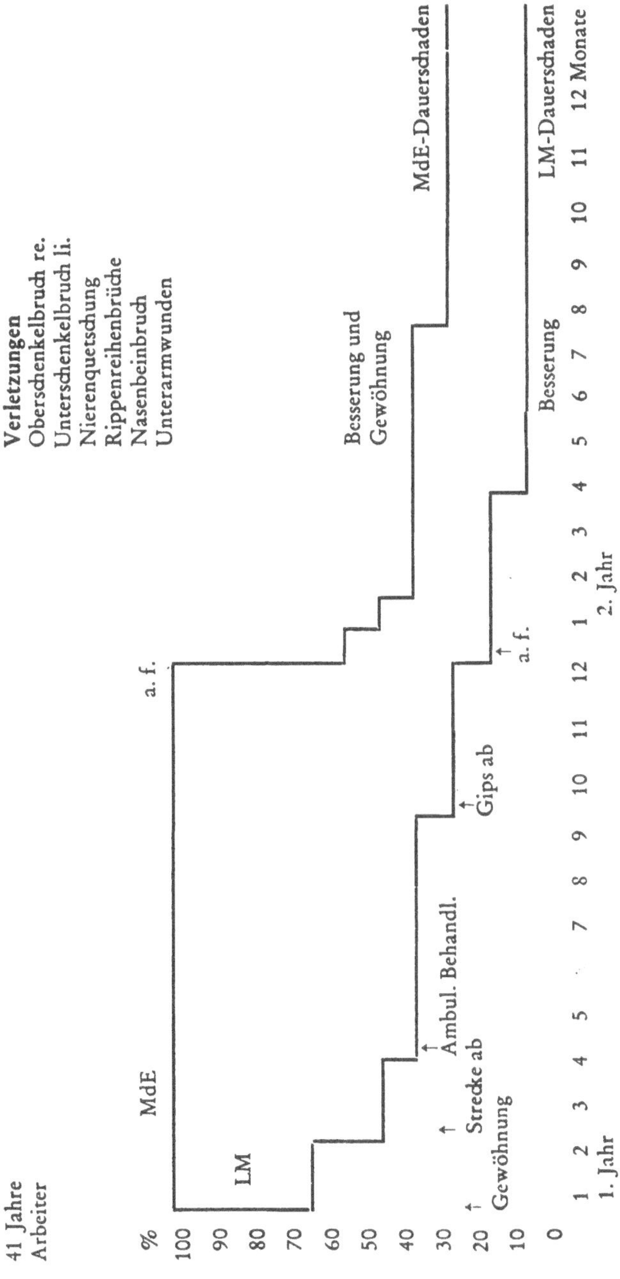

(BLOEMERTZ, Berliner Medizin, 15, S. 733—738, 1964 nach einem Vortrag vor der Berliner Gesellschaft für Unfallheilkunde am 12. Mai 1964.)

als Schmerzensgeld festgesetzt werden soll, sondern die Schmerzensgeldhöhe auch erkennbar zur Art und Dauer der erlittenen Schäden in angemessener Beziehung stehen muß[78]. Hier hört die ärztliche Aufgabe auf und die richterliche beginnt. Es ist oft darüber diskutiert worden, ob der Arzt zur Höhe eines Schmerzensgeldbetrages gehört werden soll. Dagegen haben sich zahlreiche Autoren ausgesprochen, einige aber auch dafür, so der bekannte Versicherungsmediziner PERRET[79] und als Jurist GÖBBELS.[80] Eine Befragung des ärztlichen Gutachters kann in einigen Fällen von Nutzen sein. Der erfahrene Gutachter wird nicht selten zu einem angemessenen Betrag bei einer Schätzung, die er für sich selbst sowieso in jedem Falle durchführt, kommen. Allein schon die Tatsache, daß fast jeder „Schmerzensgeldpatient" den Gutachter nach einem Betrag, den er nennen soll, fragt, bedingt, daß sich der Arzt auch mit diesen Fragen befassen muß. Er ist deswegen auch meist durchaus in der Lage, sich ein reales Bild von der ungefähren, angemessenen Schmerzensgeldhöhe zu machen. Er weiß vor allem auch, wie der Verletzte selbst seinen Schaden einschätzt. Diese Kenntnis ist wichtig für die Wiedergutmachungsfunktion des Schmerzensgeldes in den Augen des Geschädigten. Es ist dem Arzt oft möglich, den Geschädigten von überfordernden Beträgen abzuhalten, andererseits ist er auch in der Lage, ihn vor Übervorteilung zu schützen. Meist ist es so, daß sich der Geschädigte scheut, von sich aus eine Summe zu nennen, die er gerne haben möchte, da er einerseits fürchtet, sich mit einer zu hohen Summe bei seinem Arzt lächerlich zu machen, andererseits sich bei Nennung einer zu niedrigen Summe ungünstig festzulegen. Bei vielen Verletzten besteht der Hang — um sich vor einer vermeintlichen Übervorteilung seitens der Versicherung zu schützen —, etwa 50 % mehr Schmerzensgeld zu verlangen, als sie in Wirklichkeit zu erwarten hoffen. Diese Praktik berücksichtigt die Tatsache, daß viele Verletzte glauben, die Versicherungen versuchten den Schmerzensgeldbetrag in einem Vergleich immer herabzudrücken. Derartige Zustände sind hinsichtlich einer ordentlichen und rechtlich einwandfreien Regelung nicht besonders erfreulich.

Der Richter entscheidet angemessen unter Berücksichtigung des Sachverständigengutachtens und hat durch die Bezifferung in LM-Prozenten eine klare Ausgangsbasis.

Die Transposition in Geld ist dadurch sicherlich erleichtert.

Es wäre vielleicht ratsam, bei der heute so wesentlichen Bedeutung des Schmerzensgeldes, eine ständige Kommission mit der Adaptation der

---

[78] REUSS, Med. Klin. 1956/21/1927.

[79] PERRET, „Schmerzensgeld", Med. Klin. 42/1947/736.

[80] GÖBBELS, Die Med. (1957), 672.

DM-Beträge an die LM-Prozente zu betrauen, die alle anfallenden Urteile auswertet und auch Währungsschwankungen einkalkulieren könnte. Damit wäre dem Richter eine weitere Handhabe im Streit um das Schmerzensgeld gegeben. Indirekt nimmt der ärztliche Sachverständige dadurch — nämlich durch die Bezifferung der LM — einen starken Einfluß auf die Höhe des Schmerzensgeldes.

Aus dem Gutachten wird der Richter auch noch erkennen, ob die Gewährung einer Schmerzensgeldrente angebracht erscheint.

Einen Versuch zur Transposition der LM-Prozentsätze in Geldbeträge stellen die im Anhang (S. 175—177) eingefügten Umrechnungstabellen dar, die auf Grund der bisher zugesprochenen Mindest- und Höchst-Schmerzensgelder ausgearbeitet wurden. Die aufgeführten Beträge sind Normsätze, die vom Richter je nach Verschuldungsgrad oder evtl. zu berücksichtigender Vermögenslage modifiziert werden können.

Für die Kapitalabfindung von Dauerschäden gelten selbstverständlich andere — versicherungsmathematische — Grundsätze.

IV. Krankheit und Schmerzensgeld

Es ist von verschiedenen Gruppen Körperbeschädigter die Frage aufgeworfen worden, ob sie für ihre Schmerzen durch Krankheit, bei Kriegsverletzungen oder bei Arbeitsunfällen auch Schmerzensgeld erhalten können.

Die rechtliche Lage im einzelnen und die Hintergründe können hier nicht dargestellt werden. Eine kurze Information aber ist erforderlich, da der Gutachter orientiert sein soll, wenn Patienten in derartigen Fällen an ihn herantreten.

Ein Schmerzensgeld bei Krankheit kann nur dann gefordert werden, wenn es sich bei der Krankheit um ein Leiden handelt, das sich durch eine haftpflichtige Ursache aus einer unerlaubten Handlung eingestellt hat.

Die Krankenkassen sind zur Zahlung eines Schmerzensgeldes weder verpflichtet noch berechtigt.

V. Arbeitsunfall und Schmerzensgeld

Der § 636 der Reichsversicherungsordnung bestimmt, daß der Unternehmer nach anderen gesetzlichen Vorschriften zum Ersatz des Schadens aus Arbeitsunfällen nur dann verpflichtet ist, wenn er den Unfall vorsätzlich herbeigeführt hat. Diese Haftungsbeschränkung — die alle Schadensersatzansprüche des Personenschadens (nicht des Sachschadens) umfaßt, also auch das Schmerzensgeld — findet ihren Grund darin, daß die Leistungen aus der Unfallversicherung allein von den Unternehmern getragen werden und daß andererseits die Schlechterstellung der Versicherten hinsichtlich der Entschädigung durch eine geringere Sozialrente im Vergleich zu dem nach bürgerlichem Recht zu leistenden vollen Schadensersatz durch die Vorteile aufgewogen wird, die sich daraus ergeben, daß der Sozialversicherte bei einem Arbeitsunfall der Entschädigung durch die Berufsgenossenschaft gewiß ist ohne Berücksichtigung der Verschuldensfrage.[81] Das heißt, daß ein Unternehmer auch dann nicht schadensersatzpflichtig ist, wenn ein fahrlässiges oder sogar grobfahrlässiges Verhalten seinerseits zu der Unfallschädigung führte. Also kann in diesen Fällen auch kein Schmerzensgeld verlangt werden.

Das Gesetz über die erweiterte Zulassung von Schadensersatzansprüchen bei Dienst- und Arbeitsunfällen vom 7. 12. 63, das im § 1 besagte, daß der Versicherte entgegen den Bestimmungen des § 898 RVO Schadensersatzansprüche gegen den Unternehmer dann geltend machen kann, wenn der Arbeitsunfall bei der Teilnahme am „allgemeinen Verkehr“ eingetreten ist, wurde inzwischen durch Artikel 4 § 16 Nr. 8 UVNG, soweit es Arbeitsunfälle betrifft, aufgehoben. Sein Inhalt wurde in § 636 n. F. RVO eingearbeitet. Durch die Aufhebung hat sich an dem bisherigen Rechtszustand nichts geändert. Diese Fälle sind aber sicher sehr selten und durch die nicht immer eindeutige Definition des Begriffes „Teilnahme am allgemeinen Verkehr“ sehr problematisch, wie die Ausführungen von FREY[81] erkennen lassen. Immerhin sind positive Urteile wie das des BAG (Bundesarbeitsgericht) vom 26. 7. 1956 — 3 AZR 124/54 — ergangen.

VI. Wehrdienstbeschädigung und Schmerzensgeld

Der Gesetzgeber sieht für immaterielle Schäden aus einer Wehrdienstbeschädigung eine besondere Entschädigung nicht vor, da auch diese Schadensgruppe mit der Grundrente abgegolten ist.

Da die Erhöhung einer KB-Rente durch besonders entstellende Verletzungen möglich ist, muß auch darin ein dem Schmerzensgeld entsprechendes Entgelt gesehen werden. Wie bei den Betriebsunfällen erfolgt bei Dauerschmerzen u. U. eine Erhöhung der KB-Rente, eine weitere Berücksichtigung immaterieller Schäden.

[81] FREY, E., ArbuR 1959, S. 189—190.

Für den Schmerzensgeldgutachter wird sich demnach bei Wehrdienstbeschädigungen keine Möglichkeit ergeben, tätig zu werden.

VII. Bundesentschädigungsgesetz (BEG) und Schmerzensgeld

Das Bundesentschädigungsgesetz ist die gesetzliche Grundlage zur Entschädigung der Opfer der nationalsozialistischen Verfolgung. Danach sind unter anderem auch die immateriellen Schäden, vor allem die hierzu gehörende Freiheitsentziehung — die auch im BGB § 847 genannt wird — zu berücksichtigen. Auch nach dem BEG werden alle immateriellen Schäden pauschal abgegolten, wobei allerdings die Freiheitsentziehung im Vordergrund steht und vorgelegen haben muß. Diese Pauschalierung — zusammengefaßt in dem Begriff „Haftentschädigung" — sieht einen Betrag von DM 150,— für einen ganzen Monat vor, mit dem alle Leiden des „geschundenen Menschen, sein verzweifeltes Dasein, alle Marter und auch bleibenden Entstellungen, wenn sie die Erwerbsfähigkeit des Verfolgten um mindestens 30 % gemindert haben", abgegolten werden (KÜSTER, O., in BECKER-HUBER-KÜSTER, Kommentar zum BEG, Vahlen, Berlin und Frankfurt, 1955. S. XXVII).

Die aus rassischen Gründen Unfruchtbargemachte z. B. erhält demnach — wenn sie arbeiten kann — gesetzlich überhaupt nichts, so daß für ihre Einbuße an Lebensglück kein Anspruch auf Schmerzensgeld besteht, es sei denn, daß die Voraussetzungen für eine Entschädigung nach dem Härteausgleich (BEG § 79, Abs. 1) erfüllt sind.

Als Ausnahme von dieser Pauschalierung sieht der § 7 des HEG (Haftentschädigungsgesetz) ein Schmerzensgeld entsprechend dem BGB § 847 dann vor, wenn der Verfolgte zu Versuchszwecken mißbraucht worden ist, wie auch ein Schmerzensgeld innerhalb der Aktion zur Entschädigung überlebender Opfer von Menschenversuchen gewährt wird.

Es ist demnach möglich, daß der Schmerzensgeldgutachter auch innerhalb des BEG gutachtlich tätig werden muß. Während nach PANSE (s. a. S. 34) bei einer einmaligen Einwirkung von Angst- und Schreckerlebnissen keine Dauerschäden eintreten, liegen bei den langen Haftstrafen in Verbindung mit Menschenversuchen die Dinge wegen der langdauernden Einwirkungen schwerster seelischer Belastungen (Angst, Lebensbedrohung etc.) wesentlich anders. Erhebliche psychische Dauerfolgen sind danach möglich. Untersuchungen hierzu von M. WANGH und E. GUMBEL haben ergeben, daß die meisten KZ-Opfer niemals rehabilitiert werden konnten. Viele haben sich sogar, das ist eine psychiatrische Erkenntnis der letzten Jahre, wieder verschlechtert. Die Überlebenden können nicht vergessen, jedoch nicht im Sinne der Vergeltung, sondern das „Engramm des Grauens“ (WANGH). Die den Lagern Entkommenen werden zudem von dem Schuldgefühl geplagt: warum durften wir überleben und die anderen mußten sterben?*

VIII. Das Schmerzensgeldproblem und die Schmerzensgeldbegutachtung in Deutschland und in anderen Staaten

Im folgenden Abschnitt werden die Grundzüge der rechtlichen Zusammenhänge des Schmerzensgeldanspruches und die Mitwirkung des ärztlichen Sachverständigen als Gutachter in den uns zugänglich gewordenen Vorschriften der Staaten der Welt dargestellt. Dieser Überblick läßt uns die Position der deutschen Verhältnisse besser erkennen und gibt die Möglichkeit, aus der Verfahrensweise anderer Staaten für die unsrige zu lernen, sei es durch Nachahmung oder auch durch Ablehnung. Sicher ist, daß einige Staaten uns voraus sind, viele jedoch unseren Stand noch nicht erreicht haben. Ferner wird aus dem Blick über die Grenzen ersichtlich, daß der Zusammenhang zwischen der Behandlung des Schmerzensgeldproblems und der politischen Situation nicht zu leugnen ist. Für die Orientierung über die ausländischen Verhältnisse dürfte wegen der millionenfachen Auslandsreisen ein Bedürfnis bestehen. Deswegen wurde die Reihenfolge der behandelten Länder nach dem Alphabet gewählt und nicht nach Rechtskreisen. Das Kapitel über die deutschen Rechtsverhältnisse wurde an den Anfang gestellt, damit bessere Vergleichsmöglichkeiten gegeben sind.

Länderverzeichnis

* (WANGH und GUMBEL auf dem 25. Int. Psychoanal.-Kongreß, 1967 in Kopenhagen, nach „Praxis-Kurier“ Nr. 17 S. 16, 1968).

Deutschland

a) Bundesrepublik Deutschland (BRD)

Das Kapitel „Schmerzensgeld" in der deutschen Gesetzgebung kann mit einigen Einschränkungen als komplett bezeichnet werden. Seit dem Jahre 1900 ist die Regulierung der immateriellen Schäden im Bürgerlichen Gesetzbuch kodifiziert, worin sie sich rechtsdogmatisch in logischer Folgerichtigkeit aufbaut.

Die Verpflichtung zur Leistung an den Geschädigten regelt der § 253 des BGB, indem er bestimmt:

> „Wegen eines Schadens, der nicht Vermögensschaden ist, kann Entschädigung in Geld nur in den durch das Gesetz bestimmten Fällen gefordert werden."

Der Grund dieser Vorschrift liegt in jener vorausgehenden Regelung des § 249 des BGB, wonach der zum Schadensersatz Verpflichtete d e n Zustand herzustellen hat, der bestehen würde, wenn der zum Ersatz verpflichtende Umstand nicht eingetreten wäre. Im zweiten Satz heißt es dann weiter: „Ist wegen Verletzung einer Person oder wegen Beschädigung einer Sache Schadensersatz zu leisten, so kann der Gläubiger statt der Herstellung den dazu erforderlichen Geldbetrag verlangen". — Da eine Naturalherstellung, wie sie der § 249 des BGB fordert, im Hinblick auf den Ausgleich eines ideellen Schadens eine Unmöglichkeit darstellt, greift hier die oben angezogene Vorschrift des § 253 des BGB ein.

In Rechtsprechung und Wissenschaft besteht indes ziemliche Einmütigkeit dahingehend, daß trotz der Aufnahme des BGB § 253 in den Schadensersatzkomplex es letztlich doch auf einen minderen Schutz der ideellen Güter herauskommt — eben wegen seines einschränkenden Verweises auf die durch das Gesetz bestimmten Fälle. Abgesehen von diesen sicherlich zutreffenden rechtspolitischen Bedenken darf jedoch als ein für unsere Verhältnisse unleugbares Prae gewertet werden, daß die Naturalbeseitigung auch des ideellen Schadens — wenn auch innerhalb der ihm gesteckten Grenzen — allgemein gefordert werden kann.

Die im § 253 BGB vorgesehene Geldentschädigung für immaterielle Schäden ist geltend zu machen einmal im Falle des BGB § 1300 (als sog. „Kranzgeld") sowie beim Vorliegen der dem BGB § 847 zugrundeliegenden unerlaubten Handlungen. DEICHMANN (Haftpflichtschäden 2. Auflage) macht auf S. 170 im Zuge seiner Hinweise für Haftpflichtschadenbearbeitungen auf BGB § 251, an dieser Stelle auf den 2. Absatz dieses Paragraphen, aufmerksam.*

DEICHMANN sieht im BGB § 847 fast „eine logische Fortführung des in § 251 II ausgesprochenen Rechtsgedankens", wobei er einschränkend bemerkt, daß diese These richtig verstanden sein will. Einen Anwendungsfall des § 251 Abs. 2 hält D. dann gegeben, wenn es sich nicht nur um verhältnismäßig hohe Aufwendungen handelt, sondern die Kosten von größtmöglicher Höhe nicht dafür ausreichen, den früheren Gesundheitszustand wieder herzustellen. Der Autor scheint zu befürchten, daß der Geschädigte den Haftpflichtigen mit einem fortgesetzten Verlangen auf Zahlung laufender Beträge wirtschaftlich zugrunde richten könnte; Beträge, die jener selbst bei seiner Vermögens- und Einkommenslage, wenn er die Schadensaufwendungen persönlich zu machen gehabt hätte, nicht ausgegeben haben würde, um z. B. eine zeitweilige Linderung seiner Schmerzen zu erzielen — zumal wenn er sich darüber im klaren ist, daß mit dem ganzen Aufwand nichts erreicht werden kann und alle weiteren Heilbemühungen daher zwecklos sind.

Die Beseitigung von Schmerzen — so folgert DEICHMANN — ist nicht eigentlich Gegenstand materieller Schadensvergütung mehr. Dafür, daß die Schmerzen ausgehalten werden müssen, ist als Entschädigung Schmerzensgeld vorgesehen.

Die Einbeziehung des BGB § 251 II in den näheren Bereich des § 847 widerspricht nicht so sehr seinem eigentlichen Sinn und Zweck. D. selbst will eine strenge Differenzierung materieller und ideeller Schäden im Hinblick auf § 251 Abs. 2.

Es fragt sich jedoch, ob bei der vorstehend dargelegten Interpretation den durch die mittels des überkommenen Dogmatismus und Formalismus der einschlägigen gesetzlichen Bestimmungen ohnehin gegen unbillige Forderungen der Geschädigten Abgesicherten ein gewichtiges Argument mehr an die Hand zu geben, Heilbehandlungen, die ja auch zur Beseitigung

* BGB § 251 I „Soweit die Herstellung nicht möglich oder zur Entschädigung des Gläubigers nicht genügend ist, hat der Ersatzpflichtige den Gläubiger in Geld zu entschädigen. II Der Ersatzpflichtige kann den Gläubiger in Geld entschädigen, wenn die Herstellung nur mit unverhältnismäßigen Aufwendungen möglich ist."

der Schmerzen dienen, aus finanziellen Erwägungen beispielsweise abzulehnen, weil sie aus der Sicht des Haftpflichtigen heraus evtl. als zu aufwendig erscheinen. Man sollte sich dabei die Schwere der Verantwortung vor Augen halten, vorab zu entscheiden, ob im gegebenen Falle weitere Heilungsbemühungen zwecklos sind.

Das Argument, daß „als Entschädigung in solchen Fällen Schmerzensgeld gezahlt wird, weil die Schmerzen ausgehalten werden müssen“, könnte dem meistens wirtschaftlich ungleich stärkeren Haftpflichtigen als mögliche Schutzbehauptung dienen, sich seinen sonstigen, nicht minder schwerwiegenden Verpflichtungen zu entziehen.

Die erstgenannte Norm des BGB § 1300 interessiert an dieser Stelle weniger, weil es sich dabei um einen vertraglichen Schadensersatzanspruch (wegen Nichterfüllung des Eheversprechens) handelt. Der eigentliche gesetzgeberische Grund ist eben der, daß die Hoffnung der Braut, die Beiwohnung werde ihr keinen Schaden bringen, durch den Rücktritt des Bräutigams zerstört und ihre Versorgungsaussichten zunichte, mindestens aber beeinträchtigt werden. Es liegt also keine unerlaubte Handlung im Sinne des Gesetzes seitens des Ersatzpflichtigen vor. Ein Gesundheitsschaden beispielsweise, der infolge Erregung über die Auflösung des Verlöbnisses entstanden ist, kann demnach nicht aus BGB § 1300 ersetzt werden. Ein solcher Schaden vermag lediglich als Maßstab für die Größe des erlittenen seelischen Schmerzes dienen und berücksichtigt werden.

Anders indessen verhält es sich mit BGB § 847. Dieser Paragraph stellt eine echte Ausnahme von dem Grundsatz dar, daß nur Vermögensschaden zu ersetzen ist. In ihm findet der Anspruch auf Schmerzensgeld seine eigentliche Stütze. Wörtlich lautet er:

> „I. Im Falle der Verletzung des Körpers oder der Gesundheit sowie im Falle der Freiheitsentziehung kann der Verletzte auch wegen des Schadens, der nicht Vermögensschaden ist, eine billige Entschädigung in Geld verlangen. Der Anspruch ist nicht übertragbar und geht nicht auf den Erben über, es sei denn, daß er durch Vertrag anerkannt oder daß er rechtshängig geworden ist.
>
> II. Ein gleicher Anspruch steht einer Frauensperson zu, gegen die ein Verbrechen oder Vergehen wider die Sittlichkeit begangen oder die durch Hinterlist, durch Drohung oder unter Mißbrauch des Abhängigkeitsverhältnisses zur Gestattung der außerehelichen Beiwohnung bestimmt wird.“

Anwendbar ist BGB § 847 auf alle Vorschriften, welche die rechtlichen Folgen der sogenannten unerlaubten Handlungen regeln, das sind BGB §§ 823—853. Diese Vorschriften bezwecken den Schutz des einzelnen gegen widerrechtliche Eingriffe in seine Rechtssphäre. Es handelt sich dabei aber nur um die Verletzung der allgemeinen, zwischen allen Personen bestehenden, gewissermaßen „nachbarrechtlichen“ Beziehungen, die von jedermann Beachtung fordern. Im Gegensatz hierzu befinden sich jene Rechtsbeziehungen zwischen bestimmten Personen, welche etwa auf Vertrag oder auf einem vertragsähnlichen Verhältnis beruhen. Kriterium für die Bejahung einer unerlaubten Handlung ist deren objektive Widerrechtlichkeit. Verschulden wird zwar für die Mehrzahl der Tatbestände gefordert, für den Begriff der unerlaubten Handlung ist es jedoch nicht unabdingbares Wesensmerkmal.

Keine Anwendung findet BGB § 847 auf Tatbestände wie die der Haftung aus dem Haftpflichtgesetz, dem Straßenverkehrsgesetz, der Eisenbahnverkehrsordnung, dem Luftverkehrsgesetz oder der Haftung aus öffentlicher Verpflichtung sowie Vertragshaftung.

Die Voraussetzungen des BGB § 847 bestehen — wie dem oben zitierten Wortlaut zu entnehmen ist — in der Verletzung des Körpers, der Gesundheit oder in der Freiheitsentziehung; bei Frauen außerdem in dem Verbrechen oder Vergehen wider die Sittlichkeit, d. h., im Falle der Erfüllung derjenigen Tatbestände, die StGB §§ 174, 176, 177, 179 und 182 unter Strafe stellen. Eine bloße Verletzung der Ehre genügt nicht.

Unter Nichtvermögensschaden versteht das Gesetz nicht nur körperliche Schmerzen in engerem Sinne. Hierher gehören insbesondere alle nachteiligen Folgen für die körperliche und seelische Verfassung des Verletzten, also auch Kummer, Sorgen, Unbehagen, Depressionen infolge Entstellung, Verlust der Lebensfreude. Das frühere deutsche Reichsgericht[82] hat in einer grundsätzlichen Entscheidung einmal ausgeführt, daß

> „das Schmerzensgeld den Verletzten in die Lage versetzen soll, sich gewisse Annehmlichkeiten und Erleichterungen zu verschaffen, um dadurch — soweit überhaupt möglich — einen Ausgleich für alle Leiden zu erzielen“.

Auch bei Kindern kommt Schmerzensgeld als Ausgleich für seelische Bekümmernis in Betracht (z. B. infolge entstellender Gesichtsnarben). Rein seelische Schmerzen hingegen — beispielsweise der Schmerz eines Vaters über den Verlust eines Kindes — fallen dagegen nicht unter § 847.*

---

[82] Urteil des Reichsgerichts vom 14. 6. 1934 — VI 126/1934.

* Gemäß BGH v. 15. 10. 53/JZ 1954, 169 kann ein Vater den Schmerzensgeldanspruch seines volljährigen Kindes — solange er nicht abtretbar ist — nicht im Wege der gewillkürten Prozeßstandschaft im eigenen Namen geltend machen. Ebenso kann seit dem Inkrafttreten des Gleichberechtigungsgrundsatzes der Ehemann auch mit Ermächtigung der Ehefrau deren Schmerzensgeldanspruch nicht geltend machen.

Was endlich die Höhe der „billigen Entschädigung in Geld" angeht, so liegt ihre Bestimmung in freiem Ermessen des Richters. Beachtenswert ist, daß der Anspruch auf Schmerzensgeld nicht etwa durch eine besonders reichliche Bemessung des vermögensrechtlichen Schadens abgegolten werden kann. — Zu berücksichtigen sind einerseits Ausmaß und Schwere der körperlichen und seelischen Störungen, ebenso die mögliche Tragweite einer körperlichen Entstellung — andererseits sind die persönlichen Verhältnisse beider Parteien, ja, sogar die günstige Vermögenslage des Verletzten, zu beachten. Das aber bedeutet wiederum nicht, daß eine ausgesprochen schlechte Vermögenslage des Ersatzpflichtigen den bestehenden Anspruch vollkommen beseitigt. Ebenso wenig vermag die Geringfügigkeit der Beeinträchtigung den Anspruch auszuschließen. Hierfür findet sich im Gesetzestext keine Möglichkeit. Dennoch sind in den letzten Jahren zahlreiche Stimmen laut geworden, die bei geringeren Verletzungen eine Schmerzensgeldzahlung ablehnen. Hierzu auch WUSSOW in VersR 1980, 246.

Immer fällt bei der deutschen Rechtsprechung auch der Grad des Verschuldens seitens des Schädigers ins Gewicht, besonders dann, wenn es sich um ein ausgesprochen grobes Verschulden handelt. Bei mehreren Gesamtschuldnern schließlich kann die Höhe des Schmerzensgeldes verschieden angesetzt werden, je nach dem Grad des betreffenden Verschuldens. Maßgebender Zeitpunkt für die Schmerzensgeldbemessung ist der der Urteilsfälligkeit. So wie der Verschuldensgrad die Höhe des zuzusprechenden Schmerzensgeldes beeinflussen kann, sind Modifikationen aus zahlreichen anderen Gründen möglich, die den ärztlichen Schmerzensgeldgutachter in seiner Beurteilung nicht beeinflussen dürfen. Deswegen sollen sie hier auch nur kurz erwähnt werden: in der Regel erhöhend wirken sich Schädigungen aus, die durch ein Verbrechen oder grobe Fahrlässigkeit verursacht wurden. Unterschiedliche Berücksichtigung finden zum Beispiel erhebliche Freiheitsstrafen und/oder Bußen des Schädigers, dessen eigene schwere Verletzung oder auch sein Tod; auch der Anlaß einer Schädigung kann in Ansatz gebracht werden, sei er berufsbedingt, bei Hilfeleistung, bei einem Vergnügen oder einer Gefälligkeit geschehen. Sehr unterschiedlich werden die Berücksichtigung eines höheren Lebensstandards oder schlechte wirtschaftliche Verhältnisse des Geschädigten beurteilt. Besonders verwerfliches Verhalten des Schädigers, Vermögenslosigkeit, Versicherungsschutz (freiwilliger oder gesetzlich verordneter), aber auch verschleppende Schadensregulierungen sind Faktoren weiterer Nivellierungsmöglichkeiten, die dem richterlichen Ermessen offenstehen.

Inwieweit Schmerzensgelder zugesprochen werden sollen bei Verletzungsfällen, bei denen eine geminderte oder völlig aufgehobene Wahrnehmungsfähigkeit bis hin zur tiefen Dauerbewußtlosigkeit, eingetreten ist, tangiert zumindest auch die Beurteilungsüberlegungen des als Gutachter tätigen Arztes.

Ausführliche Darstellungen hierzu finden sich in zahlreichen Schriften, als Literaturhinweise zusammengefaßt in „Schmerzensgeldbeträge" von Hacks/Ring/Böhm 11. Auflage 1983 des ADAC-Verlages.

Der Schmerzensgeldanspruch ist — soweit er nicht durch Vertrag anerkannt ist oder sonstwie rechtshängig wurde — nicht übertragbar, nicht pfändbar, nicht verpfändbar und nicht aufrechnungsfähig. Er kann weiter nicht Konkursgegenstand sein. Gemäß § 1542 RVO ist der Übergang auf den Versicherungsträger nicht möglich. Ebenso problematisch und deswegen umstritten sind Fragen hinsichtlich des Überganges des Schmerzensgeldes auf den Sozialhilfeträger oder im Falle der Scheidung die Behandlung des Anspruches im ehelichen Zugewinnausgleich, die gerade in der letzten Zeit kontrovers sind und hier nur angedeutet werden können.

Eine sehr begrüßenswerte Einrichtung ist der Entschädigungsfond der Verkehrsopferhilfe gegen den gem. § 12 Abs. 2 des Pflichtversicherungsgesetzes ein Schmerzensgeldanspruch in besonders schweren Verletzungsfällen besteht, wenn ein erheblicher Dauerschaden verbleibt und der Schädiger nicht zu ermitteln ist (Fahrerflucht etwa).

Der bis hierher geführte Streifzug durch die deutsche Gesetzgebung zeigte eine relativ festgefügte Dogmatik und darauf aufbauend eine sich streng an die ihr gezogenen Grenzen haltende Rechtsprechung. Der Vorteil dieses Systems liegt in der verhältnismäßig klaren, vorausschaubaren Linienführung des Judizierens. So folgerte die Rechtsprechung mit „dogmatischer" Konsequenz, daß ein Schmerzensgeldanspruch nicht der Umstellung nach dem 3. Währungsgesetz unterliegt, und zwar auch dann nicht, wenn die Klage auf Zahlung eines bestimmten Betrages bereits vor dem 21. Juni 1948 erhoben worden war, denn „der Anspruch auf Schmerzensgeld ist nicht auf einen bestimmten Geldbetrag gerichtet."

Die Schwäche der Gesetzesdogmatik indessen liegt in dem gerade ihr eigenen Zug zur Stagnation, zum starren Formalismus, zur Rechtskonstruktion, während die Gesetzgebung praktisch niemals stillstehen darf. Sämtliche hier interessierenden, inzwischen ergangenen Entscheidungen können hier nicht aufgeführt werden. Entscheidungen hinsichtlich des Armenrechts finden sich im Beschluß des OLG Bremen v. 3. 10. 57, VersR 1958, 111 abgedruckt. Hinsichtlich der Revision besteht der Beschluß des BGH vom 20. 12. 66 — VersR 1967, 374; in bezug auf den Streitwert erging der Beschluß des OLG Köln vom 29. 10. 62, NJW 1963, 659. So hat sich die deutsche Rechtsprechung bisher nicht dazu durchringen können, eine eigene rechtsschöpferische Gesetzesinterpretation zu entwickeln, wie es in Frankreich beispielsweise schon lange geschehen ist und mit deren Hilfe sich Gesetzeslücken schließen und überbrücken lassen[83]. Um mit dem bis zur Stunde noch im Argen liegenden Problem der rein seelischen Schmerzen fertigzuwerden, bedarf es nicht unbedingt einer Novelle oder eines neuen Gesetzeswerkes. Man braucht nur — etwas großzügiger allerdings — die vorhandenen Gesetze den Forderungen des Tages anzupassen, ohne sie dadurch ihres Sinnes oder Zweckes zu berauben. Diesem Beginnen freilich scheinen noch unüberwindbare Hürden entgegenzustehen, obwohl das deutsche Bürgerliche Gesetzbuch den unverkennbaren Vorzug der Zeitnähe für sich beanspruchen darf und darüberhinaus ausreichende Möglichkeiten bietet, die unaufhaltbar auf uns zukommenden Probleme erfolgversprechend zu meistern.

b) Deutsche Demokratische Republik (DDR)

In der DDR war es längere Zeit umstritten, ob die Geltendmachung des § 847 BGB den moralischen Ansprüchen der Werktätigen noch entsprach.

Für die zivilrechtliche materielle Verantwortlichkeit hatte das Oberste Gericht in einer Reihe von Urteilen ausdrücklich bestätigt, daß § 847 BGB auch in der DDR noch geltendes Recht war (Neue Jusitz Jahrg. 1963, S. 789 ff.), bis zum 31. 12. 1975, siehe S. 94.

Der Rechtspflegeerlaß des Staatsrates forderte, daß die einheitliche Anwendung des sozialistischen Rechts zu sichern ist und die Garantien für seine Verwirklichung erhöht werden. Diese Forderung war aber (lt. Neue Justiz a. a. O.) hinsichtlich des Schmerzensgeldanspruchs nach § 847 BGB nicht gewährleistet, solange über die theoretischen Grundfragen keine Klarheit erzielt wurde. Es mußten auf der einen Seite die Rechte der Geschädigten gewahrt, andererseits mußte aber auch vermieden werden, daß staatliche Mittel ungerechtfertigt verausgabt wurden.

Bei zahlreichen Urteilen der Kreisgerichte war deren Auffassung über die Zubilligung einer Schmerzensgeldentschädigung nicht erkennbar, weil sie sich zu dieser Frage überhaupt nicht äußerten, sondern lediglich die Unfallfolgen erörterten und bewerteten. Wo man jedoch an das Problem heranging, zeigte sich eine sehr unterschiedliche Auffassung und Überzeugung. So sagte das Oberste Gericht in seinem unveröffentlichten Urteil 2 Zz 6/61 vom 6. 6. 61, daß „auch für erhebliche Körperverletzungen und erlittene Schmerzen als solche grundsätzlich eine Entschädigung zu gewähren ist“.

---

[83] Allerdings muß als bedeutende rechtsschöpferische Interpretation des § 847 BGB die neue Rechtsprechung des BGH (z. B. in NJW 1958, S. 827, 1959, S. 1270, 1961, S. 2059) erwähnt werden, nach der über den Wortlaut des § 847 BGB hinaus auch die Verletzung des Persönlichkeitsrechts zu einem Schmerzensgeldanspruch führen kann.

Dagegen judizierte beispielsweise das Kreisgericht Hohenstein-Ernstthal in seiner Entscheidung 1 C 42/62 vom 3.10.1962, daß keinesfalls Entschädigungen für erlittene Schmerzen und Entbehrungen gezahlt werden könnten und das Schmerzensgeld dem Kläger nur aus Billigkeitsgründen zuzusprechen sei, da man den Wert bzw. den Grad der erlittenen Schmerzen nicht mit Geld bemessen könne.

Auch die Rechtsprechung der DDR bejahte damals, daß Ausgangspunkt für eine Betrachtung über Aufgabe und Inhalt der Schmerzensgeldentschädigung sein muß, daß § 847 BGB geltendes Recht ist und eine gleichartige bzw. ähnliche Bestimmung auch für das neu zu schaffende Zivilgesetzbuch in Betracht kommt.

Indessen sprachen folgende ideologische Überlegungen zur Sache:

Die bürgerliche Rechtslehre (d. h. das Gedankengut des BGB) geht davon aus, daß die Entschädigung nach § 847 BGB dem Vermögen des Geschädigten nicht etwa etwas ihm Entzogenes wieder zuführen, sondern sein Vermögen vermehren soll. Maßstab hierfür waren die durch die Körperverletzungen verursachten Beeinträchtigungen des körperlichen und seelischen Wohlbefindens, also in erster Linie körperliche Schmerzen, Verunstaltungen und dergleichen mehr. Daraus entwickelten sich Vorstellungen dergestalt, daß mit dem Schmerzensgeld amputierte Gliedmaßen, erlittene Schmerzen und Entstellungen „bezahlt" werden müßten. Es entspricht — so folgerte man — wohl der kapitalistischen Ausbeutermoral, eben für alles, selbst für Ehre und Gewissen, für die Liebe und auch für Schmerzen einen „Preis" zu haben. Nicht aber entspricht das den politisch-moralischen Anschauungen der Werktätigen. Nach deren gesellschaftlichen Anschauungen hat sich das Wesen der „billigen Entschädigung in Geld für den Schaden, der nicht Vermögensschaden ist" grundsätzlich verändert.

In zunehmendem Maße wird im Sozialismus der Lebensinhalt jedes einzelnen Mitgliedes der Gesellschaft von seiner Teilnahme am Arbeitsprozeß, der Teilnahme am gesamten gesellschaftlichen und kulturellen Leben bestimmt. Durch einen Unfall wird es dem einzelnen Werktätigen vorübergehend oder für die Dauer unmöglich, seinen bisherigen Beruf auszuüben und seinen sonstigen gesellschaftlichen und kulturellen Interessen nachzugehen. Möglicherweise wird er insoweit sogar vom gesellschaftlichen und kulturellen Leben ausgeschlossen. Der Ausgleich für den Wegfall dessen, was einen großen Teil des Inhalts seines Lebens ausmachte ist allein mit dem Ersatz des Verdienstausfalls und seiner Ausgaben für Pflegepersonen und sonstige Hilfen usw. nicht geschaffen. Um also weiterhin am gesellschaftlichen und kulturellen Leben teilnehmen zu können, werden zusätzliche Ausgaben z. B. für Bücher, für die Anschaffung eines Radios oder Fernsehapparates, für Reise oder für die Übertragung seiner Interessen auf andere gesellschaftliche oder kulturelle Gebiete, wie Konzert- oder Theaterbesuche erforderlich. Das alles sind Ausgaben, die ihm neben dem konkret nachweisbaren Schaden entstehen und die in der Regel nicht exakt meßbar sind; es sind Ausgaben, die über seine durch den Unfall hervorgerufene Lage hinweghelfen sollen. Damit stellt sich der immaterielle Schaden, der nach dortiger Auffassung fälschlich als Schmerzensgeld bezeichnet wird, unter Berücksichtigung der politisch-moralischen Anschauungen der Werktätigen als eine besondere Art vermehrter Bedürfnisse, als ein materieller Schaden dar. In der oben zitierten Entscheidung des Obersten Gerichts vom 6. 6. 1961 klingt dies auch an.

Bei der Fassung des § 98 des Gesetzbuchs der Arbeit (GBA) vom 23. 11. 66 sind offensichtlich bereits solche oder ähnliche Gedanken maßgebend gewesen, als an Stelle eines Anspruchs auf ein Schmerzensgeld festgelegt wurde, daß der Werktätige Anspruch auf notwendige Mehraufwendungen zur weiteren Teilnahme am gesellschaftlichen Leben hat.

Nach der dortigen Anschauung bedeutet das nicht, daß künftig Grad und Heftigkeit der Schmerzen, der Umfang der Entstellungen usw. keine Beachtung mehr finden sollten. Sie müssen aber hinter dem Hauptgesichtspunkt, der Entschädigung für die Beeinträchtigung der Teilnahme am gesellschaftlichen und kulturellen Leben, zurücktreten. In der Mehrzahl aller Fälle ist es doch so, daß sich gerade in der Beeinträchtigung des normalen Lebensablaufes auch der Umfang der Schmerzen, Entstellungen usw. widerspiegelt.

Aus der vorstehend dargestellten Auffassung vom Sinn und Zweck des Schmerzensgeldes ergibt sich zwangsläufig, daß bei sogen. geringfügigen Gesundheitsschädigungen oder Verletzungen ein Anspruch dieser Art nicht besteht. Der entscheidende Grund: Eine Beeinträchtigung der Teilnahme am gesellschaftlichen und kulturellen Leben ist damit gewöhnlich nicht verbunden oder sie ist so gering, daß sie nicht ins Gewicht fällt.

Das Oberste Gericht hat in dem Urteil 2 Uz 23/59 vom 15. 3. 60 erstmalig zum Ausdruck gebracht,

> „daß nach unserer gesellschaftlichen Auffassung eine gewisse Schwere der durch die Verletzung herbeigeführten Beeinträchtigung Voraussetzung eines solchen Anspruchs ist. Die Verursachung verhältnismäßig geringfügiger Schmerzen ohne bleibende Folgen muß hier außer Betracht bleiben."

Mit diesem Urteil hat das Oberste Gericht den Schmerzensgeldanspruch der durch einen Unfall am Unterschenkel verletzten Klägerin, die infolge des Unfalls zwei Monate arbeitsunfähig gewesen ist, abgewiesen.

Diese Auffassung hatte sich — soweit ersichtlich — während dieser Jahre in der Rechtsprechung der DDR noch nicht allenthalben durchgesetzt. Das

Kreisgericht Zossen hat in seinem Urteil 3 C5/63 vom 5. 2. 63 bei einer Bein- und Fußgelenkprellung, die lediglich eine vorübergehende Arbeitsunfähigkeit von etwa 2 Monaten verursachte trotz Hinweises des Verklagten auf das vorgenannte Urteil des Obersten Gerichts ein Schmerzensgeld von DM 300,— zugesprochen. Das Kreisgericht Beeskow ging sogar so weit, die Geringfügigkeit eines durch Hundebiß hervorgerufenen handflächengroßen Hämatoms und einigen Hautverletzungen zu verneinen, obwohl keine Arbeitsunfähigkeit bestand. Es hat dem Kläger DM 50,— Schmerzensgeld zugebilligt, weil derselbe mehrere Tage beim Gehen unter Schmerzen litt.

Aber auch bei der außergerichtlichen Schadensbearbeitung durch die DVA treten naturgemäß Schwierigkeiten auf bei der Abgrenzung derjenigen Fälle mit geringfügigen Verletzungen ohne Schmerzensgeldanspruch gegenüber solchen, die schwerwiegender Natur sind und eine Berechtigung zum Schmerzensgeldanspruch aufweisen könnten. Außer dem oben angeführten Grundsatz hat das Oberste Gericht keine Gelegenheit mehr wahrgenommen, seine Entscheidung näher zu erläutern.

Aus den einschlägigen Stellungnahmen der mit diesem Komplex befaßten Dienststellen geht hervor, daß über den Begriff „geringfügige Verletzung“ sehr unterschiedliche Auffassungen bestehen. Man ist sich indes der Schwierigkeiten bewußt, hier klare Abgrenzungskriterien zu schaffen ohne in einen Schematismus zu verfallen und man möchte es vermeiden, dem subjektiven Ermessen des einzelnen völlig freien Spielraum zu lassen.

Zusammenfassend kann gesagt werden, daß die dortige allgemeine Auffassung dahin tendiert, daß — ausgehend von der oben dargelegten Aufgabe des sogen. Schmerzensgeldes — bei solchen Gesundheitsschädigungen, die keine Arbeitsunfähigkeit zur Folge haben, grundsätzlich kein Schmerzensgeld mehr gewährt werden soll. Bei allen Gesundheitsschädigungen, die ohne Dauerfolgen nur zu einer vorübergehenden Arbeitsunfähigkeit führen, soll sorgfältig geprüft werden, ob zum Ausgleich der Beeinträchtigung der Teilnahme am gesellschaftlichen Leben materielle Aufwendungen erforderlich werden. Bei einer Arbeitsunfähigkeit von mehr als zwei Monaten wird davon auszugehen sein, daß solche Aufwendungen grundsätzlich entstehen. Bleibt als Unfallfolge ein geringfügiger Dauerschaden, der den Geschädigten in der weiteren Teilnahme am gesellschaftlichen und kulturellen Leben nicht beeinträchtigt, so soll ihm eine Schmerzensgeldentschädigung nur für eine während der vollständigen Arbeitsunfähigkeit erlittene Beeinträchtigung zugebilligt werden.

Es fragt sich in diesem Zusammenhang, ob die vorgenannten Kriterien auch bei vorsätzlich herbeigeführten Körperverletzungen Anwendung finden können und sollen. Das Urteil 1 b Zst 3/61 vom 27. 9. 1961 läßt darauf schließen, daß bei vorsätzlichen Körperverletzungen, insbesondere bei Gewaltdelikten, auch für geringfügige Körperverletzungen ein Schmerzensgeld zuerkannt werden soll.

Für die uneingeschränkte Zubilligung eines Schmerzensgeldanspruchs verbleiben also im Prinzip diejenigen Fälle, bei denen als Folge der Gesundheitsschädigung eine erhebliche dauernde Beeinträchtigung der Teilnahme am gesellschaftlichen und kulturellen Leben eingetreten ist. Im Vordergrund stehen hierbei wiederum solche Fälle, bei denen der Geschädigte auf Grund der Gesundheitsschädigung nicht mehr in der Lage ist, seiner oder überhaupt einer Berufstätigkeit nachzugehen.

Als Bemessungsfaktoren für entschädigungswürdige Fälle mögen einige Urteile die dort erstrebte Einheitlichkeit aufzeigen.

So hat z. B. das Oberste Gericht im Urteil 2 Uz 4/62 vom 10. 4. 62 bei einer komplizierten Trümmerfraktur des linken Unterschenkels mit osteomyelitischen Veränderungen des Knochens und Fistelbildung für einen 56jährigen Geschädigten ein Schmerzensgeld von DM 2000,— als angemessen angesehen.

Das Bezirksgericht Potsdam hat in seiner Entscheidung 1 BC 12/62 vom 19. 9. 1962 dem 68jährigen Geschädigten bei Verbrennungen dritten Grades an beiden Unterschenkeln als Folge fehlerhafter Heilbehandlung ein Schmerzensgeld von DM 5000,— zugesprochen.

Das Kreisgericht Hohenstein-Ernstthal hat in seiner Entscheidung 1 C 42/62 vom 3. 10. 62 bei einem schmerzhaften komplizierten Unterschenkelbruch, der eine siebenmonatige Arbeitsunfähigkeit zur Folge hatte, einen Schmerzensgeldbetrag von DM 250,— zugesprochen.

Das Kreisgericht Zossen hat mit Urteil 2 C 14/63 vom 11. 3. 63 bei einer Luxationsfraktur des linken oberen Sprungglenks mit schweren Veränderungen im Gelenk, die zu einer Gehbehinderung führten, wozu noch Schulterverletzungen und Teilversteifung des 4. und 5. Fingers der linken Hand hinzukamen (Gesamtschaden 30 bis 40 % bei einem Lebensalter von 50 Jahren) auf ein Schmerzensgeld von DM 5500,— erkannt.

Das Kreisgericht Karl-Marx-Stadt (Land) hat in seiner Entscheidung C 261/60 V vom 13. 9. 61 einem Landwirt für den Verlust des rechten Beines ein Schmerzensgeld von DM 1500,— gewährt.

Das Kreisgericht Aschersleben hat mit seinem Urteil C/V 95/61 vom 30. 11. 62 einer 79jährigen Klägerin bei einem Schenkelhalsbruch, der trotz einjähriger stationärer Behandlung nicht fest verheilte und auf Grund der dadurch bedingten sehr starken Gehbehinderung einen Dauerschaden von 75 % verursachte, ein Schmerzensgeld von DM 2000,— zugebilligt.

Zur Bemessung des Schmerzensgeldes hat das Oberste Gericht hinsichtlich der jeweiligen Höhe in seiner Entscheidung vom 10. 4. 1962 grundsätzlich bemerkt, daß der auf § 847 BGB beruhende Anspruch nicht etwa durch Zuerkennung kleiner Beträge lediglich formal befriedigt werden darf:

„Es ist also in aller Regel auf einen nicht unerheblichen Betrag zu erkennen. Das setzt andererseits eine erhebliche, das körperliche Wohlbefinden ernstlich und auch nicht nur vorübergehend beeinträchtigende Verletzung voraus. Aber auch auf Grund dieser Erwägungen werden Schmerzensgelder in vielen Fällen die Summe von DM 1000,— nicht erreichen. Ein Schmerzensgeld von DM 2000,— kann daher auch bei einer erheblichen und das körperliche Wohlbefinden dauernd störenden Verletzung... nicht als unangemessen niedrig bezeichnet werden. In den wenigen Fällen, in denen das Oberste Gericht bisher auf höhere Beträge erkannt hat, waren die Verletzungen noch wesentlich schwerer. In einigen Fällen bestanden sie in Erblindung oder völliger Aufhebung der Bewegungsfähigkeit."

Offenbar mißt man dort auch der Regelung bei außergerichtlichen Vergleichen Wichtigkeit bei. Auch bei diesen sollen keine höheren Entschädigungen festgesetzt werden als in solchen mit besonders gravierenden Folgen.

Man hat sich in der DDR auch mit der Schmerzensgeldgesetzgebung in der ČSSR auseinandergesetzt. Nach einem Hinweis auf die Bekanntmachung des Gesundheitsministeriums vom 23. Dezember 1958, wonach bei den einzelnen Verletzungsarten jeweils ein Prozentsatz angegeben wird, der Schmerzen, Entstellungen und sonstige Folgen von Unfällen ausdrückt und gleichzeitig angibt, wie dieser Prozentsatz in Geld umzurechnen ist, gelangt Rechtsprechung u. Wissenschaft zu der Ansicht, daß die Schmerzensgeldfestsetzung in der ČSSR „offenbar nicht als rechtliche, sondern als eine medizinischen Frage angesehen wird".

Es wird eingeräumt, daß für die Beurteilung der Unfallfolgen und der damit verbundenen Beeinträchtigung der Teilnahme am gesellschaftlichen und kulturellen Leben ärztliche Gutachten benötigt werden. Das Oberste Gericht der DDR hat in seinem Urteil 2 Uz 4/62 vom 10. 4. 62 eindeutig zum Ausdruck gebracht, daß „die Aufgabe des medizinischen Gutachters darin besteht, die Art der Verletzungen und ihre Folgen für die Gesundheit des Verletzten festzustellen. Die Bemessung der Höhe des Schmerzensgeldes ist dagegen, sobald eine einwandfreie ärztliche Feststellung über den Gesundheitszustand des Verletzten vorliegt, lediglich eine gesellschaftliche und rechtliche Frage".

Die Rechtsprechung der DDR pflichtet dieser Auffassung des Obersten Gerichts vor allem deshalb bei, weil die Festsetzung des Schmerzensgeldes nach ihren, oben näher ausgeführten Ansichten, dem Wesen des Anspruchs nach keine medizinische Frage ist. Das ärztliche Gutachten kann, wie auch jedes andere Sachverständigengutachten, „lediglich eine Grundlage, ein Hilfsmittel für die zu treffende Entscheidung sein".

Deshalb erscheint dort der von der ČSSR eingeschlagene Weg zur verbindlichen Festlegung des Schmerzensgeldbetrages bedenklich, und zwar selbst dann, wenn bei den einzelnen Verletzungen ein mehr oder weniger großer Spielraum für die Berücksichtigung der besonderen Umstände des Einzelfalles gegeben wird. Trotzdem — so räumt man wiederum ein — wird vor allem für die außergerichtliche Regulierung dieser Ansprüche nicht gänzlich zu verzichten sein, in Form von Richtlinien oder einer Zusammenstellung gerichtlicher Entscheidungen über Schmerzensgeldansprüche Anhaltspunkte für die Bemessung des Schmerzensgeldes zu geben. Jedoch: eine andere Möglichkeit, die Einheitlichkeit der Festsetzung wenigstens in groben Zügen zu gewährleisten, sehen wir nicht.

Selbstverständlich kann eine solche Richtlinie keinen verbindlichen Charakter tragen und insbesondere können die Gerichte nicht zu ihrer Beachtung verpflichtet werden. Nur für besonders gelagerte Fälle, bei denen außergewöhnliche Umstände vorliegen, wie z. B. für Handverletzungen bei Pianisten u. ä., können in einer solchen Richtlinie keine Hinweise bzw. Anhaltspunkte gegeben werden, weil die Vielseitigkeit der möglichen Verletzungsfolgen und die spezifischen Auswirkungen auf besondere Berufstätigkeiten gar nicht erfaßt zu werden vermögen.

Rechtsprechung und Wissenschaft in der DDR halten es daher im Interesse des einheitlichen Herangehens an diesen Entschädigungsanspruch für wünschenswert, daß das Oberste Gericht ein Urteil zum Anlaß nehmen würde, sich prinzipiell zum Wesen des Schmerzensgeldes unter den dort gegebenen gesellschaftlichen Verhältnissen zu äußern. Weiterhin sollte es sich zur Frage der Bemessung des Schmerzensgeldes äußern.

Zur Orientierung der Kreis- und Bezirksgerichte sowie der Dienststellen der DVA und anderer Betriebe, die sich mit solchen Ansprüchen zu befassen haben, hält man es dort für ratsam, weitere Urteile über Schmerzensgeldansprüche zu veröffentlichen.
(nach Harald Schmidt u. Heinz Fiebig, Rechtsstelle der Hauptverwaltung der Deutschen Versicherungs-Anstalt).

Die Neuregelung der Vorschriften zum Schadenersatzrecht erfolgte am 1. 1. 1976, dem Termin, an dem das ZGB (Zivilgesetzbuch) in Kraft trat.

Nunmehr wurde auch der Schmerzensgeldanspruch, jetzt „Ausgleichszahlung“ genannt, durch einen anderen, als den des früheren BGB, nämlich den § 338 Abs. 3, formuliert. Es blieb jedoch die in der DDR auch schon zuvor bestehende Auffassung erhalten, daß nur dann eine Entschädigung eines ‚Schmerzensgeldes‘ (um bei unserem in der BRD üblichen Wort zu bleiben) zugesprochen werden kann, wenn die Teilnahme am „gesellschaftlichen Leben“ infolge eines Gesundheitsschadens wesentlich beeinträchtigt ist.

Neu ist, daß auch dann entschädigt wird, wenn das Wohlbefinden durch den Gesundheitsschaden beeinträchtigt wurde, nicht jedoch bei Bagatellschäden. Ähnlich wie in der BRD, können Schmerzensgeldansprüche bei Gefährdungshaftung und vertraglicher Schadenszufügung entstehen. Hierzu muß auf Spezialliteratur verwiesen werden.

Das Bestehen einer Haftpflichtversicherung wird berücksichtigt, die Verschuldensfrage und insbesondere die wirtschaftlichen Verhältnisse jedoch spielen keine Rolle.

Geblieben ist aus dem Inhalt des § 847 BGB das Rechtskräftigwerden des Anspruchs beim Tod, wenn er zuvor bei Gericht anhängig geworden ist, wie auch der Ausschluß eines Schmerzensgeldes beim Tode von Angehörigen (Verwandten), wie er im französischen Recht üblich ist und auch in der BRD in Einzelfällen seit einigen Jahren möglich wurde.

Die Höhe von Schmerzensgeldern ist mit denen in der BRD nicht zu vergleichen, die bei uns um ein Vielfaches höher liegen.

Eine bedeutsame Ressortvereinbarung zwischen der BRD und der DDR erfolgte am 26. 4. 1972. Sie regelt den Ausgleich von Schadensersatzansprüchen von Schädigern aus beiden deutschen Staaten zwischen dem HUK-Verband der BRD und der staatlichen Versicherung der DDR. Hierbei ist der Unfallort für die Anwendung der Vorschriften maßgeblich, wobei größere Entschädigungsdifferenzen ausgeglichen werden können, um Härtefälle zu vermeiden.

Ägypten

Das ägyptische Recht bejaht einen moralischen und seelischen Schaden — d. h. immateriellen Schaden. Die entsprechende gesetzliche Grundlage findet sich in Artikel 222 des Ägyptischen Zivilgesetzbuches (ZGB) und hat folgenden Wortlaut:

1. Der Schaden umfaßt auch die Entschädigung für seelischen Schaden. Übertragbar an dritte Personen ist er jedoch nur dann, wenn er durch ein besonderes Abkommen vereinbart wurde oder Gegenstand einer gerichtlichen Klage ist.
2. Der Richter kann jedoch nur Ehegatten und Verwandte bis zum zweiten Grade eine Entschädigung für die durch den Tod des Opfers verursachten Schmerzen gewähren.

Ein Beweismittel für das Vorhandensein eines seelischen Schmerzes ist das ärztliche Zeugnis.

Die ägyptische Rechtsprechung kennt neben diesen immateriellen Schäden weitere ersatzfähige Schäden, die physisch erlitten werden, wie körperliche Schmerzen, Entstellungen (zum Beispiel im Gesicht), Verletzungen an den Gliedern und am Körper im allgemeinen. Wenn infolge der Schädigung finanzielle Aufwendungen notwendig werden oder eine Minderung der Verdienstfähigkeit eintritt, besteht auch ein materieller — zu ersetzender — Schaden.

Ferner gibt es „moralische Schäden“, die das Ansehen oder die Ehre einer Person zum Gegenstand haben. Unter diesen Begriff fallen alle Schäden, die durch Verleumdung, Beleidigung, üble Nachrede, Ehrabschneidung und Vergewaltigung verursacht werden. Vorgenannte Handlungen bewirken einen moralischen (seelischen) Schaden, weil sie aufgrund ihres Unrechtsgehalts der Ehre und dem Ansehen des Geschädigten Abbruch tun. Gemäß einer Gerichtsentscheidung (Zeitschrift AL MOHAME XXIX. Jahrgang Nr. 117, Seite 202) erfolgt eine Beeinträchtigung des Ansehens bereits dann, wenn jemand verbreitet, daß eine Person an einer gefährlichen Krankheit leidet. Das Landgericht Kairo hat entschieden, daß Krankheiten der Schweigepflicht unterliegen, auch dann, wenn sie tatsächlich vorhanden sind. Es füge dem Kranken Schaden zu, wenn sein Name öffentlich bekannt und verbreitet würde. Besonders gelte das für junge Mädchen, denen dadurch Hindernisse in den Weg gelegt würden. Eine solche Tat stelle daher eine Fahrlässigkeit dar, die Entschädigung fordere.

Sodann folgen „moralische“ (seelische) Schäden, die menschliche Gefühle wie Zuneigung usw. beeinträchtigen.

Hierzu zählen vor allem die gewaltsame Entfernung des Säuglings von der stillenden Mutter, die Entführung eines Kindes aus dem Elternhause, die Wegnahme eines Kindes vom Vater bzw. von der Mutter — dies alles verletzt die Betroffenen in ihren Gefühlen und verursacht Leid und Trauer. Hinzuzurechnen sind Handlungen, die religiöse Überzeugungen oder sittliche Gefühle verletzen.

Schließlich sind auch moralische Schäden zu entschädigen, die einer Person allein durch Beeinträchtigung ihrer Rechte entstehen. Betritt z. B. jemand gegen den Willen des Eigentümers dessen Grund und Boden (Hausfriedensbruch oder Besitzstörung), so steht dem so in seinem Besitz Gestörten Schadensersatz für die Beeinträchtigung seiner Rechte zu, selbst dann, wenn ihm kein materieller Schaden entstanden ist.

Voraussetzung in den geschilderten Fällen ist, daß der moralisch-seelische Schaden konkretisierbar und nicht hypothetischer Natur ist. Obwohl sich der moralisch-seelische Schaden häufig aus strafbaren Handlungen ergibt, so erkennt die dortige Rechtsauffassung — wenn auch seltener — einen solchen aufgrund vertraglicher Vereinbarung an. Dabei geht sie von dem Ausgangspunkt aus, daß Gegenstand abzuschließender Verträge nur Sachen sind, die einen Geldwert besitzen. Der Vertragschließende, so wird gefolgert, hat „ein moralisches Interesse an der Erfüllung des Vertrages". Kommt also ein Schuldner beispielsweise seinen Verpflichtungen nicht nach, erleidet der Gläubiger einen moralischen Schaden. Befindet sich eine Person auf einer Reise und erleidet im Verlauf dieser Reise Verletzungen, so „erleidet sie einen moralischen Schaden in ihrem Befinden, wenn ein Arzt sie unsachgemäß behandelt."

Der Katalog läßt sich weiter fortsetzen:

— Verletzung der ärztlichen Schweigepflicht, die dem Ruf des betroffenen Kranken abträglich ist;
— entstellende Korrekturen oder Veränderungen eines Verlegers an einem Buchtext, die dem Verfasser zwar keinen materiellen, wohl aber einen moralischen Schaden zuzufügen geeignet sind;
— willkürlich gelöste Künstlerverträge, durch die der dadurch benachteiligte vertragschließende Teil eine Erniedrigung seines künstlerischen Rufes befürchten muß.

Bei der Bewertung des Schadensersatzes werden die persönlichen Umstände des zum Schadensersatze Verpflichteten nicht in Betracht gezogen. Falls der Schadensverursacher vermögend ist, so besteht kein Grund, ihm deswegen eine höher bemessene Ersatzleistung aufzuerlegen. Für die Minderbemittelten hingegen sieht man keinerlei Veranlassung, sie mit einer geringeren Entschädigungsleistung davonkommen zu lassen, eben nur, weil sie arm sind. Desgleichen ist es unmöglich, einen Ersatzanspruch in die Höhe zu treiben, weil eine Versicherungsgesellschaft dafür aufzukommen hat.

Der Verschuldensgrad des Schädigers bleibt bei der Schadensbewertung ebenfalls unbeachtet. Sobald die Haftbarkeit des Schadensverursachers feststeht, bewertet man die zu leistende Entschädigung nach der Schwere des Schadens und nicht nach der des Verschuldens. Wie gering auch das Verschulden sein mag, die Entschädigung muß dem konkreten Schaden adäquat sein, welcher durch eben dieses geringe Verschulden verursacht worden ist. Auf der anderen Seite darf die Schadensersatzleistung — wie schwer auch immer das Verschulden ausfallen mag — den Schadensgrad nicht überschreiten.

Das ergibt sich aus der Trennung zwischen zivilrechtlicher und strafrechtlicher Haftung. Die zivilrechtliche Haftung zieht den Schaden lediglich in objektiver Hinsicht in Betracht; die strafrechtliche Seite stellt dagegen eine persönliche Angelegenheit dar. Hier wiegt die Schwere des Verschuldens.

In der Praxis allerdings verläßt sich der Richter meistens auf sein eigenes natürliches Empfinden, wenn er die Schwere des Verschuldens in Betracht zieht. Dieser Umstand erklärt sich schon daraus, daß es in seinem Ermessen liegt, die Höhe der Schadensersatzsumme festzusetzen. Unwillkürlich neigt die Rechtsprechung deshalb dazu, den Betrag zu erhöhen, wenn das Verschulden schwerwiegender ist und umgekehrt die Ersatzsumme herabzusetzen, wenn geringeres Verschulden vorliegt.

Die ägyptische Rechtsprechung ist sich durchaus darüber klar, daß eine Entschädigungsleistung einen nun einmal erlittenen moralisch-seelischen Schaden nicht einfach auszulöschen vermag. Aber Sinn und Zweck des Schmerzensgeldes als eine Form des Schadensersatzes besteht ja darin, es dem Geschädigten zu ermöglichen, für den erlittenen Schaden einen Ersatz — ein Äquivalent zu finden. Sollte der Verlust nicht wettzumachen sein, so wird dadurch auf der anderen Seite dennoch ein Ausgleich geschaffen, der die erlittene Unbill in etwa gutzumachen geeignet ist. Man unterstellt dort, daß mittels einer Entschädigung das verletzte Ansehen oder die Ehre eines Menschen wiederhergestellt werden kann, wenn man darüber hinaus noch das betreffende Gerichtsurteil veröffentlicht. So entschied ein Berufungsgericht, daß „die Veröffentlichung des Urteilstenors in den Zeitungen eine ausreichende Entschädigung für einen durch unbegründeten Wechselprotest verursachten moralischen Schaden darstelle..." (Bezug: Art. 171 ZGB).

Die ägyptische Rechtsprechung wacht darüber, daß die Zubilligung von Schmerzensgeld nicht in persönliche Bereicherung oder gar Ausbeutung eines anderen ausartet.

Grundsätzlich ist nur derjenige anspruchsberechtigt, welcher den moralisch-seelischen Schaden selbst erlitten hat. Resultiert dieser moralische Schaden aus dem Tode einer Person, unterscheidet man zwischen dem Schaden, den der Verstorbene selbst erlitten hat und dessen Entschädigung infolge seines Ablebens dem Erben zufallen soll und demjenigen Schaden, welchen die Angehörigen des Verstorbenen seelisch erleiden.

Was den Schaden angeht, den der Tote selbst erlitten hat, so ist dieser nicht auf die Erben übertragbar. Schmerzensgeldansprüche gehen also nicht auf die Erben über — es sei denn, es besteht eine besondere vertragliche Vereinbarung hierüber, die durch den Kläger im Wege der Klage geltend gemacht wird. Den Verwandten des anspruchsgeschädigten Verstorbenen bleibt mithin allein ein Anspruch aufgrund eines direkt erlittenen Schadens. Gemäß Art. 222 ZGB kommen als Anspruchsberechtigte nur der überlebende Ehegatte, der Vater oder die Mutter des Toten, die Großeltern väterlicher- und mütterlicherseits, seine Kinder und Enkel, Brüder und Schwestern in Betracht. Das bedeutet indes nicht, daß alle vorgenannten Verwandten in jedem Falle Schadensersatz erhalten müssen. Der Richter vielmehr stellt den eigentlichen Anspruchsberechtigten fest, der durch das Ableben des Geschädigten einen wirklichen Schmerz erlitten hat. Obwohl Art. 222 nun Ansprüche von Todes wegen regelt, bleibt es dem Richter überlassen — meist den Eltern des Geschädigten — nach eingehender Prüfung des Sachverhalts einen Schadensersatz zu gewähren, wenn der Geschädigte bei dem Schadensereignis nicht den Tod gefunden hat. Diese Fälle sind jedoch relativ selten.

Für Schäden im Straßenverkehr besteht als lex specialis das Gesetz Nr. 449 von 1955. Artikel 6 dieses Gesetzes sieht vor: „Nach einem bejahenden Bescheid der zuständigen technischen Überwachungsstelle hat der Antragsteller den Versicherungsschein vorzulegen, der für die Dauer der beantragten Fahrerlaubnis Gültigkeit hat. Der Schein muß von einer in Ägypten ansässigen und geschäftsführenden Versicherungsgesellschaft ausgestellt sein. Die Haftpflichtversicherung muß Personenschäden in unbegrenzter Höhe decken. Es handelt sich um eine private Versicherung von Kraftfahrern zugunsten Dritter, bei welcher Mitfahrer ausgenommen sind". Gleichwohl gibt es auch eine Mitfahrerversicherung.

Weiter sieht Artikel 5 des Gesetzes Nr. 652 von 1955 (obligatorische Haftpflichtversicherung) vor: „Der zu Versichernde verpflichtet sich für die notwendige Deckung der Haftpflicht zu sorgen, die im Falle des Ablebens oder der Körperverletzung einer Person als Folge eines Unfalls, verursacht durch ein versichertes Kraftfahrzeug innerhalb der ägyptischen Republik, fällig wird." Auf die im Artikel 6 des Gesetzes Nr. 449 von 1955 vorgesehenen Fälle wird Bezug genommen. Die Verpflichtung des zu Versichernden besteht darin, die Entschädigung zu leisten, welche durch Gerichtsentscheidung dem Berechtigten zugesprochen wird. Die Klageberechtigung der anspruchstellenden Partei verjährt drei Jahre nach dem Tage des Schadenfalles (Art. 752 ZGB).

Äthiopien

Das äthiopische Recht ist weitgehend dem französischen Rechtsmodell nachkodifiziert worden. Im Zuge dessen wurde der dem französischen Recht ebenfalls geläufige Begriff des Schmerzensgeldes mit in die in der ersten amharischen Amtssprache erschienenen Gesetzesfassung übernommen. Bei der Rückübersetzung in die zweite — englische — Amtssprache wurde er jedoch nicht mehr ausdrücklich genannt. In amharischer Sprache lautet der Terminus für Schmerzensgeld: „Cassa".

Nach geltendem Recht bestehen für immaterielle Schäden, die aus einem Verbrechen oder Vergehen herrühren, sowie bei Schadenszufügungen in Notstandsfällen Ansprüche auf Entschädigungsleistungen in Geld. Im einzelnen bezieht sich das auf die im dortigen „Code Civil Art. 2105—2117" unter „Moral Injury" angezogenen Fälle: körperlicher Zwang, Freiheitsberaubung, Verleumdung, Beeinträchtigung der Rechte eines Ehegatten, Körperverletzung einer Ehefrau (soweit hierdurch die Pflege der ehelichen Gemeinschaft für den Ehemann beeinträchtigt wird), Vergewaltigung oder unzüchtige Handlungen, Kindesentführung und Hausfriedensbruch und schließlich Körperverletzung und Tötung.

Die ärztliche Begutachtung ist für die Höhe des Schmerzensgeldes immerhin so bedeutungsvoll, daß sie seitens des Richters in der Mehrzahl der Fälle eingefordert wird. Außer den medizinischen Gutachten gibt es allerdings für die Bewertung der Schäden keinerlei Hilfsmittel wie Tabellen oder Normen.

Nach der bisherigen Rechtsprechung bleibt die Vermögenslage sowohl des Schädigers als auch des Geschädigten unberücksichtigt; sie spielt bei der Festsetzung des Schmerzengeldes keine Rolle. Eine entsprechende Bestimmung hierüber findet sich im Gesetz ebenfalls nicht.

Der Höchstsatz an Schmerzensgeld beläuft sich laut Gesetz auf Eth. $ 1.000,— (= z. Zt. etwa DM 1590,—).

Als Standardsätze werden
für eine einfache Beleidigung Eth. $ 15,—,
für einfachen Körperschaden Eth. $ 50,—
zugesprochen. Die gleiche Summe muß aber außer an den Berechtigten ebenfalls an die Gerichtskasse zugunsten des Staates abgeführt werden. Hinzu kommt noch, daß Sonderabgaben (ähnlich wie bei uns die Buße) auch für wohltätige Zwecke und Vereinigungen auferlegt werden können.

Eine gesetzliche Pflichthaftpflichtversicherung besteht in Äthiopien nicht. Im Hinblick auf einen möglicherweise bestehenden Versicherungsschutz bestimmt der äthiopische Code Civil jedoch ausdrücklich, daß die Ansprüche des Geschädigten dadurch keinerlei Beeinflussung erfahren dürfen.

Man muß berücksichtigen, daß die eigentliche Schaffung der dortigen Rechtsordnung erst in jüngster Zeit erfolgte. Allein die — wenn auch ein wenig tastende — Behandlung des Schmerzensgeldproblems zeigt im Vergleich zu manchen Staaten mit größerer und achtungsgebietender Rechtstradition verheißungsvolle Ansätze zur Meisterung zeitnaher Gegenwartsprobleme.

Algerien

Zur Zeit bestehen in Algerien noch zwei Rechtsgebiete nebeneinander: in dem einen — vorwiegend Algier, Stadt und Bezirk — gilt noch aufgrund eines Überleitungsgesetzes vom 31. 12. 1962 das französische Recht, allerdings nur insoweit, als es nicht die algerische Souveränität und den „sozialistischen Neuaufbau" des Landes beeinträchtigt. Der Komplex des Schmerzensgeldanspruches fällt indessen nicht unter diese Einschränkungen. In dem anderen Rechtsgebiet — in vorbehaltenen Reservaten — ist das muselmanische Recht in Kraft. Das letztgenannte kennt mit Ausnahme des Verlöbnisbruches keinerlei Tatbestände, aufgrund deren irgendwelche Ansprüche auf Zahlung von Schmerzensgeld geltendgemacht werden könnten.

Die sich auf französisches Recht stützenden Schmerzensgeldforderungen werden aus Art. 1382 ff. Code Civile hergeleitet. Es handelt sich dabei um Fälle von unerlaubten Handlungen, Vertragsbruch und bestimmte öffentlichrechtliche Tatbestände, welch letztere hinsichtlich ihrer rechtlichen Behandlung jedoch noch stark in der Entwicklung begriffen sind. Das Unfallversicherungsrecht kennt keinen Schmerzensgeldanspruch.

Die medizinischen Sachverständigen werden vom Gericht bestellt; ihre Gutachten sind im Zuge der Urteilsfindung von Amts wegen beachtlich. Sie befassen sich mit dem Grad der Invalidität, ausgedrückt in Prozenten, sowie mit dem eigentlichen Schaden, der je nach Lage der Dinge im Hinblick auf den angemeldeten Schmerzensgeldanspruch als „leicht" („leger" bzw. „faible"), „mittel" („moyen") oder „bedeutend" („important") charakterisiert wird.

Differenziert wird bei der Bewertung der Schäden noch zwischen „Dauerschäden" („préjudice permanent") und „vorübergehenden Schäden" („préjudice temporaire").

Bei Dauerschäden ist der Schmerzensgeldbetrag grundsätzlich in der für die erlittene Invalidität ersatzweise zugesprochenen Entschädigungssumme enthalten.

Bei rein formellen Verstößen gegen gewisse Rechsgüter (z. B. die Ehre) wird in Ermangelung einer nachweisbaren seelischen Schadensfolge jeweils der symbolische Betrag in Höhe von NF 1,— zugesprochen.

Tabellen und ähnliche Normen fehlen gänzlich. Seitens der Gerichte sind indessen Bestrebungen im Gange, die Rechtsprechung innerhalb des Schmerzensgeldsektors möglichst auf einen einheitlichen Nenner zu bringen. So existieren bereits inoffizielle Maßstäbe, an welche sich die Gerichtshöfe allgemein zu halten pflegen. Die Richterschaft im einzelnen allerdings zeigt sich jeglichem Gedanken einer „Reglementierung" des Schmerzensgeldkomplexes schon deswegen von vornherein feindlich, weil sie ihr freies richterliches Ermessen unangetastet wissen will. Als Hilfsmittel für die Ermittlung von Schmerzensgeldbeträgen bedient man sich vor allem desjenigen Systems, welches die Arbeitsunfallversicherungen bei der Festsetzung von Invaliditätsgraden in Anwendung bringen. Im übrigen muß — wie es die Prozeßordnungen fast überall vorschreiben — eine bestimmte Summe als Schmerzensgeld in der Klageschrift bezeichnet und beantragt sein.

Die algerisch-französische Judikatur spricht in der Regel einem in mittleren Jahren stehenden Geschädigten pro Invaliditätsgrad (oder „Punkt") ca. NF. 1.000,— bis NF. 1.200,— (= rund DM 800,— bis DM 950,—) zu — Ein junges Mädchen erhielt für den Verlust eines Beines NF. 8.000,— Schmerzensgeld zugebilligt. Ferner bekam ein Geschädigter für den Verlust eines Zahnes NF 200,— zuerkannt und das Verabreichen einer Ohrfeige brachte dem Schädiger eine Schmerzensgeldauflage von NF 60,— ein.

Bei der Festsetzung des Schmerzensgeldbetrages spricht nicht so sehr die Vermögenslage des Geschädigten als vielmehr die soziale Stellung mit (die natürlich in den weitaus meisten Fällen damit zusammenhängt). Somit wird die Gesichtsentstellung eines hochgestellten Beamten ungleich höher in Ansatz gebracht, als derselbe Schaden bei einem Arbeiter, auch dann, wenn der Beamte durch eben diesen Schaden weder in seiner Laufbahn noch in seinen Gehaltsbezügen benachteiligt ist. Im gegebenen Falle wird durch die Zuerkennung von Schmerzensgeld nicht einer versteckten wirtschaftlichen Schlechterstellung Rechnung getragen, sondern gerade der speziellen Minderung der Lebensfreude eines exponierten, dem Publikumsverkehr ausgesetzten Menschen. Die dortige Fachsprache bezeichnet diesen bemerkenswerten Umstand mit dem Terminus „gêne fonctionelle".

Was schließlich die Lage des Schädigers und dessen Einfluß auf die Festsetzung des Schmerzensgeldbetrages betrifft, so erhellt aus der gerichtlichen Praxis, daß die Richter geneigt sind, einem gutsituierten Schädiger eine höhere Schmerzensgeldzahlung aufzubürden als einem schlechtergestellten. Eine Begründung für diese Übung findet sich in der Rechtslehre allerdings nicht; sie wird allein unter dem Gesichtspunkt der freien richterlichen Ermessensgewalt in etwa gerechtfertigt. Inzwischen sind die Dinge soweit gediehen, daß es in der neuen Demokratischen Volksstaatlichen Republik Algerien zu einer totalen Abwanderung der europäischen Juristen gekommen ist. Die Folge ist ein Darniederliegen der gesamten Rechtspflege. Nur zögernd erfolgt eine Neubesetzung der Justizämter und nur schleppend kommt die Arbeit der Gerichte wieder in Gang. Ein „Code Civil Musulman" ist in Vorbereitung.

Argentinien

Im argentinischen Recht findet sich bisher noch keine Fachbezeichnung, die unserer Vorstellung vom Schmerzensgeldbegriff dem Sinn und Ausdruck nach entspricht. Dennoch gibt es einen Anspruch, der in etwa dem nahekommt, was wir unter Schmerzensgeld verstehen. In jüngster Zeit hat die Rechtsprechung Argentiniens diesem Komplex offenbar mehr Aufmerksamkeit gewidmet und sich den betreffenden Anspruchstellern gegenüber großzügiger verhalten.

Der allgemein gebräuchliche Ausdruck „danos y perjuicies" umfaßt alle Schadensersatzansprüche (d. h. Ersatzansprüche aufgrund materieller Schäden im engeren Sinne). In Literatur und Wissenschaft fand sich allerdings daneben noch der Terminus „precio del dolor". Da aber die spanischen Wörter „agravio moral" — Bestandteil der dortigen Rechtssprache — als Fachbezeichnung gebraucht werden, die dem deutschen Begriff „Schmerzensgeld" nahezu identisch sind, mag man unterstellen, daß die zuvor beobachteten Differenzierungen zwischen „danos y perjuicios" (materielle Schäden) und „agravio moral" (ideelle Schäden) dahin tendieren, zu einem fast echten Schmerzensgeldanspruch zusammenzuwachsen.

Begünstigt wurde die Herauskristallisierung des Schmerzensgeldanspruches — und damit auch des Schmerzensgeldbegriffs — durch die am 1. 7. 1968 in Kraft getretene Novelle zum argentinischen Còdigo Civil, dem Gesetz Nr. 17711, das den Text des Art. 1078 abänderte. Dadurch hat die bisher einengende Voraussetzung für die Geltendmachung entsprechender Ansprüche eine erhebliche Erweiterung erfahren. Vor dem 1. 7. 1968 mußte eine im argentinischen Strafgesetzbuch mit Strafe bedrohte Handlung zugleich mit der ersatzpflichtigen Schädigung begangen sein. Ebenso war erforderlich, daß eine aufgrund dieses Tatbestandes rechtskräftig ausgesprochene Verurteilung vorlag.

Die Neufassung des Art. 1078 lautet nunmehr wie folgt:

„Die Verpflichtung, den durch rechtswidrige Handlung verursachten Schaden zu regulieren, umfaßt — außer den Ersatz von Verlusten und Zinsen — auch den dem Geschädigten zugefügten seelischen Schaden. Der Anspruch auf Entschädigung für den seelischen Schaden steht nur dem direkt Geschädigten zu; falls die Tat den Tod des Geschädigten verursacht haben sollte, geht der Anspruch nur auf seinen Pflichterben über".

Der Gesetzestext läßt erkennen, daß der Anspruch auf Entschädigung für einen erlittenen seelischen Schaden (d. h. immateriellen Schaden) nicht unbedingt mit einer begangenen strafbaren Handlung zusammenfallen muß. Die Ansprüche können sich jetzt durchaus auf „rechtswidrige Handlungen" — z. B. Unfälle und dergleichen — stützen.

Bis zum Erlaß der Novelle war die Bemessung der Schmerzensgeldhöhe dem Ermessen des Richters anheimgestellt, der diese mehr oder minder willkürlich bestimmte. Dabei liefen die richterlichen Bestrebungen in vielen Fällen darauf hinaus, die zuzusprechenden Entschädigungsbeträge möglichst niedrig zu halten, ungeachtet der dort herrschenden inflationistischen Tendenzen. Die heutige Rechtsprechung indessen rückte von diesen Gepflogenheiten ab. Ihre Entscheidungen tragen der Geldentwertung weitgehend Rechnung, indem sie neben der Verzinsung expressis verbis anerkannt wird, und zwar sowohl hinsichtlich der materiellen als auch der immateriellen Schadensnatur.

Ein kürzlich entschiedener Fall mag hier als Beispiel dienen:

Bei einem im Juli 1964 sich ereignenden Unfall auf der Eisenbahn kam eine Person zu Schaden. Infolge der dadurch erlittenen Verletzungen an einem Bein, welche die Gehfähigkeit behinderte und die Arbeitsfähigkeit erheblich minderte, setzte das Gericht unter Einbeziehung aller Einzelaufwendungen wie Arzneikosten, ärztliches Honorar, Ersatz für unbrauchbare Kleidungsstücke und als Entgelt für Arbeitsausfall (als Gesamtschaden für die Verminderung der Erwerbsfähigkeit) die Schadensersatzsumme von 500 000,— Pesos fest. Zusätzlich erhielt der Geschädigte für „dano moral" — an Schmerzensgeld also — 50 000,— Pesos zugesprochen. Da das Urteil aber erst im Jahre 1969 erging, erhöhte sich der zuerkannte Betrag schließlich im Hinblick auf die Geldentwertung auf 1 000 000,— Pesos, welche auch für die Errechnung der zu zahlenden Zinsen zugrunde gelegt wurden (etwa 14 % jährlich). Nach dem im Jahre 1969 gehandelten Kurs würden sich die zugeschlagenen Zinsen auf etwa 10 500,— Pesos belaufen. Alles in allem keine geringe Summe (entnommen: „La Ley" vom 5. 6. 1970, S. 10, Urteil der Bundesberufungskammer für Zivil- u. Handelssachen vom 28. 10. 69 in Sachen Pereyra, Osvaldo ./. Empresa de Ferrocarriles del Estado Argentino).

Unlängst wurde in Argentinien die gesetzliche Haftpflichtversicherung eingeführt. Darunter fällt auch die Versicherung von Zuschauern in Fußballstadien — sehr wahrscheinlich eine Konsequenz des tragischen Unglücks im Stadion „River Plate". Weiter erstreckt sich die Haftpflichtversicherung auf das Transportverkehrswesen.

Es ist anzunehmen, daß dieser begrüßenswerte Wandel, welcher sich in der argentinischen Rechtsprechung anbahnt, ebenfalls eine Aufwertung der ärztlichen Begutachtung mit sich bringt. Dieser kam bisher nur untergeordnete Bedeutung zu. Noch liegt die Bemessung des Schadensbetrages ausschließlich in der Hand des Richters. Tabellen, Normen oder sonstige Hilfsmittel für die ideelle Schadensbewertung sind lediglich auf dem Sektor des Arbeitsrechts (für Arbeitsunfälle) in Gebrauch.

Für die bis zum Erlaß der Novelle vom 1. 7. 1968 gebräuchlichen Größenordnungen des Schmerzensgeldes innerhalb der argentinischen Rechtsprechung seien folgende Beispiele angeführt (entnommen der

„Jurisprudencia Argentina“, 1949 — IV — 220/1955 — III — roo, „La Ley“ v. 27. 4. 59):

— Tötung der Ehefrau durch den Ehemann; der materielle und ideelle Schaden sind zusammen mit 17.500,— arg. Pesos bewertet worden. Jedem der Kinder sind zum Ausgleich für den ideellen Schaden 3.500,— arg. Pesos zugesprochen worden.

— Tötung eines Ingenieurs (Alter 44 Jahre); in diesem Falle wurde der materielle Schaden mit 300.000,— arg. Pesos, der ideelle Schaden mit 30.000,— arg. Pesos beziffert.

— Tötung einer 65jährigen Person durch Unfall auf der Straße; die zuerkannte Summe von 50.000,— arg. Pesos schließt den materiellen und ideellen Schaden — ohne zu differenzieren — ein. Ebenfalls eingeschlossen sind die Kosten der Beerdigung.

— Für beleidigende Äußerungen: Fälschliche Bezichtigung des Ehebruchs, die später zurückgenommen wurde, war mit Rücksicht auf die innerhalb der Familie verursachten Konsequenzen (Einbuße der Autorität und Erschütterung der familiären Bindungen) beiden Eheleuten zusammen Schmerzensgeld von 20.000,— arg. Pesos zuerkannt.

— Für die durch einen Verkehrsunfall erlittenen Verletzungen sprach man ein Schmerzensgeld von 8.500,— arg. Pesos zu („La Ley“ v. 5. 3. 1959).

Anm.: z. Zt. entspricht 1 arg. Peso dem Wert von 0,05 DM.

Die gesetzliche Haftpflichtversicherung ist jetzt in Argentinien eingeführt worden. Zuvor wurden die Haftpflichtversicherungsverträge für Kraftfahrzeughalter und Fahrer auf freiwilliger Basis mit den Versicherungsgesellschaften abgeschlossen. Die Vermögenslage des Schädigers genießt von Amts wegen Beachtung — eine Konsequenz des Umstandes, daß die Folgen der Tat bisher generell mit Hilfe einer Bewertung der materiellen Schäden erfaßt wurden. Aber auch die unbestreitbar fortschrittliche Haltung der argentinischen Rechtsprechung wird jedoch nicht um eine exakte ärztliche Begutachtung und Aufschlüsselung in zeitlich abgegrenzten Prozentsätzen herumkommen können.

Australien

Es besteht dort ein dem englischen Recht angeglichener Schmerzensgeldanspruch („compensation for pain and suffering“). Der Anspruch ist rein persönlich und überlebt nicht den Verletzten.

Rechtlich wird dort das Schmerzensgeld als eine Art der Entschädigung für unerlaubte Handlungen („torts“, „civil wrongs“) angesehen.

Es handelt sich dabei um Verletzung der Person („personal injuries"), bei der Schaden („damage") entstanden oder Verletzung erlitten worden ist, welche die betreffende Person zu „damages" (Pluralform) oder „Schadensersatz" berechtigt. Der Terminus „damages" ist dabei als „pecuniary compensation" oder „Geldentschädigung" definiert worden, die der Verletzte von dem Schädiger für den erlittenen persönlichen Schaden verlangen kann.

Zusammengefaßt werden unter Schmerzensgeldanspruch körperliche und seelische Schmerzen, Entstellung, ja, sogar Sorgen und Angstzustände angesichts eines zukünftigen Leidens verstanden.

Der Schmerzensgeldanspruch ist jedoch „ein Anspruch für sich selbst". Einen Anspruch eigener Art zieht jedoch die Minderung der Lebensfreude (= loss of the pleasure of the amenities of life) nach sich.

Dasselbe trifft auch im Falle der Anspruchsanmeldung wegen einer voraussichtlichen Kürzung der Lebensdauer zu (loss of expectation of life).

Obwohl nun Ansprüche aufgrund erlittenen Schrecks (= nervous shock and neurosis) oft für sich selbst geltend gemacht werden, behandelt man den „nervous shock", der häufig eine Verletzung begleitet, als Teil des Schmerzensgeldes.

Nicht hingegen wird der auf „nervous shock" gestützte Anspruch anerkannt, wenn eine physische Verletzung dabei nicht erlitten worden ist.

(Z. B.: eine Person erleidet dadurch einen Schock, daß sie mit ansieht, wie ein Dritter durch einen Autounfall verletzt wird).

Anders hingegen, wenn durch den Schreck Folgen ausgelöst werden, die körperliche Schädigungen hervorrufen (z. B. vorzeitige Beendigung der Schwangerschaft). Dann ist die Anspruchsgrundlage für „nervous shock" gegeben, wie gesagt, oft als Teil des Schmerzensgeldes anerkannt.

Diese Handhabung trifft auch für die absichtliche Herbeiführung eines Schreckens zu.

Das rechtliche Prinzip hat Lord PORTER in folgender grundsätzlicher Erklärung ausgedrückt: „Shock caused by deliberate action affords a valid ground of claim".

Ferner setzt die Anmeldung von Schadensersatzansprüchen voraus, daß sie in allen Fällen auf dem „common law" beruhen. Wenn dagegen Ansprüche aufgrund einer Berufsverletzung entstanden sind, kann ein Schmerzensgeld nur verlangt werden, falls der Verletzte sich entschieden hat, seinen Anspruch auf das „common law" und nicht auf die eigens für diese Zwecke geschaffene „Workman's Compensation"-Gesetzgebung zu stützen.

Letztere hat die Aufgabe, den Verletzten vor den Folgen eventueller Arbeitsunfähigkeit zu schützen. Die Entschädigung besteht darin, daß der

Verdienst des Geschädigten keine Unterbrechung erfährt. Die Verdiensthöhe richtet sich jeweils nach dem Verhältnis der Arbeitsunfähigkeit (ausgedrückt in Prozenten).

Für den Verlust von Gliedmaßen oder anderen Körperteilen beziehungsweise für die Beeinträchtigung des Gebrauchs dieser Körperteile ist die Entschädigung in gesetzlich genannten Tabellen festgelegt.

In allen diesen Fällen ist die Zubilligung von Schmerzensgeld grundsätzlich versagt, da alle Anspruchsgründe in der Entschädigungsnorm der Tabelle mit einbezogen sind.

Für die Bemessung des Schmerzensgeldes existieren keine Tabellen, Normen oder sonstige Hilfsmittel. Das Gericht setzt den Betrag nach eigenem Ermessen fest, wobei es ggf. sich der Entscheidung anderer Gerichte oder eines höheren Gerichtes anschließt. Freies Ermessen bedeutet nach der dortigen Überzeugung nicht willkürlich.

Für die Festsetzung bedarf es daher einer eingehenden Begründung, welche ins Urteil aufzunehmen ist.

Das rechtsethische Prinzip, von dem sich das Gericht leiten lassen soll, besteht darin, daß der Schmerzensgeldbetrag „reasonable" sein soll. Auszahlungen in Form einer Pension oder Rente kommen nicht in Betracht; diese geschehen stets in einer Summe.

Die Vermögenslage des Geschädigten spielt bei der Festsetzung des Schmerzensgeldes eine Rolle, nicht aber diejenige des Schädigers. Selbstredend könnte die Vollstreckung eines auf Schmerzensgeld erkennenden Urteils in der Praxis illusorisch werden, wenn die zuerkannte Summe über die Verhältnisse des Schädigers hinausgeht.

Dieser Umstand ist jedoch für die Festsetzung des Betrages ohne Bedeutung. Die Vermögenslage des Geschädigten spielt dagegen eine so wichtige Rolle, weil sie als Grundlage für die Höhe des Schmerzensgeldbetrages angesehen wird.

In diesem Zusammenhang verdient erwähnt zu werden, daß vor Gericht beispielsweise die Tatsache, daß der Schädiger versichert ist, nicht zur Sprache kommen darf, da dann die Jury u. U. dazu neigen könnte, dem Geschädigten eine größere Summe (die die Versicherung zu tragen hätte) zukommen zu lassen.

Das Gericht stützt sich in seinen Entscheidungen grundsätzlich auf ärztliche Gutachten. Die Höhe des Schmerzensgeldes hängt dabei von der Art der Verletzung, der Schwierigkeit der Behandlung, dem Verlauf einer Operation und der Schnelligkeit der Heilung ab, worüber sich die Gutachten im einzelnen äußern müssen.

In Australien besteht ferner die gesetzliche Pflichthaftpflichtversicherung, welche die einzelnen Länder (states) in eigener Zuständigkeit durch Gesetz erlassen haben, zuerst Tasmania (1925).

Eine Registrierung eines Kraftfahrzeuges wird nicht vorgenommen, wenn nicht die Prämienquittung vorgelegt werden kann.

Die Gesetze gehen in ihrer Anwendung generell über die Sphäre der unerlaubten Handlungen (torts) hinaus, soweit Entschädigungsberechnungen in Frage stehen. Es ist daher ohne weiteres möglich, auch die üblichen Ansprüche für „general damages" einschließlich Schmerzensgeld zu verlangen. Für die derzeitige Höhe von Schmerzensgeldern in Australien ist eine Breite zwischen $ 500 bei leichten Verletzungen mit kurzfristiger Arbeitsunfähigkeit, bis zu $ 250 000 bei schwersten Verletzungen, etwa einer dauernden Querschnittslähmung, aus neueren Urteilen zu erkennen.

Belgien

Wie in Frankreich und Luxemburg, so besteht auch in Belgien Anspruch auf Schmerzensgeld in allen Fällen der Körperverletzung (Art. 1382—1386 des Code Civil). Anders als in Luxemburg hingegen bedient sich die dortige Terminologie der dem französischen Sprachgebrauch entlehnten Bezeichnung „dommage moral" und — weniger gebräuchlich — „pretium doloris" für immaterielle Schäden. Eine dem deutschen Ausdruck „Schmerzensgeld" entsprechende Fachbezeichnung gibt es in Belgien nicht.

Der immaterielle Anspruch selbst umfaßt solche Schäden, die

a) durch körperliche Schmerzen,
b) durch seelische Schmerzen,
c) durch Entstellung und
d) durch Minderung der Lebensfreude

bedingt sind.

Die heutige belgische Rechtsprechung beharrt nicht länger auf der vormals für sie verbindlichen Voraussetzung, nach welcher die Arbeitsfähigkeit des Geschädigten gemindert sein mußte, um einen Ersatzanspruch zu bejahen. Ebenso ist sie davon abgerückt, für seelisch-immaterielle Schäden Schmerzensgeldansprüche zu versagen. So hat man sich zu der im Schrifttum von den Autoren seit eh und je vertretenen differenzierenden Auffassung zwischen „materiellen" und „moralischen Schäden" durchgerungen, die beiden Schadensarten eine Berechtigung zur Ersatzleistung zubilligt. So bejaht die heutige belgische Rechtsprechung die Anspruchsberechtigung auf Entschädigungsleistung für seelischen Schaden selbst dann, wenn die Minderung der Erwerbsfähigkeit mit ca. 2 % bis 5 % so gering ist, daß von einer wirklichen Herabsetzung der Arbeitsfähigkeit kaum gesprochen werden kann.

Die bisher übliche Verkopplung von Schmerzensgeldanspruch und geminderter Arbeitsfähigkeit ist heute auch getrennt möglich. Denn neuerdings mehren sich die Fälle, in denen Entschädigungsleistungen für seelische Schäden zugesprochen wurden, obwohl von einer Minderung der Arbeitsfähigkeit gar keine Rede war. Insbesondere trifft dies auf erlittene, sichtbare körperliche Verletzungen zu, z. B. bleibende oder entstellende Narben u. ähnliches. Die Gerichte haben sowohl Männern als auch Frauen beachtliche Entschädigungsleistungen zuerkannt. So das Amtsgericht Dinant in seinem Urteil, veröffentlicht im ‚Bulletin des Assurances' 1964 Seite 302, worin es u. a. ausführt, „daß die zahlreichen Narben auf das Berufsleben des Geschädigten keinen Einfluß ausüben". Trotzdem belief sich die zugesprochene Entschädigungssumme auf 200 000,— belg. frs. Neuere Urteile der Jahre 1979—81 sprachen für „reines" Schmerzensgeld bei leichteren immateriellen Körperschäden von 30 000 BF bis zu 1 Million BF (etwa 1500,— bis 50 000,—DM) zu, bei Gesamtentschädigungen bis zu 5 Millionen BF (ca. 250 000,— DM).

Bei Tod erhalten die nächsten Angehörigen Schmerzensgeld bis zu 150 000 BF (7500,— DM).

Die in ärztlichen Gutachten enthaltenen Aussagen über Schmerzen lauten in der Form wie folgt: „Infolge schwerer Verletzungen sind die Schmerzen, die der Patient vor, während oder nach der Operation erlitten hat, ziemlich oder sehr heftig gewesen ...".

Der Heftigkeitsgrad der Schmerzen wird in der Regel in Superlativen ausgedrückt. Einschränkend darf man dabei von der Voraussetzung ausgehen, daß die bei Gericht als Sachverständige zugelassenen Ärzte sich bei Abfassung ihrer Gutachten über die Schmerzen des Geschädigten größter Objektivität zu befleißigen versuchen.

Getrennte Bewertung des materiellen und des immateriellen Schadens ist in Belgien möglich. Falls eine zusammenfassende Bewertung erfolgt, richtet sich die Entschädigung nach einer Invaliditätstabelle. Die endgültige Schadensbewertung ist fast ausschließlich Ermessenssache des Richters.

Von gewissem Einfluß auf die Festsetzung der Schmerzensgeldhöhe indessen ist der Beruf bzw. die soziale Stellung des Geschädigten, nicht aber die des Schädigers.

Schließlich wäre über die gesetzliche Haftpflichtversicherung für Kraftfahrzeuge noch zu sagen, daß diese in Belgien durch Gesetz („Loi sur l'Assurance obligatoire de la responsabilité civile en matière de véhicules automoteurs") vom 1. Juli 1956 begründet und am 1. Januar 1957 in Kraft gesetzt wurde.

Brasilien

In Brasilien ist ein Schmerzensgeldanspruch unbekannt. Die allgemeine Bezeichnung „indenisaçao de perdas e danos" bezieht sich nur auf den Ersatz tatsächlich entstandener Vermögensschäden. Schmerzensgeldgutachten sind daher gegenstandslos. Anstelle dessen tritt gemäß Artikel 1538 Código civil eine Buße, deren Höhe durch die einschlägigen Bestimmungen des Strafgesetzbuches festgelegt ist. So ist im Falle der Entstellung des Opfers beispielsweise eine doppelte Buße vorgesehen. Eine heiratsfähige, entstellte Frau wiederum ist für den Verlust ihrer Heiratschancen mit einer Ausstattung zu entschädigen.

Ab 1. Januar 1968 besteht in Brasilien die gesetzliche Haftpflichtversicherung. Zunächst umfaßte sie Personen- und Sachschäden. Mit dem sogen. „Dekret-Gesetz Nr. 814" vom 4. 9. 1969, welches am 1. 10. 1969 in Kraft trat, wurde der Umfang der obligatorischen Haftpflichtversicherung wieder auf reine Personenschäden beschränkt. Laut Dekret-Gesetz Nr. 814 hat die Versicherung im Falle eines Todes oder bei dauernder Invalidität einer Person infolge Autounfalls bis höchstens 10 000,— Cruzeiros (ca. DM 8000,—) und bei sonstigen Verletzungen bis zu 2000,— Cruzeiros zu zahlen.

Bulgarien

Anspruch auf Ersatz von Nichtvermögensschäden ist nach den Artikeln 45 bis 52 des Gesetzes über „Schuldverhältnisse und Verträge" (bei Kraftfahrzeugunfällen ist die „Ordnung" von 1978 maßgeblich, einklagbar bei Gericht oder einer staatlich eingesetzten Verwaltungskommission) im Verschuldensfalle möglich, jedoch nicht bei leichteren Körperverletzungen.

Die Gerichte entscheiden in freiem Ermessen. Die bisher zugesprochenen Beträge liegen zwischen 1000 und 10 000 Lew (etwa 2500 bis 25 000 DM). Anspruch auf Schmerzensgeld bei Tötung eines nahen Angehörigen besteht.

Diese Handhabung läßt ein ernsthaftes Bemühen um die Probleme der Entschädigung immaterieller Körperschäden erkennen. Die Ausklammerung sogenannter „leichter Körperschäden" (die in der BRD in gewissem Rahmen, nämlich bei Bagatellverletzungen, auch im Gespräch ist), erscheint allerdings bedenklich, wenn man die Relation der zugesprochenen Beträge untersucht. Der für bulgarische Zusprechungsgeflogenheiten recht hohe Mindestsatz, läßt im statistischen Vergleich den Schluß zu, daß etwa die Hälfte bis Dreiviertel aller Schadensfälle von einer Entschädigung ausgenommen sind.

Dänemark

In Dänemark besteht Schmerzensgeldanspruch nicht nur in den Fällen, in denen ein strafrechtliches Verschulden gleichzeitig festgestellt wird. Das

Einführungsgesetz zum Strafgesetzbuch (EGStGB) Nr. 127 vom 15. 4. 1930 enthält im § 15 Abs. 1 ganz allgemein die Bestimmung, daß der Schadensersatzpflichtige neben dem wirtschaftlichen Schaden auch zur Zahlung einer Entschädigung für den dem Verletzten zugefügten immateriellen Schaden verurteilt werden kann.

Weitaus größere Bedeutung kommt jedoch der (neuen) Verkehrsordnung zu (Gesetz Nr. 153 vom 24. 5. 1955), in welcher in § 65 Abs. 4 ebenfalls der Schmerzensgeldanspruch verankert ist, und zwar unabhängig von der Feststellung eines strafrechtlichen Verschuldens.

Ärztliche Gutachten werden in Form von Attesten abgegeben, in denen die Dauer der Bettlägerigkeit oder der Arbeitsunfähigkeit (ohne Bettlägerigkeit) bescheinigt wird. Die gerichtliche Praxis billigt dann pro Tag und Bettlägerigkeit 100,— Dän. Kronen (etwa DM 28,—) und pro Tag Arbeitsunfähigkeit (ohne Bettlägerigkeit) 50,— Dän. Kronen (DM 14,—) zu. In Anbetracht der auch dort herrschenden inflationistischen Tendenzen werden die Sätze gleitend gehalten.

Die Größenordnung der üblicherweise zugesprochenen Schmerzensgelder bewegt sich in Höhe bis zu 25 000 Dän. Kronen.

Die Vermögenslage des Geschädigten und auch des Schädigers ist unmaßgeblich.

Eine gesetzliche Haftpflichtversicherung gibt es in Dänemark immerhin (§ 65 des dänischen Verkehrsgesetzes vom 29. 4. 1955).

Die schematisierende Handhabung des Schmerzensgeldanspruches läßt darauf schließen, daß man dort bisher keinerlei Veranlassung zu sehen glaubt, sich um eine gerechte und angemessene Abwicklung der immateriellen Schäden zu bemühen. Das würde bedeuten, daß es noch intensiver Anstrengungen bedarf, um zu einem brauchbaren Verfahren zu gelangen.

Finnland

Wie in den nordischen Staaten, so zeichnet sich auch in Finnland der Schmerzensgeldanspruch in erster Linie durch seinen Strafcharakter aus. Geregelt wird er daher im Strafgesetzbuch von 1889, Kap. 9 § 2 Abs. 3, im Zusammenhang mit der Schadensersatzpflicht in Strafprozeßfällen.

Inzwischen aber hat er sich auch im Zivilrecht weitgehend durchgesetzt.

Die finnische Bezeichnung für Schmerzensgeld lautet: „korvaus kivusta ja särystä".

Die Schmerzensgeldsumme wird durch den Richter in freier Ermessensentscheidung festgesetzt. Die ärztliche Begutachtung spielt dabei keine wesentliche Rolle. Lediglich, wenn es um die Feststellung eines körperlichen

Schadens geht, räumt man ihr entsprechende Bedeutung ein. Die Vermögensverhältnisse der Beteiligten bleiben offiziell unbeachtet. In der Praxis hingegen wird die Vermögenslage des Schädigers aufmerksam geprüft und in Ansatz gebracht.

Unter dem Schmerzensgeldanspruch werden körperliche Gebrechen und beständig anhaltende Leiden sowie schließlich solche Schäden subsumiert, die durch Vergewaltigung, Verlust der Freiheit und dergleichen Akte mehr verursacht worden sind.

Der Höchstsatz an Schmerzensgeld, welcher zur Auszahlung gelangte, belief sich auf Finnmark 400 000,— (heute ca. 184 000,— DM).

Die Einteilung nach Schweregraden wurde auf die Initiative der Versicherungen hin vorgenommen und spielt eine gewisse Rolle im außergerichtlichen Vergleich (Normenkatalog). Der Verletzte reicht dabei eine entsprechende Bescheinigung bei der Versicherung ein, welche dann vom Versicherungsarzt gradmäßig klassifiziert wird. Danach erfolgt die Bezahlung.

Das jetzt in Geltung befindliche Verkehrsversicherungsgesetz sieht auch eine Erfüllung von Schmerzensgeldansprüchen vor. Einen Höchstsatz für Schmerzensgeldbemessung gibt es jedoch grundsätzlich nicht. Der Verletzte hat zwar das Recht, seinen Schmerzensgeldanspruch über die von den Versicherungsgesellschaften zugebilligten Höchstbeträge hinaus anzumelden. Er muß dieses jedoch über den Weg der Klage durchsetzen.

Es ist verwunderlich, daß das Gesetz in Finnland die Berücksichtigung der Vermögenslage beider Parteien ausschließt, während in der Praxis die Vermögenslage des Schädigers erhebliche Bedeutung hat. Ebenso ist es von Bedeutung, daß eine Haftpflichtversicherung vorliegt. In anderen Ländern — beispielsweise in den USA — darf eine solche Tatsache nicht einmal erwähnt werden.

Frankreich

Der Hang des Franzosen zur Individualität ist sprichwörtlich. Diese Regel wird allerdings nicht ohne Ausnahme sein, doch steht es jedenfalls fest, daß kaum ein anderes Land der Welt in seinem Geistesleben einen derart ausgeprägten Sinn für das Individuelle zu entwickeln vermochte wie gerade die französische Nation.

Hier findet sich jene subtile Reaktionsbereitschaft, von der schon an anderer Stelle dieses Buches die Rede war (siehe historische Übersicht); jenes hochentwickelte Vermögen also, das nicht unbedingt identisch mit Verweichlichung oder Dekadenz zu sein braucht, das aber als anspruchsvolle Realität vom Staate erwartet, sich ihm in normativer Hinsicht anzupassen. So geben die Aufmerksamkeit und die Bedeutung, welche eine moderne Staatsordnung dem Schmerzensgeldproblem beizumessen bereit ist, einen Gradmesser par excellence dafür ab, wie es mit der Achtung eben dieses Staates gegenüber dem ihm zugehörigen Einzelmenschen tatsächlich bestellt ist. Die gegenwärtige französische Rechtsordnung ging aus einer fast glücklich zu nennenden Verbindung altüberkommener Rechtssätze — den „droits anciens" — mit den bahnbrechenden, zukunftsträchtigen Prinzipien der großen Revolution hervor. Neben der Aufhebung aller Standesprivilegien wurde die Gleichheit vor dem Gesetz proklamiert und u. a. die Vertragsfreiheit geboren.

Im Zuge dessen stehen wir heute einer ausgefeilten Problematik des Schmerzensgeldes gegenüber. Wenn hier von „Problematik" die Rede ist, so handelt es sich bei deren Gegenstand nicht um einen solchen rechtspolitischer oder gesetzestechnischer Natur. Gedacht ist primär an diejenige Problematik, welche sich im Laufe der Zeit konform mit der Gesetzesinterpretation der Kommentatoren und Richter herausgebildet hat. Auf den einfachen Nenner gebracht, käme dabei die alte Erfahrungstatsache zum Vorschein, daß das beste Gesetz nur das wert ist, was die Juristen als Organe der Exekutive und Interpreten seines Textes aus ihm machen resp. herausholen. Erinnert sich der Eingeweihte in diesem Zusammenhang noch der alten Binsenwahrheit — „soviele Juristen, soviele Meinungen" — so braucht die Feststellung, daß in Frankreich die verschiedenen oberen Gerichte hinsichtlich der Bemessung des Schmerzensgeldes sehr verschiedene Auffassungen vertreten, nicht unbedingt als Negativum gewertet werden. Bedenklich stimmen könnte hingegen die Tatasche, daß im Hinblick auf die Voraussetzungen für die Gewähr eines „pretium doloris" — eines Schmerzensgeldes — die Rechtsprechung der Verwaltungsgerichte von der der ordentlichen Gerichte abweicht.

Für die Verwaltungsgerichte stellt der Schmerz nur dann einen echten Schadensgrund dar, wenn dieser „das Wesensmerkmal außergewöhnlicher Schwere" aufgewiesen hat (Cons. d'Etat, 22 déc. 1954 — S. 685). Die ordentlichen Gerichte machen dagegen in dieser Hinsicht keinen Unterschied und erkennen selbst dann ein Schmerzensgeld an, wenn der Schmerz leichter Natur gewesen ist. — Durch eine Gesetzesänderung vom 31. 12. 57 wurde den Verwaltungsgerichten ihr bis dahin wachsender Einfluß entzogen. Sie sind von da ab nur für ganz wenige Haftpflichtfälle zuständig. Überhaupt hat die Zuständigkeitsfrage an Bedeutung verloren, nachdem sich der Verwaltungsgerichtshof (Conseil d'Etat) in einem Urteil vom 24. 11. 61 generell der Rechtsprechung des Kassationshofes in Zivilsachen angeschlossen hat (Max le Roy[84]).

[84] Le ROY, M., „L'évaluation du préjudice corporel", Paris, 1966, Libr. Techn. Nr. 161, S. 103—104.

Nun aber zum Schmerzensgeldanspruch selbst:

Als Folge des immateriell-moralischen Schadens hat er unter dem Terminus „dommage moral“ (meist im Plural: „dommages morals“) seine gesetzliche Verankerung in den Art. 1382 bis 1385 des Code Civil gefunden. Der eigentliche terminus technicus, für den ein rein französisches Wort nicht existiert, lautet „pretium doloris“. — Geltend gemacht werden kann er für physische Schmerzen, moralische Leiden, ästhetische Schäden (Entstellungen, Schaden an der Schönheit etc.), Beeinträchtigung der Lebensfreude, der „préjudice d'agrément“. Als Berechtigte können auch Angehörige bei Anmeldung von Ersatzansprüchen Berücksichtigung finden. Von Relevanz sind die Dauer der Arbeitsunfähigkeit, die Schwere der Verletzung sowie die Dauer der Behandlung. Anders als in der Schweiz jedoch nimmt hier die ärztliche Begutachtung einen breiten Raum ein.

Auf solcherart Prinzipien stützt sich eine Art „ständiger Rechtsprechung der Gerichte“, wie man hierzulande das Judizieren nach Gepflogenheiten sinngemäß bezeichnen würde. Indes: Fautes de mieux ersetzen die Gepflogenheiten den Mangel einer bindenden Vorschrift über die Fixierung des Schmerzensgeldes.

Bei der Festsetzung des Schmerzensgeldes spielt in der Tat die finanzielle Lage des Geschädigten oder die des verantwortlichen Schädigers eine gewisse Rolle, obwohl die Berücksichtigung der Vermögenslage der Parteien hinsichtlich ihrer Beachtlichkeit vor Gericht juristisch zumindest sehr umstritten ist. Die Frage der Vermögenslage dürfte sozusagen in der ganzen Schmerzensgeldproblematik ein Problem für sich sein. Denn laut Gesetz soll es eigentlich so gehalten werden, daß die Vermögenslage der Beteiligten unberücksichtigt bleibt. Worum es nämlich geht, ist die Regulierung eines Schadens, der seiner Natur nach nicht materiell, sondern ideell-moralisch (domage moral) bedingt ist. So bleibt z.B. der Umstand, daß ein Schädiger haftpflichtversichert ist, ohne Beachtung. Die Haftpflichtversicherung wurde erst unlängst in Frankreich obligatorisch erklärt. das Recht, die Versicherungsgesellschaft der am Unfall Verantwortlichen un-
Spätestens seit dem Jahre 1930 hat das Opfer eines Verkehrsunfalles jedoch mittelbar zu belangen.

Daß der Richter in eigener Machtvollkommenheit über die Höhe des zu gewährenden Schmerzensgeldes befindet, ist anerkanntes Recht. Trotzdem ist man sich dessen bewußt, daß auf die Mitwirkung des medizinischen Sachverständigen bei der Bezifferung einer Schadenssumme einfach nicht verzichtet werden kann. Es hat also keineswegs sein Bewenden mit der Einholung einer bloßen ärztlichen „Auskunft“ (wie es in der Schweiz geschieht), sondern man will Gewißheit darüber erlangen, ob die Schmerzen von der Heftigkeit und Dauer waren, wie es der Geschädigte vor getragen hat. In der Regel erfolgt hierfür die Ernennung eines Sachverständigen, dem es obliegt, den Umfang der Verletzung festzustellen.

In den ärztlichen Berichten wird zwischen schwachem, mittelmäßigem, bedeutendem und sehr bedeutendem „pretium doloris" differenziert. Tabellen, Schemata oder festgelegte Normen finden allerdings dabei keine Verwendung. Zwecks Klärung besonders gearteter Situationen werden außerdem noch im Bedarfsfalle Spezialisten wie Psychiater und Schönheitsoperateure hinzugezogen.

Der vormals leitende Arzt der Medizinischen Fakultät von Paris, Dr. Jean-Michel THIERRY, hat inzwischen — ähnlich wie bei uns FISCHER und GOLDBACH-FÖRSTER — Gruppeneinteilungen nach Verletzungsarten vorgenommen: die Klassifikation des „Quantum doloris". Veröffentlicht wurde die Einteilung zuerst von dem oben bereits erwähnten Dr. jur. Max le ROY, Richter am Landgericht von Paris; in einer Arbeit „Evaluation du préjudice corporel" („Bewertung des körperlichen Schadens"), erschienen zuerst 1959 (4. Auflage 1966, Seite 66—67).

Max le ROY schreibt darin (II. Kapitel, § 1) u. a.:

„Der Schmerz, der ein wesentliches funktionelles Symptom darstellt, kennt keine Maßeinschränkung, und seine Berechnung kann nur aus den Angaben, den klinischen Erscheinungen und der Inanspruchnahme von schmerzlindernden Mitteln erfolgen. Um ihn darzulegen, müßten zwei grundsätzliche Elemente berücksichtigt werden:

1. die Intensität des Schmerzes,
2. seine Dauer.

Aber andere Faktoren können unter Umständen die Berechnungen ändern:

3. das Alter,
4. die Fehler (*im Originaltext: les tares = Verlust, Abgang, Makel, also wohl vorbestehende Körperschäden*),
5. das psychische Gebiet."

Die (Schmerz-) Gruppeneinteilung nach THIERRY erstreckt sich von Gruppe IV bis O, wobei die Eingruppierung der Schmerzensart entsprechend der abnehmenden Bedeutung erfolgt und nachstehend auszugsweise wiedergegeben wird:

Gruppe IV (sehr bedeutende Schmerzen) umfaßt die Fälle, bei denen der Schmerz infolge seiner Intensität oder seiner ständigen Dauer jede normale soziale Aktivität unmöglich macht.

Gruppe III (erhebliche Schmerzen) umfaßt die Fälle, in denen der ursprüngliche Schmerz sehr intensiv, aber von kurzer Dauer war (weniger als 48 Stunden), oder die Fälle, in denen der weniger bedeutende Schmerz länger als 14 Tage gedauert hat.

Gruppe II (mittlerer oder mäßiger Schmerz) umfaßt die Fälle, in denen die Schmerzen nach ihrer Intensität oder Dauer zu der Arbeitsunfähigkeit beigetragen haben und den Gebrauch schmerzstillender Mittel rechtfertigen.

Gruppe I (geringer Schmerz) umfaßt die Fälle, in denen der Schmerz nur ein sekundäres Symptom darstellt und keine Behandlung an sich erfordert sowie nicht zur Arbeitsunfähigkeit führt.

Gruppe O endlich umfaßt die Fälle, in denen der Schmerz praktisch nicht vorhanden war.

Diese Klassifikation, zu welcher THIERRY noch einen mit obiger Gruppeneinteilung koordinierten Krankheitskatalog liefert, wurde erstellt unter Mitarbeit der Ärzte und Krankenschwestern eines bedeutenden Krankenhauses in der Umgebung von Paris. Es war interessant festzustellen, daß ihre persönlichen Einschätzungen übereinstimmten, obwohl sie sich vorher nicht abgesprochen hatten. Die Schätzungen entsprechen übrigens in ihrer Gesamtheit den gerichtlichen Entscheidungen, die wir hierüber besitzen. — Gegebenenfalls ist es erforderlich — so fährt Max le RÓY unter Bezugnahme auf THIERRY fort —, die Tabellen nach den aetiologischen Bedingungen zu ändern. So muß man — nach Schätzung des Verfassers — den Schmerz um einen Grad vermindern, wenn er bei einem chronischen Alkoholiker oder einem Kind von weniger als 10 Jahren oder bei einem alten Menschen von über 70 Jahren auftritt. Im Gegensatz dazu müsse man ihn (den Schmerzensgrad) erhöhen bei den Hyperthyreoiden und bei solchen Personen, die vegetative Störungen auf vagotonischer Grundlage aufweisen, wobei der aetiologische Faktor zu berücksichtigen sei.

Aus der vorliegenden französischen Fachliteratur ersehen wir demnach, daß sie ein instruktives Beispiel für die Aufgeschlossenheit des französischen Juristen auch für die Probleme des ärztlichen Sachverständigen bei der Schmerzensgeldbegutachtung ist. Aber das Interesse ist nicht nur pragmatischer Natur; noch mehr dürfte es als Emanation einer ebenso latenten wie sublimen Auffassung von den menschlichen Individualwerten angesehen werden, welche wiederum aus der hohen Einschätzung und Beachtung menschlicher Leiden entspringt. So darf es nicht lediglich den inflationistischen Tendenzen zugeschrieben werden, daß sich in Frankreich die Schmerzensgeldsummen in den letzten Jahren zusehends erhöht haben, besonders in den Fällen mittleren Ausmaßes. Auch die Bewußtseinsskala für die nichtmateriellen Werte steigt unverkennbar. Und dieses Bewußtsein ist so sehr ausgeprägt, daß selbst der Schmerz der Trauer von Angehörigen beim Verlust eines nahestehenden Familienmitgliedes ausreicht, um ein Schmerzensgeld zu fordern. Ein derartiges Begehren ist in Deutschland nicht die Regel, wenn auch möglich, falls nachweislich dadurch eine Krankheit ausgelöst wurde. Aus neueren Gerichtsurteilen ist ersichtlich, daß Schmerzensgelder im Einzelfalle aufgeschlüsselt werden in das eigentliche Schmerzensgeld (Pretium doloris), den Entstellungsschaden (Préjudice esthétique) und die entgangene Lebensfreude (Préjudice d'agrément). Dazu kann auch die psychologische Beeinträchtigung in der Berufsausübung als immaterielle Schädigung bewertet werden (préjudice physiologique).

Auf diese Weise sind Schmerzensgeldbeträge bis zu 1 257 000,— F (im Zeitpunkt des Urteils 1980 etwa 553 000,— DM) zugesprochen worden.

Griechenland

Der Anspruch auf Schmerzensgeld ist im Rahmen der unerlaubten Handlungen in den Artikeln 932 und 933 des griechischen Zivilgesetzbuches von 1940 (in Kraft seit 1946) verankert. Diese Artikel entsprechen auch weiterhin den geltenden rechtlichen Gegebenheiten. Vorgesehen sind ferner entsprechende Ansprüche bei widerrechtlicher Beeinträchtigung der Persönlichkeit oder Verletzung der Namensrechte (ZGB Art. 57—59) sowie bei Ehescheidung, falls dieser besonders beleidigende Umstände zugrunde liegen. Die weitaus größte Bedeutung kommt indessen den auf Art. 932 und 933 gestützten Ansprüchen zu. Demnach hat ein Geschädigter Anspruch auf Schmerzensgeld in allen Fällen, in denen eine unerlaubte Handlung vorliegt. Letztere kann nicht nur im ZGB sondern auch in irgendeinem Gesetz vorgesehen sein und entweder auf Verschulden oder aber auf Gefährdungshaftung beruhen. Der Anspruch steht auch dann dem Geschädigten zu, wenn kein Personenschaden, sondern lediglich ein Sach- oder Vermögensschaden vorliegt; vorausgesetzt natürlich, daß ein moralisch-immaterieller Schaden zugleich mitentstanden ist. Bei Vertragsverletzung ist kein Schmerzensgeld vorgesehen.

Die gebräuchliche Fachbezeichnung lautet sinngemäß übersetzt: „Entschädigung wegen moralischen Schadens" oder „Entschädigung wegen seelischen Schmerzes". Der letztgenannte Terminus wird insbesondere dann gebraucht, wenn die Unmittelbarkeit des Schmerzes im Zuge der Begehung der unerlaubten Handlung — namentlich der Straftat! — herausgestellt werden soll. Daneben bedient man sich der Ausdrücke wie „Genugtuung wegen moralischen Schadens" oder „wegen seelischen Schmerzes" oder „Entschädigung oder Genugtuung wegen immateriellen Schadens".

Aus der dortigen Rechtsprechung heraus läßt sich der moralische Schaden jedoch weder klassifizieren noch interpretieren. Es fällt eben alles unter den Schmerzensgeldanspruch, was als moralischer Schaden anzusehen ist: körperliche und seelische Schmerzen, Sorge, Not, Angst, Schreck, Entstellung, Minderung der Lebensfreude usw. Die Festsetzung der Schmerzensgelder durch die Gerichte geschieht völlig im Zeichen der Ermessensfreiheit. So hat die ständige Rechtsprechung sich dort auf den Standpunkt gestellt, daß es bei der Ermittlung der Schmerzensgeldhöhe keiner besonderen Beweiserhebung bedarf, da ja die Festsetzung der betreffenden Summe voll und ganz im freien Ermessen des Gerichts stehe. Hierzu eine gerichtliche Standardbegründung: „In Bezug auf den moralischen Schaden wird keine Beweisaufnahme besonders angeordnet; diese Frage wird vom Gericht auf Grund der ihm vorgelegten Tatsachen, der erbrachten Beweise zum Klagegrund, seiner allgemeinen Kenntnisse und der menschlichen Erfahrung souverän beurteilt. Dabei sind der Umfang der seelischen Schmerzen, der Grad des Verschuldens, die Art und der Umfang des zugefügten Schadens oder der Beleidigung, die finanzielle, familiäre oder gesellschaftliche Lage beider Parteien sowie ein evtl. vorhandenes Mitverschulden des Geschädigten zu berücksichtigen . . ."

Infolgedessen sehen die griechischen Gerichte auch von der Einholung ärztlicher Gutachten ab. Inwieweit ein evtl. bereits erstelltes, vorliegendes medizinisches Gutachten auf die Höhe des noch zuzuerkennenden Schmerzensgeldbetrages Einfluß zu nehmen vermag, hängt ebenfalls von dem freien Ermessen des Gerichts ab. Für die Bewertung der Schäden gibt es weder auf dem privaten noch auf dem staatlichen Sektor Tabellen, Normen oder sonstige Hilfsmittel.

Da keine Sammlungen oder Gegenüberstellungen von Schmerzensgeldurteilen vorhanden sind, ist es nicht möglich, einen Überblick über die tatsächlich zuerkannten Beträge zu gewinnen. Einzelurteile, wie sie aus der Literatur ersichtlich sind, zeigen, daß auch heute noch sehr bescheidene Beträge zugesprochen werden, so bei lebenslänglicher Arbeitsunfähigkeit wegen „moralischer Beeinträchtigung" bis zu 80 000 Drachmen, z. Zt. etwa 2500,— DM (HACKS/RING/BÖHM „Schmerzensgeld-Beträge", 1983).

Griechenland ist inzwischen dem Europäischen Abkommen über die Einführung der obligatorischen Haftpflichtversicherung vom 20. 4. 59 beigetreten und hat durch Gesetz Nr. 4147 vom 17. 2. 61 den Beitritt ratifiziert. Dieses wurde veröffentlicht im Teil A der Regierungszeitung Blatt Nr. 42 vom 17. 3. 61. Gemäß Art. 15 Abs. 2 des Abkommens sollte erst 90 Tage nach Hinterlegung der 4. Ratifikationsurkunde der Beitritt rechtskräftig werden. Innerhalb der folgenden 6 Monate verpflichtete sich Griechenland, die obligatorische Haftpflicht einzuführen.

Laut Mitteilung des griech. Außenministeriums dazu, ist die vierte Ratifikationsurkunde am 24. 6. 69 hinterlegt worden, so daß demnach das

Abkommen für Griechenland am 24. 9. 69 in Kraft trat. Die Sechsmonatsfrist für die Einführung der obligatorischen Haftpflicht wäre also am 24. 3. 1970 abgelaufen.

Der Gesetzestext des Einführungsgesetzes ist nach den jüngsten Meldungen zwar geraume Zeit in Vorbereitung, aber längst nicht vollendet. So bleibt der genaue Termin — obwohl längst überfällig — zur Stunde noch ungewiß.

Für Griechenland gilt das gleiche, was an anderer Stelle über die auf dem Gebiet der Schmerzensgeldgesetzgebung noch in der Frühentwicklung begriffenen Länder gesagt wurde. In diesem Stadium darf man von dort eine Bereicherung unserer Kenntnisse oder neue Anregungen kaum erwarten.

Großbritannien

Es muß vorausgeschickt werden, daß das Vereinigte Königreich von Großbritannien und Nordirland kein einheitliches Rechtsgebiet darstellt. In England bildet das im wesentlichen gewohnheitsrechtlich entwickelte „common law" die Grundlage der rechtlichen Ordnung. Es wird ergänzt durch das vom 14. bis zum 19. Jahrhundert ausgebildete Billigkeitsrecht („equity"). Beide Systeme resultieren aus einer ununterbrochenen Kette gerichtlicher Entscheidungen.

Auch die Schadensersatzpflicht beruht nicht auf einer gesetzlichen Bestimmung („statute law"), sondern auf dem „common law", auf der Rechtsprechung also, wie sie sich in Jahrhunderten entwickelt hat.

Es gibt in England einen Schadensersatz für Schäden, die durch unerlaubte Handlungen verursacht worden sind. Hierzu zählen nicht nur die dem Geschädigten tatsächlich erwachsenen, in Geld ausdrückbaren Schäden wie Arzt- und Pflegekosten, Verdienstausfall, Erholungsreisen, die unter der Fachbezeichnung „special damages" zusammengefaßt werden, sondern auch immaterielle Schäden, die „general damages", für die Schmerzensgeld („compensation for pain and suffering") gewährt wird.

Voraussetzung für beide Schadensarten ist, daß der Schaden in einem ununterbrochenen Kausalzusammenhang mit der unerlaubten Handlung steht und somit als direkte Folge derselben anzusprechen ist. Der Schaden darf also — wie man in England sagt — nicht „too remote", d. h., zu entfernt (von dem schädigenden Ereignis) sein.

Ein Schmerzensgeldanspruch besteht bei allen Schadensersatzklagen auf Grund von Körperverletzungen, sei es, daß sie vorsätzlich oder fahrlässig erfolgt sind.

Die ärztliche Begutachtung spielt dort eine wesentliche Rolle, wenn auch nur indirekt. Der Arzt wird nicht gefragt, welchen Betrag er zur Entschädigung für die erlittenen Schmerzen für angemessen hält. Wohl aber wird er gefragt, wieweit durch die erlittenen Verletzungen Schmerzen verursacht worden sind und wie lange voraussichtlich diese Schmerzen noch andauern werden. Er wird auch darüber befragt, ob und in welchem Maße durch die erlittenen Verletzungen die Lebenserwartung des Geschädigten beeinträchtigt worden ist, sowie auch darüber, ob die Lebensfreude und Genußfähigkeit des Verletzten Einbuße erlitten hat und — wenn ja — wie lange sie beeinträchtigt bleiben wird. — Die Frage nach dem Grad der Minderung der Erwerbsfähigkeit wird ebenfalls gestellt.

Es ist hervorzuheben, daß die medizinischen Sachverständigen nicht vom Gericht bestellt werden. Sie werden von derjenigen Partei nominiert, die sich auf ein Gutachten beruft. Vor Gericht müssen dann die Gutachter den Sachverständigeneid leisten, und zwar in jeder anhängigen Sache erneut. Einen ein für allemal vereidigten gerichtlichen Sachverständigen kennt man dort nicht.

Die Erstattung der Gutachten erfolgt in der Regel mündlich vor dem zuständigen Gericht. Es bleibt den Parteien allerdings überlassen, sich auf ein schriftlich beizubringendes Gutachten zu einigen.

Als Muster englischer Schmerzensgeldgutachten sind nachstehend Übersetzungen englischer Originalgutachten zweier Londoner Chirurgen abgedruckt. Diese gutachtlichen Berichte dienen zur Information der beiderseitigen Anwälte und wurden für die Vorbereitung der Klage bzw. Klagebeantwortung von diesen verwendet.

Ärztlicher Bericht:

Herrn
Rechtsanwalt Dr. J., London

Dear Sir,

betr. Frau Irene P. teile ich Ihnen folgendes mit:

Durch die Röntgenuntersuchung ist eine Verzögerung entstanden, und ich bitte die späte Antwort und den verzögerten Eingang meines ärztlichen Berichts zu entschuldigen.

1. Die Röntgenuntersuchung ergibt keine Schädigung der Knochen des rechten Ellenbogengelenkes. Der Schmerz rührt von einer chronischen schmerzhaften Bursitis her, die sich unzweifelhaft in Kürze bessern wird. Der erste und zweite Lumbalwirbel zeigen deutliche Anzeichen einer Impression, die von dem Unfall herrührt und die die Schmerzhaftigkeit und Steifheit im Rücken erklärt.

2. Der Rücken kann für längere Zeit schmerzhaft bleiben, vielleicht sogar für dauernd, und es können auch später Beschwerden von dem Bandscheibenschaden ausgehen, der vermutlich die Ursache der gegenwärtigen Symptome ist. Es ist notwendig, daß die Patientin ein Stützkorsett trägt.

3. Zur Zeit der Untersuchung war sie in Arbeit, und ich halte es für wahrscheinlich, daß sie die Arbeit trotz ihrer Beschwerden weiterführen kann.

4. Die Gehirnerschütterung ist abgeklungen.

5. Eine ständige Minderung der Arbeitsfähigkeit ist anzunehmen, da sie Beschwerden hat, jedoch keine völlige Arbeitsunfähigkeit.

6. Geistige Störungen sind nicht zu erwarten, doch wird sie am Sport keine Freude mehr haben.

7. Die Verletzungen werden keine Störung auf das Klimakterium haben.

8. Eine Verkürzung der Lebensdauer ist nicht zu erwarten.

9. Nach meiner Ansicht ist die Erwerbsfähigkeit um 20 % herabgesetzt, und zwar für alle Arbeitsmöglichkeiten.

Hochachtungsvoll
Dr. med. L.

Herrn Rechtsanwalt N. N.

Frau Irene P. . . .

Vorgeschichte und Prognose: Mrs. P. erlitt eine Stoßwirkung und einige Verletzungen am Rücken und rechten Ellenbogen. Sie wurde zum St. Mary's Hospital, Paddington, gebracht, wo sie den ambulant zu behandelnden Patienten zugeteilt wurde. Vom Rücken und Ellenbogen wurden Röntgenaufnahmen angefertigt. Der Röntgenologe hielt es für ausgeschlossen, daß Knochenverletzungen vorlagen. Am nächsten Tage kam sie wieder ins Krankenhaus und machte die ziemlich seltsame Feststellung, daß es, weil sie überall Schmerzen hätte, nicht möglich sei, sie zu behandeln. Man hätte denken sollen, daß, je schlechter das Befinden, desto größer die Indikation einer Behandlung sei. Sie nahm jedoch gerade an einem Kursus über Physiotherapie teil, der durch eine zweimonatige Reise in ihr Heimatland Frankreich unterbrochen wurde.

Sie klagte weiterhin über Schmerzen im Rücken und bekam ein Stützkorsett. Sie stand seit neun Monaten nicht mehr unter ärztlicher Kontrolle. Sie hatte die ganze Zeit weiter als Wirtschafterin gearbeitet, aber sie sagte, daß sie noch einen brennenden Schmerz im Rücken habe und keine Erleichterung verspüre, deswegen könne sie keine gymnastischen Übungen machen.

Mein Kommentar dazu ist folgender: Sie ist 40 Jahre alt, und schon deswegen ist kaum zu erwarten, daß sie noch turnt, selbst, wenn sie im übrigen 100 % arbeitsfähig ist. Sie klagt auch noch über Schmerzen im Rücken. Bei einer Untersuchung war festzustellen, daß sie beim Betasten die Lumbalmuskeln verspannt hielt, so daß nur 50 % Spielraum für Bewegungen waren. Sie klagte auch über Schmerzen im rechten Ellenbogen und zeigte die schmerzende Stelle, indem sie kräftig am Ellenbogen herumrieb. Als ich sie aber untersuchen wollte, zuckte sie vor Schmerz zurück, als ich die Stelle, die sie vorher gerieben hatte, betasten wollte. Aus dem Grunde bin ich der Meinung, daß ihre Klagen über den Ellenbogen nur formell sind. Ich bin ferner der Ansicht, daß die Klagen über den Rücken wahrscheinlich eher funktionell als organisch bedingt sind.

Im Zusammenhang mit den von Dr. L. am 6. 11. 1958 erhobenen Tatsachen sage ich folgendes:

1. Ich stimme zu, daß die Röntgenuntersuchung des Ellenbogens keinerlei Schädigung des Knochens erwiesen hat. Ich kann nicht zustimmen, daß ein Zeichen einer schmerzhaften Bursitis vorliegt, denn Mrs. P. hat im Ellenbogen volle Bewegungsmöglichkeit, und sie war in der Lage, ihn mit der eigenen Hand fest zu pressen, ohne daß ihr daraus unangenehme Gefühle entstanden. Ich kann nicht zustimmen, daß die Röntgenuntersuchung Frakturen des ersten und zweiten Lendenwirbels zeigt. Ich bin überzeugt, daß die Lage der Wirbel normal ist; aber obwohl eine leichte Verengung der Zwischenwirbelscheiben festzustellen ist, zeigt der normale Zwischenraum an der geklagten Stelle, daß meines Erachtens kein Grund für die geklagten Beschwerden gefunden werden kann. Ich neige auch eher zu der Ansicht, daß die geklagten Beschwerden funktioneller Natur sind.

2. Dr. L. äußert die Ansicht, die Schmerzen im Rücken könnten durch einen Bandscheibenschaden verursacht sein. Es liegt aber kein klinischer oder röntgenologischer Befund vor, daß sie jetzt oder zu einer anderen Zeit an einer derartigen Krankheit gelitten habe.

3. Ich bin der Ansicht, daß sie weiter in der Lage ist, ihrem Beruf als Wirtschafterin nachzugehen, den sie bis zum Unfalltag ständig ausgeübt hat.

4. Ich bin der Ansicht, daß der Schock, der durch den Unfall hervorgerufen wurde, abgeklungen ist.

5. Ich bin nicht der Ansicht, daß bei ihr dauernde Arbeitsunfähigkeit vorliegt, gebe aber zu, daß sie, wenn sich der gegenwärtige Zustand nicht bessert, unter Unanehmlichkeiten, aber nicht Arbeitsunfähigkeit, zu leiden haben wird.

6. Ich bin der Ansicht, daß die Ausdrücke „Sport“ und „Turnen“, die sie für ihre Freizeitbeschäftigung gebraucht, die Lage ein wenig übertreiben. Denn es ist unwahrscheinlich, daß eine Frau in den mittleren Jahren noch dem Sport und dem Turnen hingegeben sein könnte, wenn sie auch hier und da noch daran zum Zeitvertreib teilnehmen mag. Aber wenn ihre augenblicklichen Symptome andauern — und ich glaube nicht, daß sie das tun werden —, dann wird sie sicherlich keine Freude an solchem Zeitvertreib haben.

7. Ihr Klimakterium wird durch die Sache nicht beeinträchtigt.

8. Von einer Verkürzung des Lebens ist keine Rede.

9. Ich bin nicht ganz sicher, wie Dr. L. zu der Meinung kommt, daß eine Arbeitsverminderung (Erwerbsfähigkeitsminderung) von 20 % vorliegt, denn es ist doch augenscheinlich, daß sie seit dem Unfall ständig ihren Lohn in voller Höhe verdient hat. Wenn aber ihre Symptome bestehen bleiben — und ich glaube nicht, daß das der Fall sein wird —, und wenn sie ihre Stellung verlieren würde und damit auch ihre Möglichkeiten, eine andere Aufgabe zu erfüllen, die Gesundheit und volle Arbeitskraft erfordern, dann erst könnte man der Meinung sein, daß ihre Arbeitskraft sich um 20 % vermindert hat. Dr. med. M.

Der Schmerzensgeldanspruch umfaßt alle diejenigen Schäden, die — wie eingangs erwähnt — als unmittelbare Folge der Verletzung anzusehen sind. Als Kriterium dienen in erster Linie die körperlichen Schmerzen, aber auch seelische Leiden, wie sie beispielsweise als Folge von Operationen oder bei lang andauerndem Krankenhausaufenthalt auftreten. Von Erheblichkeit sind weiterhin die Beeinträchtigung der Lebensfreude für die Zukunft, bedingt z. B. durch das Unvermögen, Sport zu treiben oder ein Musikinstrument zu spielen. Ferner zählt hierzu die durch entstellende Verletzungen bedingte Minderung der Heiratschancen sowie die Beeinträchtigung der Fortpflanzungsfähigkeit. — Schadensersatz wird auch für einen erlittenen nervösen Schock gewährt, sofern er die unmittelbare Folgeerscheinung einer unerlaubten Handlung ist. So wurde einer Mutter der Anspruch auf Grund eines erlittenen Schocks zugesprochen, der dadurch verursacht wurde, daß sie sah, wie ein unbesetzter und ungesichert abgestellter Lastwagen von einer Anhöhe gerade auf die Stelle zurollte, wo ihre Kinder sich befanden.

Tabellen oder genormte Maßstäbe für die Bemessung des Schmerzensgeldes findet man in England nicht. Nur für die Dauer des Krieges gab es ein Gesetz, „Personal Injuries" („emergency provisions"), Act 1939, das die Regierung ermächtigte, derartige Tabellen für eine Bemessung der Kriegsverletzungen von Zivilisten aufzustellen.

Die Höhe der Beträge, die in England im Rahmen der „general damages" zuerkannt werden, richtet sich nach den Umständen des Einzelfalles. Das Schmerzensgeld wurde früher nicht gesondert errechnet, und die Gerichte pflegten keinen Schmerzensgeldbetrag („compensation for pain and suffering") etwa für verminderte Lebensfreude oder Lebenserwartung und Erwerbsfähigkeitsminderung in spezifizierten Beträgen zuzusprechen. Gewöhnlich erkannten sie auf Zahlung eines Gesamtbetrages als Äquivalent für die „general damages", wozu noch die zuerkannten Beträge für „special damages" (z. B. Arzt- und Pflegekosten) kommen.

Seit einiger Zeit jedoch werden immaterielle Körperschäden nach den verschiedenen Schädigungsgebieten einzeln beziffert und zugesprochen, so daß jetzt — im Gegensatz zu früher — Schmerzensgelder ohne die bei den „general damages“ mitenthaltenen sonstigen Entschädigungen wie Ersatz für Heilkosten, Verdienstausfall etc. bekannt werden und im internationalen Vergleich herangezogen werden können.

Die dabei zugesprochenen Schmerzensgelder liegen derzeit in Bereichen von z. B. £ 300 (etwa 1200 DM) bei leichten Körperschäden bis zu £ 85 000 (etwa 340 000 DM) bei ungewöhnlich schweren Verletzungen mit lebenslänglichem Siechtum.

Bei der Festsetzung des Schmerzensgeldes wird im wesentlichen die Vermögenslage des Geschädigten berücksichtigt. Zugrundegelegt werden bei der Berechnung des Verdienstausfalles dessen bisherige Einkünfte vor dem Zeitpunkt des Schadensfalles. Auf die Vermögenslage des Schädigers kommt es dabei weniger an. In der Praxis spielt dieser Umstand jedoch kaum eine Rolle, da der letztere meistens versichert ist und die Versicherung daher für den Schaden aufkommt; das Bestehen einer solchen ist daher bei der Bemessung nicht ausdrücklich von Bedeutung.

Eine obligatorische Haftpflichtversicherung besteht in England gemäß Section 35 des Road Traffic Act 1930, wonach jeder Kraftfahrer haftpflichtversicherungspflichtig ist; widrigenfalls macht er sich strafbar. Nur gegen Vorlage der Versicherungspolice wird die jährliche Fahrerlaubnis zum Führen von Kraftfahrzeugen sowie deren Zulassung erneuert. Bemerkenswert ist, daß der Geschädigte gem. Road Traffic Act 1934 selbst dann von der in dem sogenannten Motor Insurers Bureau zusammengeschlossenen Gesamtheit der englischen Versicherungsgesellschaften Befriedigung verlangen kann, wenn die Versicherungspolice zuvor erloschen oder anfechtbar gewesen ist. Voraussetzung bleibt natürlich, daß seine Ersatzansprüche durch rechtskräftiges Urteil gegen einen der gesetzlichen Haftpflicht unterliegenden Kraftfahrer festgestellt worden sind*.

Zusammenfassend lohnt es sich festzustellen, daß Recht und Rechtspraxis Großbritanniens — namentlich Englands — in ihrer traditionsreichen Entwicklung und dennoch so pragmatischen Anwendung eigene Wege gegangen sind. Ein abschließender Vergleich mit den hiesigen „kontinentalen“ Verhältnissen zeigt jedoch, daß z. B. die Mittel der Wahrheitsfindung, deren sich der Richter bedient, im allgemeinen auch den hier üblichen Gepflogenheiten entsprechen. — Daß die Parteien sich selbst um das ihrer Sache dienende Gutachten kümmern müssen, versteht sich schon aus Gründen der ihnen obliegenden Beweispflicht. Daß der Chirurg gutachtender Arzt

* Vgl. Aufsatz von Kaemmer (VerR. 1965, S. 1020 f.) über die Regulierungspraxis bei Personenschäden durch Kfz.-Unfälle. Die dort übliche Berechnung des abstrakten Schadens (general damages) geht daraus deutlich hervor.

ist, resultiert aus seiner Stellung als Betreuer des Verletzten. Die angefertigten Gutachten sind — wie oben ersichtlich — relativ kurz gehalten: sie sind eine Art Mittelding zwischen den bei uns üblichen umfangreichen Schmerzensgeldgutachten und einfachen ärztlichen Attesten. Diese knappe Begutachtung wird dem Wesen und Charakter des meist vielschichtigen Schmerzensgeldanspruches nicht gerecht. Eingehende Begutachtungen sind zur möglichst objektiven Beurteilung und Bemessung nicht zu umgehen. Eine globale Abfindung des immateriellen Schadens im Konnex mit den materiellen Schäden war ebenfalls recht ungünstig. Die Herauskristallisierung des Schmerzensgeldes wurde dadurch nicht nur erschwert, sondern darüber hinaus auch verwischt. Die heute von den englischen Gerichten praktizierte gesonderte und transparente Schmerzensgeldzuerkennung ist sicherlich ein begrüßenswerter Fortschritt.

Das Schmerzensgeld sollte aus psychologischen Gründen, um seinen Zweck als billige Entschädigung in seiner Genugtuungsfunktion zu erfüllen, für den Geschädigten der Höhe nach erkennbar sein.

Iran

Bis zur Verabschiedung des Gesetzes über die zivile Haftung vom Mai 1960 gab es im Recht des Iran keine Bestimmung, welche die Geltendmachung von Schmerzensgeldansprüchen ermöglicht hätte. Durch das vorgenannte Gesetz wurde das Haftungsrecht jedoch neu geregelt. Damit zugleich stand auch der Anmeldung immaterieller Schäden nichts mehr im Wege.

Laut § 1 des Gesetzes „ist jeder Person, die absichtlich oder fahrlässig das Leben oder die Gesundheit eines anderen verletzt und ihm dadurch einen materiellen oder nicht-materiellen Schaden zufügt, zur Wiedergutmachung des aus ihrer Tat entstandenen Schadens verpflichtet..."

In der dortigen Praxis überwiegt die Ansicht, daß diese Vorschrift auch in den Fällen, die unter die Rubrik „Schmerzensgeld" fallen, zur Anwendung gelangt. Infolge der kurzen Zeitspanne, die seit der Inkraftsetzung verstrichen ist, wurden bis zur Stunde allerdings keine Fälle bekannt, in denen mit Berufung auf diese Norm von einer Seite Schmerzensgeldansprüche angemeldet worden wären oder daß Gerichte dieselben entsprechend interpretiert hätten. Im Hinblick auf § 3 desselben Gesetzes, der dem Gericht die Festsetzung der Schadenshöhe und die Art der Wiedergutmachung anheimstellt, bleibt es jedem unbenommen, zwecks Schadensfeststellung einen Sachverständigen heranzuziehen oder ein ärztliches Gutachten einzuholen, was für die Bemessung der Schmerzensgeldhöhe von Bedeutung sein könnte.

Übrigens findet sich die Fachbezeichnung „Schmerzensgeld" im Sprachgebrauch dieses Landes nicht.

Inzwischen wurde im Iran die obligatorische Haftpflichtversicherung für Kraftfahrzeughalter eingeführt. Ebenso verdient die bisherige Erarbeitung gesetzlicher Grundlagen für eine eventuelle spätere — vielleicht sogar überraschende — Entwicklung Beachtung und Anerkennung.

Island

Island ist ein selbständiges Königreich; es hat mit Dänemark nur den König gemeinsam. Seine Verhältnisse zu Dänemark sind durch Bundesvertrag vom 30. 11. 1918 geregelt. — Das Recht beruht auf dem mittelalterlichen Recht der Gràgàs und der Jónsbóck von 1281, das durch zahlreiche königliche Satzungen (Albingi) abgeändert und ergänzt wurde. In neuerer Zeit sind verschiedene Einzelgesetze verkündet worden, z. B. das Ehegesetz 1921, ein Aktiengesetz und — was hier besonders interessiert — das Allgemeine Strafgesetz Nr. 19 vom 12. 2. 1940. Die Rechtsprechung erfolgt durch Stadt- und Bezirksgerichte. Das oberste Gericht (3 Richter) befindet sich in Reykjavik.

Das vorstehend zitierte Strafgesetz erwähnt den Schmerzensgeldanspruch im § 264 Penal Code. Demnach kann der Anspruch im Falle der Körperverletzung und Beleidigung gegen den Schädiger geltend gemacht werden. In verschiedenen Fällen ist es sogar möglich, die Forderung auf den Arbeitgeber des Schuldigen abzuwälzen.

Die Fachbezeichnung für Schmerzensgeld lautet: „thjáningabaetur".

Unter dem Schmerzensgeldanspruch werden körperliche und seelische Schmerzen, Sorgen, Not, Angst, Schreck, Entstellung, Minderung der Lebensfreude und dergleichen mehr zusammengefaßt.

Dem Gericht bleibt es unbenommen, bei der Bemessung des Schmerzensgeldbetrages hilfsweise ein ärztliches Gutachten anzufordern. Dieses ärztliche Gutachten kann je nach Lage der Dinge die Entscheidung beeinflussen, braucht es aber nicht zu tun. Tabellen, Normen oder sonstige Hilfsmittel werden in diesem Zusammenhang nicht benutzt.

Die zugesprochenen Schmerzensgeldbeträge sind — wie überall in den nordischen Ländern — äußerst bescheiden. Der Höchstbetrag an Schmerzensgeld, der auf Grund eines Urteils des Obersten Gerichtshofes aus dem Jahre 1960 erging, belief sich auf 120 000,— Kronen, damals etwa 31 200,— DM. Heute kann man davon ausgehen, daß für leichtere Körperverletzungen 800,— DM und für schwere, wie etwa bei Verlust eines Auges, 6000,— DM zugesprochen werden.

In der bisherigen Rechtsprechung des Landes ist bis heute kein Fall bekannt geworden, in dem die Vermögenslage des Geschädigten oder des Schädigers Beachtung gefunden hätte.

Schließlich wäre noch hinzuzufügen, daß auch Island eine obligatorische Haftpflichtversicherung für Kraftfahrzeughalter eingeführt hat.

Israel

Der junge Staat Israel hat am 15. 5. 1948 Teile des Palästinensischen Rechts übernommen. Der dem 25. Titel des deutschen BGB entsprechende Komplex der „unerlaubten Handlungen" ist in dem rezipierten Rechtskomplex erstmalig durch die Civil Wrong Ordinance vom Jahre 1944 geregelt, die 1947 in Kraft trat.

Als wichtigste Änderungen zu nennen sind u. a. die Abschaffung der Immunität des Staates gegenüber der Klage aus unerlaubten Handlungen sowie eine Neuüberarbeitung und Neufassung des Schadensersatzrechtes. Schadensersatzleistungen für Ehrverletzungen finden heute ihre Regelung in einem eigenen Gesetzeswerk.

Die Struktur des israelischen Rechts lehnt sich weitgehend an das englische Common Law an. Bis zum 1. 10. 1968 war der englische Text der Civil Wrong Ordinace verbindlich. Seit dem genannten Tage besteht eine amtliche hebräische Neufassung, die das Justizministerium herausgegeben hat, ohne jedoch sachliche Änderungen darin vorzunehmen.

Besondere gesetzliche Vorschriften über die Haftung des Kraftfahrzeughalters bestehen nicht. Man richtet sich hier vielmehr nach dem Verschuldensprinzip. Ebensowenig besteht eine echte Gefährdungshaftung, die etwa dem deutschen Recht entspräche.

Dieser Mangel gleicht sich zum Teil dadurch aus, daß die Beweislast in den meisten Fällen den Beklagten trifft. Ihm obliegt es, darzutun, daß er nicht fahrlässig gehandelt hat. Die Regelung findet man in den §§ 38 bis 41. Der § 38 bestimmt, daß der Eigentümer einer gefährlichen Sache die Beweislast hat, wenn durch diese Sache Schaden verursacht wird. Er muß beweisen, daß weder er selbst noch jemand anders, für den er verantwortlich ist, sich einer Fahrlässigkeit schuldig gemacht hat. Weiter bestimmt § 41, daß dem Beklagten die Beweislast aufzubürden ist, wenn der Grundsatz „res ipsa loquitur" Platz greift, d. h. wenn der Kläger, welcher geschädigt wurde, nicht weiß und auch nicht wissen kann, auf welche Weise der Schaden herbeigeführt wurde und wenn dabei die Sache, die den Schaden herbeigeführt hat, im Eigentum oder unter der Kontrolle des Beklagten stand. Eine allgemeine Schadensersatzverpflichtung statuiert § 63 für die Verletzung einer positiven Rechtsvorschrift. Im letzteren Falle spielt das Verschulden keine Rolle mehr.

Die gesonderten Definitionen der Termini „Schaden" und „Vermögensschaden" enthält § 2 des Gesetzes. Unter den Begriff „Schaden" fällt z. B. der Verlust des Lebens, des Vermögens, des körperlichen Wohlbefindens, der einem anhaftende Ruf, welcher herabgesetzt wurde sowie Verlust oder Minderung der Lebensfreude. Unter „Vermögensschaden" hingegen sind der tatsächliche Verlust und die Aufwendungen zu verstehen, die sich in Geldeswert abschätzen lassen und die man konkret berechnen kann. Gemäß § 76 muß grundsätzlich für jeden Schaden Schadensersatz geleistet werden. Im Falle eines Vermögensschadens hingegen muß eine spezifizierte Berechnung des Schadens beigefügt sein.

Bei Klagen auf Schadensersatz wegen körperlicher und ggf. seelischer Verletzungen haben nach der israelischen Prozeßordnung beide Parteien die Berechtigung, ärztliche Sachverständige vor Gericht auftreten zu lassen. Außerdem ist der Anspruchsteller gehalten, sich von einem Vertrauensarzt, den der Beklagte benennt, untersuchen zu lassen, falls dieses beantragt wird. Ärztliche Gutachten sind schriftlich zu erstellen; sie gelten als eidesstattliche Erklärung vor Gericht.

In besonders schwierigen und strittigen Fällen steht es jeder Partei anheim, zu beantragen, daß der Gegengutachter nach Abnahme des Eides durch den Richter hinsichtlich des Inhalts seines Gutachtens ins Kreuzverhör genommen wird. Von dieser Möglichkeit wird in den meisten schwereren Fällen Gebrauch gemacht, wenn der Umfang des erlittenen Körperschadens strittig ist.

Der Schadensersatz für immaterielle Schäden lautet im dortigen Recht gemeinhin „Allgemeiner Schadensersatz". Oder aber er unterscheidet sich mitunter als Schadensersatz für erlittene Schmerzzufügung, für Verlust der Lebensfreude, für körperliche Entstellungen, die deprimierend auf den Geschädigten wirken. Bei Schadenszufügung mit Todesfolge sieht das Recht nach englischem Muster Ersatz für immateriellen Schaden vor, den es als Ersatz für „verlorene Lebenserwartung" definiert. Beim sofortigen Tode des Unfallverletzten entfällt jedoch jeglicher Schmerzensgeldanspruch, da man folgert, „der Verletzte habe keine Schmerzen mehr verspürt".

Bei Bewertung der durch die israelischen Gerichte zugesprochenen Summen ist zu berücksichtigen, daß der israelische Staat eine stetige Geldentwertung durchzumachen hatte. Im Jahre 1948 gab es für I£ einen US-Dollar. Heute ist ein US-Dollar nach dem amtlichen Kurs gleich I£ 3,50; nach frei gehandeltem Kurs kostet er etwa I£ 4,30. Eine Abwertung des israelischen Pfundes ist trotz aller gegenteiligen Gerüchte noch nicht erfolgt. Aus dem von M. Timor herausgegebenen Handbuch seien folgende Beispiele von Schmerzensgeldbemessungen im Zuge von Schadensersatzklagen nach der Civil Wrongs Ordinance nachstehend aufgeführt:

Im Jahre 1952 erhielt ein Kind, das einen Fuß verloren hatte, I£ 7000,— zugesprochen. In einem anderen Falle bewertete man den Verlust einer Hand mit I£ 6000,—. Ein Arbeiter, der 1962 an einem Fuß und an beiden Händen Verbrennungen erlitten hatte, erhielt I£ 7500,— Schmerzensgeld. Der 90 %-Verlust des Sehvermögens wurde 1955 mit I£ 15 000,— und der Verlust eines Auges 1958 mit I£ 10 000,— entschädigt. Die Lähmung beider Füße, die seelische Depression und die Unfähigkeit Geschlechtsverkehr auszuüben, wurde mit I£ 18 000,— bemessen. Im Jahre 1964 behandelte der District Court in Tel Aviv den Fall einer unsachgemäß ausgeführten Operation, in welcher einem zehnjährigen Mädchen die Harnwege zerstört wurden, so daß es aller Voraussicht nach für die Zeit seines Lebens einen Plastikbeutel tragen muß, um den ausfließenden Harn aufzufangen. Der diesem Mädchen zuerkannte Schmerzensgeldbetrag belief sich auf I£ 55 000,—.

Das Oberste Gericht sprach 1954 einem 9jährigen Jungen I£ 10 000,— zu. Er hatte einen Beckenbruch und Harnröhrenriß erlitten, wodurch berechtigte Zweifel an seiner späteren Fortpflanzungsfähigkeit bestanden.

Das Oberste Gericht billigte einer Zeichnerin und Sportlehrerin aufgrund 30 % Invalidität im Jahre 1963 einen allgemeinen Schadensersatz von I£ 20 000,— zu. Im Jahre 1965 erkannte dasselbe Oberste Gericht bei 100 % Invalidität verbunden mit schweren seelischen Störungen ebenfalls einen allgemeinen Schadensersatz von I£ 20 000,— zu.

Schließlich setzte das Oberste Gericht 1967 einen allgemeinen Schadensersatz von I£ 50 000,— fest, die ein Student erhielt, der im Alter von 28 Jahren neben sonstigen Verletzungen eine Lähmung beider Beine bei 100 % Invalidität hinnehmen mußte.

Italien

Im Mutterland der Rezeption, die das römische Recht in alle Welt gebracht hat, in dem Land, das der Hort der berühmten Juristenfakultäten des Mittelalters war, in dem Lande Italien, das auch die „Lateinische Schwester“ Frankreichs genannt wird, steckt der Schmerzensgeldanspruch noch in den Kinderschuhen, wahrscheinlich aber am Anfang einer ausbaufähigen Entwicklung.

Daran ändert auch nichts die historische Tatsache, daß die nach der politischen Einigung durchgeführte Rechtsvereinheitlichung im bürgerlichen Recht und im Prozeßrecht zur Übernahme des französischen Rechts führte.

Der Codice civile vom 25. Juni 1865 ist im wesentlichen eine Übersetzung des französischen Code civil, von einigen, für uns bemerkenswerten Ausnahmen abgesehen.

Das gleiche gilt für die dem französischen Vorbild entlehnte Zivilprozeßordnung (Codice di Procedura Civile) vom gleichen Tage, die sich eine größere Selbständigkeit bewahrt hat. Wie dem aber auch sei: als ungewohntes Novum beschert sie dem Zivilrichter die Pflicht zur Nachprüfung, ob als Klagevoraussetzung eine strafrechtliche Verurteilung des Schädigers zuvor ausgesprochen worden ist. Conditio sine qua non für Zubilligung eines Schmerzensgeldes ist die durch eine Straftat entstandene immaterielle Schädigung.

Art. 185 des Codice Penale (Strafgesetzbuch) bestimmt:

> „Jede Straftat verpflichtet zur Wiedergutmachung gemäß den privatrechtlichen Bestimmungen. Jede Straftat, die einen Vermögensschaden oder einen Nichtvermögensschaden verursacht hat, verpflichtet den Schuldigen zur Wiedergutmachung ebenso wie auch diejenigen, die nach den zivilrechtlichen Bestimmungen für ihn verantwortlich sind."

Die privatrechtlichen Bestimmungen, auf die im 1. Satz des vorstehenden Artikels verwiesen wird, finden sich im Art. 2043 und 2059 des Codice Civile. Art. 2043 lautet sinngemäß:

> „Jede fahrlässige oder vorsätzlich begangene Straftat, durch die einer dritten Person Schaden zugefügt wird, verpflichtet den Schuldigen zum Schadensersatz."

Und mit direktem Verweis auf Art. 185 des Codice Penale sagt Art. 2059 des Codice Civile:

> „Der Nichtvermögensschaden ist nur in den vom Gesetz vorgeschriebenen Fällen zu ersetzen."[85]

Damit ist die einzige Gesetzesbestimmung, welche den nichtmateriellen Schaden („Il danno non patrimoniale" oder „Danno morale") zum Gegenstand hat, an die Voraussetzung der Erfüllung des Tatbestandes des Art. 185 C. P. gebunden, ohne die sie nicht zum Zuge kommt.

Ein Verstoß lediglich, wie wir ihn etwa in den unerlaubten Handlungen des BGB kennen, begründet dort noch keinen Ersatzanspruch für immaterielle Schäden.

Inzwischen aber hat sich die Zivilrechtsprechung dazu durchgerungen, den starren Formalismus dadurch aufzulockern, daß sie die Voraussetzung des Art. 185 C. P. auch in den Fällen als gegeben ansieht, bei denen eine Verurteilung des Schädigers infolge seines Todes oder auf Grund einer Amnestie nicht mehr möglich war. Es obliegt dann dem Zivilrichter, nach Lage des Falles zu ermessen, ob bei der schädigenden Handlung die Voraussetzungen der Strafwürdigkeit gegeben sind, die normalerweise zu einer Verurteilung durch den Strafrichter ausgereicht hätten. Die Erfahrung lehrt, daß solche anfänglichen Rechtsbehelfe mit der Zeit zu probaten Gepflogenheiten werden, mittels derer der Richter in die Lage versetzt wird, Rechtslücken zu stopfen und vom Gesetzgeber nicht vorgesehene Situationen, wie sie das Leben täglich bringt, zu klären und zu meistern.

---

[85] SIEVERS, Vers. Wirtsch., 14. Jg., Nr. 17, 1. 9. 1959.

Die Bewertung des immateriellen Schadens liegt — falls er unter den vorstehend geschilderten Umständen doch einmal rechtshängig werden sollte — völlig im freien Ermessen des Richters. Er hat die Schwere der Schuldtat, die Tiefe, Dauer und Größe der seelischen Leiden, die Vermögenslage des Täters, die Notlage und die gesellschaftliche Stellung des Geschädigten, das Alter, die Verwandtschaftsverhältnisse, den besonderen Empfindlichkeitsgrad und anderes mehr abzuwägen und zu würdigen. In der Regel halten die Gerichte mit der Zubilligung von Schmerzensgeldern sehr zurück. In gewissem Maße dazu beitragen mag die seitens des Richters bereits in Ansatz gebrachte Mentalität des Südländers; seine Neigung, in beredtem Vortrag etwas mehr oder weniger zu übertreiben und über das Ziel hinauszuschießen, wird die tiefere Ursache sein, die ihm einige Abstriche an der Schadensersatzsumme einbringt. Hierzu einige Entscheidungsbeispiele: Am 29. 10. 65 entschied das Höchste Gericht, daß im Falle der Verursachung eines Schadens durch einen Minderjährigen keinerlei Wiedergutmachung eines Nichtvermögensschadens realisierbar ist. Das Gericht beruft sich also auf die Strafunmündigkeit des jugendlichen Täters. (Urteil Nr. 2302 der III. Sektion). — In dem Urteil vom 30. 7. 68 erklärte dieselbe Sektion, daß einem Vater kein Schmerzensgeld zustehe, nur weil sein Kind Verletzungen erlitten habe (Urteil Nr. 2412). Am 30. 7. 1968 erkennt hingegen die II. Sektion, daß auch Kindern unter 14 Jahren ein Schmerzensgeldanspruch zustehe, wenn sie ihre Eltern durch eine verbrecherische Tat verloren haben, obwohl — wie das Höchste Gericht ausführt — diese Kinder „noch keine voll ausgeprägten Empfindungen entwickeln und demzufolge Schmerzen in ihrer ganzen Tragweite nicht zu spüren vermögen".

Der stiefmütterlichen Behandlung des Schmerzensgeldes, d. h. des immateriellen Schadens, entspricht es auf der anderen Seite, daß die ärztliche Begutachtung so gut wie keine Rolle spielt. Tabellen usw. sind auch unbekannt. Ergibt sich die Notwendigkeit, den Arzt als Sachverständigen hinzuzuziehen, so wird ein Gerichtsmediziner von Amts wegen beauftragt.

Trotzdem wird man bei objektiver Würdigung der Verhältnisse nicht umhin können, die spezifisch soziologische Struktur des Landes zu berücksichtigen. Die soziale Durchdringung des öffentlichen Lebens ist nicht im entferntesten so weit gediehen, als daß ein nennenswerter Teil der Bevölkerung in der Lage wäre, kostspielige Prozesse führen zu können.

Gelegentlich einer persönlichen Unterhaltung mit dem Chefchirurgen eines bedeutenden römischen Krankenhauses stellte sich heraus, daß dieser Chirurg, der zahlreiche Gutachten für Versicherungsgesellschaften etc. erstattete, in den 30 Jahren seiner Tätigkeit in Italien nicht ein einziges Schmerzensgeldgutachten zu verfassen hatte.

Aus Gerichtsentscheiden ist ersichtlich, daß psychische Schmerzen wesentlich höher bewertet werden, als körperliche. Zudem sind die zugesprochenen Summen in der Höhe sehr unterschiedlich. Gekoppelt sind die Beträge häufig an eine Dauerinvalidität nach Prozentsätzen, wobei auch hier das freie Ermessen des Richters oft zu medizinisch nicht nachvollziehbaren Entscheidungen gelangt. Eine gewisse Orientierungshilfe über zu erwartende oder zu fordernde Schmerzensgeldbeträge soll derzeit ein Richtwert von 200 000 Lire pro 1 % Dauerinvalidität sein, Mitte 1983 ca. 340,— DM. Bei Vollinvalidität (100 %) wäre damit eine obere Grenze von etwa 34 000,— DM (= 20 Millionen Lire) anzusehen, was den zugänglichen Urteilen entspricht.

Japan

Dem japanischen Zivilrecht, das übrigens dem deutschen BGB nachgebildet wurde, ist der Schmerzensgeldanspruch ebenfalls bekannt. Seinen Niederschlag fand er im § 710 des japanischen BGB:

„Wer im Falle einer Verletzung des Körpers, der Freiheit oder der Ehre oder der Schädigung eines Vermögensrechtes eines anderen nach den Bestimmungen des § 709 schadensersatzpflichtig ist, ist verpflichtet, auch anderen Schaden als Vermögensschaden zu ersetzen."

Die japanische Fachbezeichnung „Ishargo" bedeutet in ihrer wörtlichen Übersetzung soviel wie „Trostgeld". Unter dem vorgenannten Anspruch werden zusammengefaßt: unmittelbare Schmerzen körperlicher Art, krankheitsbedingte Schmerzen, körperliche und seelische Schmerzen, die aus der Verletzung der Freiheit, der Ehre, des Namensrechts, des Rechts am eigenen Bilde usw. entstanden sind.

Ferner gehören hierher auch Sorgen, Folgen der Not, Angst, Schreck, Entstellung, Minderung der Lebensfreude etc.

Im Zuge der rechtlichen Beurteilung und Würdigung des Schmerzensgeldganspruches wurden auch ärztliche Gutachten berücksichtigt. Doch hat die Praxis erwiesen, daß diese ohne nennenswertes Prae als „Beweismittel" unter vielen anderen fungieren. Man kennt keine Tabellen oder Normen für die Bewertung der Schäden. Sie liegt ausschließlich in der Hand — d. h. im Ermessen — des Richters. Dieser berücksichtigt dabei die gesellschaftliche Stellung und den Beruf des Schädigers sowie des Geschädigten, das Alter des letzeren, die Intensität der Schmerzen, denen er ausgesetzt war. Hierzu können Bescheinigungen aller Art — auch ärztliche Gutachten — beigebracht werden.

Die Höhe des zuerkannten Schmerzensgeldes richtet sich jeweils nach den Umständen. Die Vermögenslage des Schädigers und des Geschädigten erfährt dabei Beachtung.

In einem Urteil des Landgerichts Tokio aus dem Jahre 1946 erhielt ein Mann von 56 Jahren, der beim Trinken von Methylalkohol auf beiden Augen erblindete, als einmalige Zahlung ein Schmerzensgeld in Höhe von Yen 7.000,—.

In einem anderen Urteil desselben Gerichts aus dem Jahre 1952 erhielt ein 22jähriger Geschädigter, der bei einem Autounfall einen Oberschenkelbruch erlitt und 4/5 seiner Arbeitskraft einbüßte, eine einmalige Schmerzensgeldleistung von Yen 500.000,—. Dabei wurde berücksichtigt, daß er nach dem Unfall eine Fischhandlung eröffnete, in der er seine Arbeitskraft besser einzusetzen vermochte als in seinem früheren Beruf.

Weiter erhielt in Tokio im Jahre 1947 eine Ehefrau wegen Treuelosigkeit des Ehemannes eine einmalige Schmerzensgeldzahlung von Yen 50.000,—.

In jüngster Zeit sind neue Entscheidungen der japanischen Gerichte über die Bemessung von Schmerzensgeldansprüchen aufgrund der §§ 709, 710 u. 711 des jap. BGB ergangen, die angesichts der in fast allen Staaten zum Konservativen neigenden Rechtsprechung geradezu progressiv zu werten sind. In zunehmendem Maße gehen die japanischen Gerichte dazu über, Industrieunternehmen, die infolge Außerachtlassung von Vorsichtsmaßnahmen eine Verunreinigung von Flüssen, die Verschmutzung der Luft durch Abgase oder Schädigungen der Fischerei oder der Arbeiten in der Landwirtschaft verschuldet haben, zu Schadensersatzleistungen zu verurteilen. Der rechtlich erzieherische Zweck besteht darin, die betreffenden Fabrikunternehmen zu veranlassen, die persönlichen Interessen der Anwohner an einer ungestörten eigenen Lebensführung zu berücksichtigen und ihnen die Voraussetzungen für eine unbehinderte berufliche oder gewerbliche Tätigkeit zu gewährleisten, ohne dabei gesundheitlichen oder wirtschaftlichen Schaden zu nehmen. So liegt ein Urteil des Oberlandesgerichts Tokio vom 26. 10. 67 vor, welches einem Inhaber einer Fabrik auferlegt, die in der Nachbarschaft des Fabrikgeländes ansässigen Bewohner zu entschädigen, weil diese nach Ansicht des Gerichts durch die Luftverschmutzung erhebliche Beeinträchtigungen hinnehmen müßten. Ein ähnliches Urteil, dessen materieller Inhalt ebenso wie der des vorgenannten weniger dem Bereich des Schmerzensgeldanspruchs als dem der Beeinträchtigungen des Eigentums zuzuorden wäre, fällte das Landgericht Niigata am 30. 9. 67, in welchem es dem Kläger eine Entschädigung dafür zusprach, daß er sich durch den Geruch und die aus einem Schweinestall dringenden Geräusche in seiner persönlichen Sphäre gestört fühlte.

Als Entschädigung für den Verlust ihres infolge eines Verkehrsunfalls ums Leben gekommenen Familienvaters sprach das Oberlandesgericht in Tokio der betroffenen Familie einen Schmerzensgeldbetrag von 16 640 000

Yen (ca. DM 166 400,—) zu. Das für den Unfall verantwortliche Verkehrsunternehmen mußte die Zahlung leisten.

Eine Entschädigungsleistung von 22 Mio. Yen hatte eine Fluggesellschaft an die Erben eines Flugreisenden zu zahlen, weil das von ihm benutzte Flugzeug durch grobe Fahrlässigkeit der Flugleitung abgestürzt war (Urteil des Landgerichts Osaka vom 12. 6. 67).

Selbst in Fällen eines Gesundheitsschadens, der auf falscher ärztlicher Diagnose oder auf mangelnde Aufsicht zurückzuführen war, erkannten die Gerichte Schmerzensgeldbeträge wiederholt als Ersatz für den erlittenen Schaden zu, obwohl fehler- oder schuldhaftes Verhalten den verantwortlichen Ärzten nicht einwandfrei nachgewiesen werden konnte.

Das Landgericht Tokio sprach einem Mädchen für den Verlust ihres Sehvermögens eine Entschädigungsleistung in Höhe von 2 000 000,— Yen (ca. DM 20 000,—) zu, weil sie Opfer einer fehlerhaften Behandlung geworden war.

Am Rande sei bemerkt, daß der Yen z. Zt. etwa einem Betrag von —,01 DM entspricht.

In Japan besteht ferner die obligatorische Zwangshaftpflichtversicherung, verankert im Gesetz zur Sicherung des Schadensersatzes bei Kraftfahrzeugunfällen (Ges. Nr. 97 vom 29. 7. 1955). Gemäß § 5 dieses Gesetzes darf ein Kraftfahrzeug nur von einer Person geführt werden, die einen entsprechenden Versicherungsvertrag abgeschlossen hat.

Es fragt sich, ob der ärztliche Gutachter von Gesetzes wegen ausdrücklich den Vorrang unter allen Beweismitteln, die zur Stützung des Schmerzensgeldanspruches herangezogen werden, erhalten soll. Es scheint sich indes hier um eine Art Synchronisationserscheinung des Verfahrens- und Beweisrechts mit den Gegebenheiten und Erfordernissen des täglichen Lebens zu handeln.

In den Rechtsordnungen der Länder, in denen der Schmerzensgeldanspruch bisher eine stärkere Ausprägung erfahren hat (z. B. USA) und den medizinischen Sachverständigengutachten die denkbar größte Bedeutung beigemessen wird, spricht sich der Gesetzeswortlaut durchaus nicht immer expressis verbis für ein Primat des medizinischen Gutachtens aus. Die dominierende Rolle des ärztlichen Zeugnisses dürfte vielmehr aus den Erfahrungen und Einsichten der mit der Wahrheitsfindung Beauftragten resultieren.

Jugoslawien

Die umfangreiche Palette der Behandlung immaterieller Körperschäden mit eingehender Bewertung unter Einschaltung ärztlicher Gutachten, zeigt das Bemühen um eine angemessene Lösung des so schwierigen Schmerzensgeldproblems.

Das Obligationengesetz von 1978 sieht Entschädigung vor für immaterielle Körperschäden, auch bei Dauerfolgen. Die verschiedenen Landesteile mit den unterschiedlichen Volksstämmen und ihrer Eigenständigkeit, bedingen allerdings noch erhebliche Differenzen in der Höhe zugesprochener Entschädigungssummen.

Allenthalben wird offensichtlich dem ärztlichen Gutachten besondere Bedeutung beigemessen. Dieses soll die Intensität und Dauer der Schmerzen fest- und den Behandlungsverlauf darstellen sowie auch den eventuellen Dauerschaden beurteilen. Eine derart subtile Ermittlung findet seinen Grund in der Gepflogenheit, die Schmerzstärke nach Graden und pro Tag zu ermitteln. Die Richtsätze sind variabel, wodurch eine individuelle Anpassung des Schadensverlaufes möglich wird.

Als Beispiel: leichte Schmerzen werden pro Tag mit einem Betrag bis zu 500 Dinar (etwa 35 DM) angesetzt, starke Schmerzen pro Tag bis zu 2000 Dinar (etwa 210 DM).

Auch für einzelne Verletzungen gibt es Anhaltspunkte: ein komplizierter Beinbruch kann mit bis zu 600 000,— Dinar (ca. 42 000,— DM) immateriell entschädigt werden. In den Urteilen werden in der Regel die Beträge für verschiedene immaterielle Entschädigungsbereiche einzeln aufgeführt (die sich unseres Erachtens allerdings überschneiden): „Schmerzensgeld", Entschädigung für den „Dauerschaden", für „Verunstaltung", für „erhöhte Leistungsanforderungen", worunter man wohl die Bemühungen versteht, die erforderlich sind, um trotz der Behinderung seine Arbeit zu leisten.

Als beachtliche Besonderheit muß die Möglichkeit eines Schmerzensgeldes gelten, das den nächsten Angehörigen bei einem schweren Invaliditätsschaden des Partners, des Kindes oder der Eltern für die bei ihnen ausgelösten seelischen Schmerzen zugesprochen werden kann.

Kanada

In allen Fällen, in denen in Kanada ein Anspruch auf Schadensersatz gestellt werden kann, besteht auch eine Anspruchsmöglichkeit auf Schmerzensgeld. Die Fachbezeichung lautet: „Domages for pain and suffering."

Allgemein kann gesagt werden, daß hinsichtlich der Prozeßführung in Schmerzensgeldangelegenheiten weitgehend Übereinstimmung mit den USA und England besteht.

Hervorzuheben wäre, daß ein kanadisches Gericht einem Schmerzensgeldanspruch nicht ohne ärztliche Begutachtung stattgeben darf. Dem Kläger obliegt es, durch Vorlage eines ärztlichen Zeugnisses nachzuweisen, daß mit dem jeweils vorliegenden Tatbestand gleichzeitig eine Anspruchsgrundlage für eine Schmerzensgeldforderung gegeben ist. Demgegenüber hat der Beklagte das Recht, durch Beiziehung eines Arztes seinerseits darzutun, daß der zu Schmerzensgeld verpflichtende Tatbestand nicht vorliegt resp. nur mit Einschränkungen bejaht werden kann.

Bei der Bezifferung des Schmerzensgeldes spielt die Vermögenslage des Schädigers oder des Geschädigten keine Rolle. Tabellen, Normen usw. werden im Zivilprozeß nicht benutzt. Lediglich in der gesetzlichen Unfallversicherung der Arbeiter (Workmen's Compensation) existieren derartige Hilfsmittel. Die Schadensersatzansprüche von Arbeitern aufgrund von Betriebsunfällen werden nicht vor den ordentlichen Gerichten, sondern vor den Workmen's Compensation Boards verhandelt.

Größenordnungen für Schmerzensgeldbeträge lassen sich nicht aufstellen. Der Betrag, den ein Geschädigter im Prozeß erstritten hat, wird vom Gericht nicht aufgeschlüsselt; es läßt sich daher nicht ersehen, welcher Betrag für Arzt- und Krankenhauskosten, welcher für Arzneimittel — also für tatsächlich dem Kläger erwachsene Ausgaben — und welcher Teil als Schmerzensgeld eingesetzt worden ist. Als Anhaltspunkt mag folgendes Beispiel dienen:

Ein Arbeiter erlitt bei einem Verkehrsunfall einen doppelten Unterschenkelbruch, der ihn vier Monate an das Krankenhaus fesselte. Bis zur vollständigen Wiederherstellung und Schmerzfreiheit vergingen 12 bis 14 Monate. Das Gericht gewährte dem Verletzten ein Schmerzensgeld in Höhe von $ 2.500,—.

Grundsätzlich ist die Festsetzung des Schmerzensgeldes ausschließlich Sache des Juristen.

Der größte Teil der auf diesem Gebiet spezialisierten Anwälte ist in dem „Staatlichen Anwaltsverband für Versicherungsschadensfälle in Amerika (NACCA)" zusammengeschlossen, einer Organisation, die mehrere zehntausend Mitglieder in den USA, Kanada und Mexiko zählt. Wie in den USA besuchen auch in Kanada die Mitglieder der NACCA regelmäßig gerichtsmedizinische Seminare, um neben der Erweiterung ihres Wissens auf diesem Gebiet auch in allen aktuellen Fragen orientiert zu sein.

Die Mehrzahl der Schmerzensgeldfälle wird in der Regel auf dem Wege der Verhandlung zwischen den Vertretern des Klägers und denen der Versicherungsanstalten entschieden. Auch dabei kommt dem ärztlichen Gutachten dieselbe große Bedeutung zu, wie es in der Verhandlung des Prozesses der Fall ist.

Die entscheidende Bedeutung des medizinischen Gutachtens in der vorstehend geschilderten Weise sollte schon aus Gründen der Erfahrung und

Vernunft eine Selbstverständlichkeit sein. Kanada und die USA können uns darin ein Vorbild sein.

Luxemburg

Die luxemburgische Rechtsordnung stützt sich auf die Gesetzbücher Frankreichs, wie auch das Land Luxemburg hinsichtlich seiner geographischen, völkischen und sprachlichen Ausrichtung der französischen Einflußsphäre zuzurechnen ist.

Es besteht daher wie in Frankreich in allen Fällen Anspruch auf Gewährung von Schmerzensgeld, in denen Schadensersatz wegen Körperverletzung geltend gemacht wird. Das heißt jedoch nicht, daß der Schmerzensgeldanspruch ausschließlich diejenigen körperlichen und seelischen Schmerzen erfaßt, die durch erlittenen physischen Schaden bedingt sind. Die Fachbezeichnung lautet „Indemnité pour douleurs endurées" (= Schadensersatz für erlittene Schmerzen). Die Rechtsprechung in Luxemburg differenziert bei der Definition des Begriffes „Schmerzensgeld" zwischen den Bezeichnungen „indemnité pour douleurs endurées" und „indemnité pour dommage moral". Nicht mit dem ersteren, sondern mit dem letzteren, dem viel umfassenderen Begriff des „indemnité pour dommage moral" wird der Terminus Schmerzensgeld gleichgesetzt.

Dieser „dommage moral" also steht im Gegensatz zum „dommage corporel" (= Körperschaden) mit seinen Auswirkungen auf das Berufs- und Erwerbsleben (atteinte à la capacité de travail). Er steht auch im Gegensatz zum „dommage matériel", dem materiellen, dem Sachschaden.

Der „dommage moral", welcher alle erlittenen oder noch zu erleidenden immateriellen Schäden umfaßt, teilt sich in zwei Kategorien,

in „dommage pour douleurs" oder „dommage pour soffrances endurées" und

„dommage pour atteinte à la considération, à L'honneur, à l'affection" etc.

Zur ersten Kategorie zählen diejenigen Schmerzen, welche erst durch Körperverletzungen hervorgerufen werden. Anspruch auf eine Entschädigung für „douleurs endurées", d. h. ausgestandene Schmerzen, hat nur der Verletzte selbst. Der dem Verletzten sowie dem seinen Verletzungen Erlegenen zustehende Anspruch geht kraft Gesetzes auf den Erben über. Die Beeinträchtigung der Erwerbsfähigkeit wird als Körperschaden angesehen und als solcher — nicht aber als „dommage moral" ausgeglichen. Zur zweiten Kategorie der Moralschäden gehören Verletzungen der persönlichen Ehre, des Ansehens, verleumderische Angriffe.

Der Unterschied zwischen den beiden Gruppen besteht eben darin, daß bei der letzten Kategorie keine physischen Schäden vorliegen und dennoch ein Schmerzensgeldanspruch besteht. Unter bestimmten Voraussetzungen kann ein Anspruch auch dann gegeben sein, wenn ein Dritter die Körperverletzung erlitten hat oder gar sein Leben verlor. Beispielsweise hat eine Witwe Anspruch auf Entschädigung „pour perte d'affection" (wörtlich: „für verlorene Zuneigung"). Es handelt sich dabei wohlgemerkt um einen echten Schmerzensgeldanspruch, denn es geht um die Entschädigung erlittener oder noch zu erleidender, immaterieller Schäden, um die Entschädigung für seelische Schmerzen, die zwangsläufig eine Minderung der Lebensfreude mit sich bringen.

Die Rechtsprechung in Luxemburg trägt — wie man sieht — dem Postulat der Lebensfreude in denkbar großem Maße Rechnung. Unter „Lebensfreude" versteht sie „Gesundheit" und unter „Gesundheit" das „völlige körperliche, seelische und soziale Wohlbefinden", welches wiederum durch Verletzungen schwerwiegend beeinträchtigt werden mag.

Ebenso wie das französische und belgische Recht kennt auch das luxemburgische den Begriff „indemnité pour atteinte à l'intégrité physique" (wörtlich: Entschädigung für Verletzung der körperlichen Unversehrtheit). Diese Entschädigung kann derjenige beanspruchen, der körperliche Schäden erlitten hat, ohne daß jedoch diese Schäden einen nachteiligen Einfluß auf sein Erwerbsleben ausübten.

Was ein Schaden im Berufsleben und was ein Schaden im Privatleben ist, hat der Oberste Gerichtshof Luxemburgs wie folgt entschieden (Appel civil 26. 2. 58; Pas. Luxbg. Bd. VII/S. 269):

„Der Geschädigte erleidet einen Schaden im beruflichen Leben dadurch, daß es seinerseits größerer Anstrengungen bedarf, um dieselbe Arbeit zu leisten als vor dem Unfall; und er erleidet einen Schaden im privaten Leben dadurch, daß er ganz oder zum Teil auf verschiedene Annehmlichkeiten und Vergnügen, die zum normalen Leben gehören, verzichten muß. Von diesen Schäden ist der erstere ‚materiell', der zweite ‚moralisch'."

Inwieweit die Entschädigung materieller oder moralischer Natur ist, wird je nach Lage des Falles beurteilt. Die Frage erhält insoweit Bedeutung, als die Sozialversicherungsträger Regreß gegen den Schädiger geltend machen können. Für rein moralische Schäden steht dem Sozialversicherungsträger ein Regreßanspruch nämlich nicht zu.

Die ärztliche Begutachtung spielt bei der Entscheidung über die Bemessung der Schmerzensgeldhöhe eine wesentliche Rolle. Die Zuerkennung erfolgt jeweils nach Lage des Einzelfalles. Interessant ist die Bewertung nach Prozentsätzen bei Dauerinvalidität, wobei 10% mit 20 000 Lfrs. angesetzt werden. Davon abweichende Prozentsätze werden linear errechnet. Hierbei ist die „Beeinträchtigung der Lebensfreude“ maßgeblich.

Bei dem Tod eines Familienangehörigen wurden 1980 zugesprochen: dem Ehegatten 250 000 Lfrs., den Eltern 200 000 Lfrs., den Großeltern je 40 000 Lfrs. Auch Geschwister und Verlobte werden berücksichtigt.

Die Vermögenslage des Schädigers und des Geschädigten wird bei der Festsetzung des Schmerzensgeldbetrages nicht berücksichtigt. Eine gesetzliche Pflichthaftpflichtversicherung für Kraftfahrer ist vorhanden.

Neuseeland

Bei der Regelung von Ersatzansprüchen („damages“) aus unerlaubten Handlungen folgt das dort ausgeübte Recht weitgehend dem englischen „Law of Torts“. Die geschützten Rechtsgüter entsprechen dabei den der § § 823 des deutschen BGB. Wie auch in den bereits behandelten Rechtsordnungen des angloamerikanischen Rechtskreises wird weiter zwischen „special damages“ — und tatsächlich erwachsenen und nachweisbaren Kosten — und „general damages“ — solchen Schäden, die in einer Summe festgesetzt werden — differenziert. In den „general damages“ ist auch das Schmerzensgeld („damages for pain and suffering“) enthalten.

Die meisten Ansprüche dieser Art überschreiten die NZ $ 500-(= DM 2090,—)-Grenze. Die im Magistrats Court Act 1947 geregelte Zuständigkeit der Gerichte wurde durch den Amendment Act 1961 Section 2 (a) geändert. Demnach endet die Zuständigkeit des Magistrats Court jetzt bei einem Streitwert von NZ $ 2000,— (1 NZ $ = 4,18 DM).

Die ärztliche Begutachtung ist zwar nicht bedeutungslos, doch ist es dem Arzt untersagt, irgendeinen Hinweis oder eine Anregung bezüglich der ihm angemessen erscheinenden Höhe des zu gewährenden Schmerzensgeldes in sein Gutachten aufzunehmen. Über diesen Punkt befindet allein die Jury, die sich bei ihren Entscheidungen meist von der Sympathie (oder Antipathie) für den Geschädigten leiten läßt. Der Schädiger versucht also dieser Tatsache dadurch Rechnung zu tragen, daß er sich bemüht, mit dem Geschädigten zu einem außergerichtlichen Vergleich zu kommen. Die Vermögenslage des Geschädigten — nicht des Schädigers — interessiert bei der Festsetzung des Schmerzensgeldes. Daneben aber spielt auch der Lebensstandard eine gewisse Rolle.

Tabellen und Normen werden nicht benutzt. Wenn die Schmerzensgeldsumme einmal fixiert ist, kann das Verfahren nicht wieder aufgenommen werden. Wie in den übrigen Staaten des angelsächsischen Rechtskreises werden alle Ansprüche in einer Summe erfaßt, sehr sorgfältig abgewogen und auch alle künftigen Umstände (vor allem die Erwerbseinbuße) in Betracht gezogen, wie es die Maxime des englischen Common Law gebietet: „Interest rei publicae ut sit finis litium.“

Den „damages“ stehen die Ansprüche auf Versicherungsleistungen (Compensation) aus der gesetzlichen Unfallversicherung der versicherungspflichtigen Arbeitnehmer gegenüber. Der Anspruch des Verletzten besteht — wie in Deutschland — ohne Rücksicht auf ein eigenes Verschulden.

Eine gesetzliche Haftpflichtversicherung ist in Neuseeland obligatorisch. Es handelt sich bei der „Third Party Insurance“ also um eine Zwangsversicherung, die seit 1927 bei der Registrierung des Fahrzeuges abgeschlossen werden muß.

Niederlande

In den Niederlanden besteht der Schmerzensgeldanspruch seit dem 21. Mai 1943. An diesem Tage hat der Hooge Raad der Niederlande (das höchste Gericht, entsprechend unserem Bundesgerichtshof) durch Grundsatzurteil der Unklarheit über diesen Anspruch ein Ende bereitet.

Der Schmerzensgeldanspruch findet sich nämlich in den Niederlanden in einer klaren, definitiven Bestimmung gesetzlich verankert. Rechtsprechung und Schrifttum setzen sich jedoch mit ihm auseinander, wobei die Meinungen auseinandergehen. Mit dem oben erwähnten, höchstrichterlichen Urteil wurde nun neben dem erlittenen Vermögensschaden auch der ideelle Schaden bei der Entschädigung mit in Betracht gezogen. Im angegebenen Falle handelt es sich um eine Entschädigung für erlittene Schmerzen und Minderung der Lebensfreude als Folge einer Körperverletzung. Das Gericht ging dabei von einer entsprechenden Auslegung der einschlägigen Bestimmungen der Art. 1407 und 1282 des Burgerlijk Wetboek (BW = Bürgerliches Gesetzbuch) aus, die den Komplex der unerlaubten Handlungen und des Schadensersatzes wegen Nichterfüllung zum Gegenstand haben. Aufgrund dieses Artikels wurde für bestimmte Fälle ein Anspruch auf Zahlung von Schmerzensgeld bejaht.

Art. 1282 BW bestimmt, daß die Erstattung der Kosten, Schäden und Zinsen im allgemeinen aus der Ersatzleistung für den entstandenen Schaden oder den entgangenen Gewinn besteht. In der Literatur überwiegt die Ansicht, daß aus dieser Vorschrift auch ein Entschädigungsanspruch für erlittene ideelle Schäden abgeleitet werden kann. In vielen Fällen handelt es sich um Körperverletzungen durch Verkehrsunfall, in anderen dagegen um fehlerhafte ärztliche Behandlung. In jedem Falle müssen die beiden Schuldelemente — Vorsatz und Fahrlässigkeit — fakultativ zu bejahen sein. Auf die Dauer eines Jahres besteht jedoch bei Verkehrsunfällen nach dem Schadensereignis eine Risikohaftung gem. § 31 des Wegensverkeerswet, da im jeweils gegebenen Fall die Fahrlässigkeit des Fahrzeugeigentümers vermutet wird, es sei denn, dieser erbringt den Gegenbeweis.

Unter dem Schmerzensgeldanspruch — die niederländische Fachbezeichnung lautet „smartegeld" — sind alle nichtmateriellen Schäden subsumierbar: bereits erlittene bzw. noch zu erleidende körperliche oder seelische Schmerzen, Verlust der Lebensfreude oder deren Minderung — z. B. durch Verstümmelung oder Entstellung und dergl. mehr. Ebenso wie im deutschen Recht ist der Anspruch höchstpersönlicher Natur. Er kann allein durch die geschädigte Person geltend gemacht werden und geht nicht auf die Erben über, sofern nicht der Erblasser den Schmerzensgeldanspruch zuvor bei dem zuständigen Gericht eingeklagt hat.

Die außerordentlich diffizile Beweiswürdigung im Zuge der Feststellung des ideellen Schadens sowie dessen endgültige Bemessung sind der freien Ermessensentscheidung des Richters anheimgestellt.

Die ärztliche Begutachtung spielt in den Niederlanden eine nicht unwesentliche Rolle. Im allgemeinen wird der ärztliche Sachverständige von Amts wegen nicht bestellt. Zum Zwecke der Schadensbewertung stehen systematisch geordnete Übersichtstabellen zur Verfügung, welche den Urteilen niederländischer Gerichte in Zivilsachen entnommen sind und die die Beurteilung von Schmerzensgeldansprüchen zum Gegenstand haben. Veröffentlicht sind diese in der Fachzeitschrift „Verkeersrecht" 1980, die 600 Gerichtsentscheidungen enthält — zusammengestellt von Th. L. v. d. Veen. Dabei wird auch ein Umrechnungsfaktor-Vergleich zwischen den Jahren 1970—1981 mitgeteilt: 1000 hfl 1970 entsprachen 1981 einer zugesprochenen Entschädigung von 2130 hfl, also eine Steigerung mit dem Umrechnungsfaktor 2,13. Im Vergleich hierzu beträgt dieser Faktor in der Bundesrepublik Deutschland zwischen den Jahren 1971—1983 für gerichtlich zuerkannte Schmerzensgelder 2,7. Eine erstaunlich gleichartige Entwicklung der Steigerungsraten.

Die zugesprochenen Schmerzensgeldbeträge sind im Vergleich zu denjenigen anderer Länder (wie z. B. den USA und England) relativ niedrig bemessen. Der bisher höchste Betrag, der in den Niederlanden durch rechtskräftiges Urteil zuerkannt wurde, belief sich neben anderen auferlegten Schadensersatzleistungen auf hfl. 100 000,—.

Bei der Errechnung des zuzusprechenden Schmerzensgeldbetrages wird sowohl die Vermögenslage des Schädigers als auch diejenige des Geschädigten berücksichtigt. Dasselbe trifft auch für das Lebensalter des Geschädigten zu.

Auch der soziale Stand der beiden Parteien wird berücksichtigt. Eine eventuell bestehende Haftpflichtversicherung wird gleichermaßen in Ansatz gebracht. Die konkreten Verhältnisse des Geschädigten spielen ebenso eine rechtserhebliche Rolle (SIEVERS, VW 59/538 f.). Wenn ein Sportler sich einer Beinamputation unterziehen muß, so wird sein Anspruch um einiges höher ausfallen als der eines Nichtsportlers.

Obwohl der Schmerzensgeldanspruch in den Niederlanden seit 30 Jahren existiert, hat man es nicht dabei bewenden lassen, die Erkenntnisse und und Praktiken anderer Länder einfach zu übernehmen oder gar zu kopieren. Seit dem 1. 1. 1965 besteht auch in den Niederlanden die gesetzliche obligatorische Haftpflichtversicherung, welche sowohl Kraftfahrzeuge als auch Krafträder und Kleinkrafträder umfaßt.

Die niederländische Rechtsprechung, welche zu Anfang der sechziger Jahre im Hinblick auf das Schmerzensgeldproblem noch in den Anfängen begriffen war, hat in den letzten Jahren eine nicht unbeachtliche Entwicklung aufzuweisen.

Norwegen

Der Schmerzensgeldanspruch im norwegischen Recht wird nicht wie in Deutschland durch den § 847 BGB in Form einer allgemeinen Bestimmung geregelt, sondern durch eine Anzahl von Einzelgesetzen, insbesondere wird auf Kap. 3 § 3 Abs. 2 des Schadensersatzgesetzes vom 13. 6. 1969 Bezug genommen.

Der Anspruch selbst wird generell ähnlich wie im deutschen Recht aus der Schadensersatzverpflichtung aufgrund einer unerlaubten Handlung hergeleitet. Jedoch wird der Anspruch keineswegs als ein rein zivilrechtlicher angesehen; er wird — im Gegensatz zum deutschen Formalrecht — zugleich mit dem zugrundeliegenden Deliktstatbestand behandelt. Die Verpflichtung zur Zahlung eines Schmerzensgeldes wird daher ebenso in den für die Beurteilung der Unrechtshandlung anzuziehenden Rechtsnormen ausgesprochen. Die Hauptbestimmung, die an dieser Stelle erwähnt werden soll, ist § 19 des Einführungsgesetzes zum Strafgesetzbuch vom 22. 5. 1902. Als Spezialbestimmung wurde durch Gesetzesänderung vom 12. 12. 58 § 19 a in das Einführungsgesetz zum Strafgesetz übernommen.

§ 19 hat folgenden Wortlaut:

Hat jemand einem anderen den Körper oder die Gesundheit verletzt oder ihn in seiner Freiheit beeinträchtigt, soll er — sofern er nach den geltenden Gesetzen ersatzpflichtig ist — dem Betroffenen außer Ersatz für den erlittenen Schaden auch Schadensersatz für Verluste in seinem zukünftigen Fortkommen leisten, und zwar so, wie es das Gericht bei Berücksichtigung aller Umstände für billig erachtet.

Ist die Handlung durch Vorsatz oder grobe Fahrlässigkeit verursacht worden, kann das Gericht dem Schuldigen auferlegen, dem Verletzten einen nach billigem Ermessen festzusetzenden Betrag als Schmerzensgeld (oppreisning) für die bei der Handlung erlittenen Schmerzzufügungen oder für einen anderen nichtmateriellen Schaden zu leisten.

Der den § 19 ergänzende § 19 a lautet wie folgt:

1. Hat jemand einem anderen eine Ehrenkränkung zugefügt oder die Sphäre des Privatlebens gestört, so soll er — sofern Fahrlässigkeit oder die Bedingungen zur Bestrafung vorliegen — Ersatz für erlittenen Schaden und für Verluste im zukünftigen Fortkommen leisten, wie es das Gericht bei Berücksichtigung aller Umstände für billig findet. Ihm kann auch auferlegt werden, ein „Schmerzensgeld" („oppreisning") zu zahlen, wie es das Gericht für billig erachtet.
2. Ist die Kränkung in gedruckter Schrift verübt worden, und ist jemand, der im Dienste des Eigentümers und Herausgebers handelt, verantwortlich gem. Abs. 1, so haften auch Eigentümer und Herausgeber für den Ersatz. Das gleiche gilt für das gem. Abs. 1 auferlegte Schmerzensgeld, es sei denn, daß das Gericht sie aus besonderen Gründen davon freispricht. Dem Eigentümer oder Herausgeber kann auch ein weiteres Schmerzensgeld, das das Gericht unter Berücksichtigung ihrer Verhältnisse bestimmt, auferlegt werden.
3. In einem Urteil, das auf Strafe oder Wiedergutmachung lautet, kann das Gericht den Verurteilten dazu verpflichten, dem Verletzten einen Betrag zur Veröffentlichung des Urteils zu zahlen. Das gleiche gilt bei Verurteilungen gem. § 130 des Strafgesetzes.

Weiter heißt es im § 21 des Einführungsgesetzes:

1. Ist durch den verursachten Tod jemand seines Versorgers beraubt worden, so ist ihm für den Verlust, den er vermutlich dadurch erleidet, zu Lasten des Ersatzpflichtigen ein solcher Ersatz zuzusprechen, wie ihn das Gericht bei Berücksichtigung der erwiesenen Schuld und der übrigen Umstände für angemessen hält.
2. Ist der Tod mit Vorsatz oder durch grobe Fahrlässigkeit verursacht worden, so kann das Gericht außerdem dem Ehegatten, den Kindern oder Eltern des Getöteten Schmerzensgeld wie im § 19 Satz 2 aufgeführt zusprechen.

Schließlich hebt § 25 desselben Gesetzes den Schmerzensgeldanspruch auf, indem er erklärt:

„das in §§ 19, 21 behandelte Schmerzensgeld ist nicht zuzusprechen, wo der Verletzte durch eigene grobe Fahrlässigkeit beim Zustandekommen des Schadens mitgewirkt oder durch eigenes mißliches Verhalten die schädigende Handlung veranlaßt hat." Weiter einschränkend bestimmt § 27 des Einführungsgesetzes zum Strafgesetzbuch:

„Anspruch auf Schmerzensgeld kann, solange er nicht anerkannt oder im Prozeß geltend gemacht ist, nicht abgetreten oder durch Erbe übertragen werden.

Zusammenfassend kann festgestellt werden, daß der § 19a des Einführungsgesetzes zum Strafgesetz die zentrale Vorschrift der norwegischen Schmerzensgeldgesetzgebung darstellt.

Seine wesentlichen Punkte sind also:

1. Schmerzensgeld kann nur dem Schuldigen auferlegt werden. Für die Handlung Dritter tritt keine Haftung ein.
2. Der Schädiger muß den Schaden schuldhaft — vorsätzlich — oder grobfahrlässig verursacht haben.
3. Es liegt im Ermessen der Gerichte, ob Schmerzensgeld zuerkannt werden soll oder nicht.
4. Das Gesetz schreibt den Gerichten vor, nach Billigkeitsgrundsätzen zu verfahren.
5. Durch die dehnbare Vorschrift des § 25 vermag bereits ein sehr geringes Maß mitwirkenden Verschuldens jeden Schmerzensgeldanspruch auszuschließen.

Einen weiteren Anspruch dieser Art finden wir bemerkenswerterweise noch im Arrestverfahren (§ 261 des Gesetzes über die Zwangsvollstreckung vom 13. 8. 1915).

Zur Terminologie selbst wäre in Ergänzung des oben Gesagten daran zu erinnern, daß das Schmerzensgeld in Norwegen primär Strafcharakter hat, obwohl ein Strafurteil zur Erlangung des Schmerzensgeldes nicht unbedingte Voraussetzung ist. Im norwegischen Eherecht ist der Schmerzensgeldanspruch ebenfalls aufgenommen worden (Gesetz über Eingehung oder Auflösung einer Ehe vom 31. 5. 1918 Nr. 2 — §§ 33 u. 38).

Das Gericht kann dem schuldigen Ehepartner auferlegen, dem nichtschuldigen Teil einen adäquaten Betrag zu zahlen, welcher als Schmerzensgeld für erlittenen Schmerz oder als Wiedergutmachung eines nichtmateriellen Schadens dienen soll.

Die vorgenannten Bestimmungen des Eherechts finden in der Praxis jedoch selten Anwendung.

Es ist dem richterlichen Ermessen überlassen, die jeweils anstehenden Fälle zu würdigen und über sie zu befinden. Für die Bemessung der Höhe des Schmerzensgeldes sind die Art und Dauer der erlittenen körperlichen und seelischen Schäden sowie eine eventuelle durch sie bedingte Entstellung von Bedeutung. Sofern das erkennende Gericht zu der Auffassung gelangt, den Grad der Schmerzhaftigkeit — z. B. die Gefährlichkeit der Verletzung, die Aussicht auf Wiederherstellung der Gesundheit oder gar die Minderung der Lebensfreude — aus eigenen Stücken nicht hinreichend beurteilen zu können, ordnet es die Einholung eines medizinischen Sachverständigengutachtens an. Tabellen, Normen oder andere Hilfsmittel kennt man nicht. Die Vermögenslage des Schädigers und die des Geschädigten wird bei der Festsetzung des Schmerzensgeldes berücksichtigt.

Die Festsetzung der Entschädigungssumme liegt — wie bereits erwähnt — im freien Ermessen des Richters. Es kann gesagt werden, daß dieser sich allgemein von dem ethischen Zweckgrundsatz leiten läßt, wonach das Schmerzensgeld dem Verletzten für alle ihm aus der Verletzung entstandenen nachteiligen Folgen eine Entschädigung bieten soll, soweit es sich dabei nicht um vermögensrechtliche Schäden handelt.

Es hat sich in Norwegen eine Art „Rechtsprechung der unteren Gerichte" herausgebildet. Deren Entscheidungen werden — von einigen Ausnahmen abgesehen — nicht veröffentlicht. In den letzten Jahren ist kein Fall von Schmerzensgeldansprüchen bekannt, der vor den Obersten Gerichtshof gelangte.

Den in der Fachzeitschrift „Rettens Gang" abgedruckten Urteilen seien folgende entnommen:

Ein junges Mädchen wurde von einem unter Alkoholeinwirkung stehenden Kraftfahrer angefahren. Sie erlitt Verletzungen am rechten Bein, wodurch sie 6 Wochen Arbeitsunfähigkeit hinnehmen mußte. Als Folgeerscheinung dieses Unfalls machte sie geltend, daß ihr lädiertes Bein verhältnismäßig schnell ermüde und wund würde. Das Gericht kam zu dem Schluß, daß die erlittene Verletzung relativ gering sei, sprach der Klägerin aber 1000,— NKr zu (Schwurgerichtsurteil 67/659).

Ein Mann schlug einer Frau mehrmals ins Gesicht, wodurch letztere schwere Schwellungen erlitt. In der Folgezeit traten nervöse Störungen auf. Als Schmerzensgeld erkannte ihr das Schwurgericht 1000,— NKr (RG 60/489) zu.

In einem Schwurgerichtsurteil aus dem Jahre 1960 (RG 60/593) wurde ein Fall behandelt, in welchem es um eine Frau ging, die bei einem Zusammenstoß so schwer verletzt wurde, daß sie 5 Wochen nach Einlieferung in das Krankenhaus verstarb. Der Ehemann der Verstorbenen, der wirtschaftlich keine Einbuße erleiden brauchte, erhielt dennoch 2000,— NKr als Schmerzensgeld zugesprochen. Das Bemerkenswerte an dieser Entscheidung ist, daß das Gericht ohne Rücksicht darauf, ob die Voraussetzungen für einen echten, aus dem Verlust des Ehepartners resultierenden Schadensersatz vorlagen, den Schmerzensgeldanspruch bejahte.

Maßstäbe oder typische Größenordnungen lassen sich aus den wenigen zur Verfügung stehenden Entscheidungen daher nicht erkennen. Am 3. Februar 1961 wurde im Rahmen der Kraftfahrzeughaftpflichtversicherung ein besonderes Gesetz geschaffen, das „Gesetz betreffend Haftpflicht für

Schäden, die Kraftfahrzeuge verursachen", das sogen. Kraftwagenhaftungsgesetz (Lov om ansvar for skade som motorvogner gjer — Bil ansvarslova).

Aus diesem Gesetz läßt sich ein Schmerzensgeldanspruch jedoch nicht ableiten, wie § 6 ausdrücklich sagt. Ein etwaiger Anspruch auf Schmerzensgeld für Personenschäden, die durch das Führen eines Kfz. verursacht worden sind, muß deshalb auf § 19 des Einführungsgesetzes zum Strafgesetz gestützt werden.

Alles in allem kommt der Schmerzensgeldgesetzgebung in diesem Lande relativ geringe praktische Bedeutung zu. Wegen seiner Voraussetzungen wenden die Gerichte den § 19 Einführungsgesetz in der Regel selten an. Das hat zwar immer wieder den Ruf nach einer Revision dieser Bestimmung laut werden lassen. In letzter Zeit wird der immaterielle Schaden nach einem komplizierten Berechnungssystem festgestellt, das die Invalidität nach einem Schema, einem „Grundbetrag" von zur Zeit 21 200,— N. Kr., der Sterbetafel mit einem Kapitalisierungsfaktor von 6% und einer Erhöhung um ⅓ berücksichtigt, wobei in besonders gravierenden Fällen von Körperschäden eine 100%ige Invalidität auch überschritten werden kann.

Konkrete Urteile reichen bei geringeren Schäden (15% Invalidität) von 15 000,— N. Kr. bis zu sehr schweren bei 100% Invalidität mit 300 000,— N. Kr. Entschädigung. 100,— N. Kr. entsprechen Mitte 1983 etwa 35,20 DM.

Die norwegische Rechtsordnung gibt ein instruktives Beispiel hinsichtlich der pragmatischen Behandlung von Rechtsproblemen des modernen Lebens, in dem sie unter Abkehr von den meist üblichen und dehnbaren Generalklauseln die Anspruchsgrundlage im Rahmen der von Fall zu Fall zum Zuge kommenden Bestimmungen zu regeln sucht.

Österreich

Ebenso wie das im zweiten Buch des deutschen BGB fixierte Recht der Schuldverhältnisse beruht auch dieser Abschnitt des österreichischen Allgemeinen Bürgerlichen Gesetzbuches (ABGB) auf römisch-rechtlichen Grundsätzen. Schuldhafte Verletzungen von Leben, Eigentum, Freiheit, Ehre und jede andere vorsätzlich sittenwidrige Schadenszufügung verpflichten zum Schadensersatz.

Der Schmerzensgeldanspruch — oder nach der österreichischen Terminologie „Schmerzengeld" ohne „s" — hat seinen Niederschlag im ABGB § 1325 gefunden.

Obwohl nach Einverleibung Österreichs durch das damalige Deutsche Reich im Jahre 1938 das ABGB zunächst weiterhin in Kraft blieb, sind Einflüsse deutscherseits bis 1945 und darüberhinaus dennoch unverkennbar geblieben.

Die Begutachtung durch den ärztlichen Sachverständigen nimmt in Österreich einen weiten Raum ein. Dementsprechend reichhaltig ist die Literatur (z. B. die medizinisch-juristische Schrift „Das Schmerzengeld" von JAROSCH-MÜLLER-PIEGLER), die sich sowohl auf juristischem als auch auf medizinischem Gebiet eingehend mit den Fragen der Begutachtung beschäftigt.

Im Gegensatz zu Deutschland wirkt in Österreich der Unfallchirurg als selbständiger Facharzt. Der geschädigte Teil wird in der Regel von ihm behandelt und auch beurteilt. Eine intensive Beschäftigung mit diesem Spezialgebiet dürfte daher für den Unfallchirurgen besonders nahe liegen. Aber auch Gerichtsmediziner werden mit Schmerzensgeldbegutachtungen beauftragt.

In der Höhe der zu gewährenden Schmerzensgeldsumme legte man sich in Österreich bis vor einigen Jahren bewußt Zurückhaltung auf. Diese Zurückhaltung in der Zuerkennung höherer Schmerzensgeldbeträge hat man jedoch mehr und mehr aufgegeben. Im Juli 1964 hat der Oberste Gerichtshof den dort bisher höchsten Schmerzensgeldbetrag zuerkannt: 130 000 S (etwa DM 19 500,—).

Die allmählich um sich greifende Teuerung und der dadurch bedingte Geldwertschwund werden von der Rechtsprechung berücksichtigt.

Auch in Österreich bedient man sich der Aufstellung von FISCHER als Hilfsmittel zur Klassifizierung der immateriellen Schäden; ebenso der GOLDBACH-FÖRSTERschen Tabelle.

Im übrigen weiß man dort sehr wohl um die Schwierigkeiten, allgemeingültige, an die jeweiligen Schadensfälle anzulegende Maßstäbe zu finden. Solange sich der Oberste Gerichtshof immer wieder zur globalen Fixierung einer Schmerzensgeldsumme bekennt und jede Bemessung nach Tagesansätzen — gestaffelt nach dem Grad der Schmerzen — ablehnt, wird sich ein klarer Maßstab auch nicht herausbilden können. Daher auch das Zögern, höhere Entschädigungsleistungen zuzusprechen. Dieses Zaudern mag immerhin Ausfluß eines latenten Bedürfnisses nach brauchbaren Handhaben für eine möglichst gerechte und befriedigende Beurteilung immaterieller Schäden sein; es zeigt indessen, daß für den Mediziner und den Juristen noch manches Problem zu lösen ist.

In diesem Zusammenhang verdient der Aufsatz PIEGLERS (erschienen in Nr. 154 der Zeitschrift „Der Kraftfahr Jurist" vom 15. 2. 1970) Erwähnung.

In seinen sehr ausführlich gehaltenen Darlegungen und Untersuchungen zum Problem des Schmerzengeldes weist er eingangs mit Recht darauf hin, daß nach dem Inkrafttreten des ABGB immerhin 158 Jahre vergangen sind und daß sich die Lebensverhältnisse dermaßen verändert haben, daß sich die Frage, welches Schmerzengeld für eine bestimmte Verletzung nun eigentlich angemessen sei, immer neu stellt.

PIEGLER will die Schmerzengeldbemessung in einem gewissen objektiven Rahmen abgesteckt sehen, da es sich sonst mehr um Willkür als um Recht handele. Diesen Rahmen aber vermißt er beim Gesetzgeber, und der Oberste Gerichtshof lehnt jede Festlegung auf irgendwelche Tagestaxen für die verschiedenen Schmerzkategorien als mit dem Wesen einer auf dem richterlichen Ermessen beruhenden Globalbemessen stets als unvereinbar ab. Die einzige Möglichkeit — so sagt PIEGLER — könne nur durch sorgfältige Durchleuchtung der höchstrichterlichen Rechtsprechung gefunden werden. An Material scheine es zunächst nicht zu mangeln.

So liegen lt. PIEGLER dem Obersten Gerichtshof in Österreich Jahr für Jahr etwa 400 Schadenersatzfälle vor. Etwa 50 bis 60 dieser Fälle werfen die Frage des Schmerzengeldes auf. Das Jahr 1969 brachte mit 72 Schmerzengeldentscheidungen einen bisherigen Höchststand. Obwohl es sich um letztinstanzliche Entscheidungen über die Zubilligung eines angemessenen Schmerzengeldes handelt, kann diesen für eine allgemeine Betrachtung nur zu einem kleinen Teil eine verläßliche Aussage über die Ansichten des Obersten Gerichts entnommen werden. PIEGLER weist auf den Umstand hin, daß dies davon abhänge, von w e m die Frage vor den Obersten Gerichtshof gebracht wurde. Waren also etwa S 100 000,— eingeklagt, haben die Untergerichte S 70 000,— zugesprochen. Hat dann der Beklagte Revision erhoben, weil ihm auch die letztgenannte Summe zu hoch erschien, dann kann der OGH nur darüber befinden, ob S 70 000,— zuviel sind, nicht aber, ob sie genug sind. Er vermag also nur die Vorentscheidung zu bestätigen oder das Schmerzengeld noch weiter herabsetzen. Wenn dem so wäre, würde dies eine instruktive Entscheidung darstellen. Bestätigt aber der OGH den vom Untergericht zuerkannten Betrag von S 70 000,—, so bleibt ungeklärt, ob der Schmerzengeldbetrag nicht höher ausgefallen wäre, wenn auch der Kläger Revision erhoben hätte. Ähnlich ist die Lage, wenn der Kläger den von ihm begehrten Betrag voll zugesprochen erhält. PIEGLER wirft nun folgerichtig die Frage auf: Wer weiß, ob er nicht noch mehr bekommen hätte, wenn er mehr begehrt hätte?

So mancher wegen der Art der Verletzungen und wegen der Höhe des zuerkannten Betrages markant erscheinende Fall enthält nach PIEGLERS Auffassung nichts, was ihm allgemeine Bedeutung geben könnte. Übrig bleiben nach seiner Meinung eigentlich nur jene Entscheidungen, in denen der Kläger trotz Revision nicht voll durchdrang; in denen der Beklagte durch seine Revision eine weitere Herabsetzung des Schmerzengeldes erwirkte oder in denen über den Weg der Revision beider Teile der Schmerzengeldbetrag nicht ganz dem Wunsch des Klägers oder dem des Beklagten entsprach. PIEGLER gibt zu, daß es zeitraubend ist, diesen Zusammenhängen nachzugehen, aber nur auf diese Weise kann wirklich etwas Brauchbares seiner Ansicht nach herausgefunden werden. Im folgenden versucht er, seine These kurz aufzuzeigen. Er beginnt mit der Feststellung, daß seit der Errichtung der Zweiten Republik es immerhin zehn Jahre gedauert hat, bis Schmerzengeldbeträge von S 100 000,— zugesprochen wurden; 1964 wurden S 130 000,—, 1965 S 180 000,— erreicht. Im Jahre 1966 gab es nur Zuerkennungen von höchstens 100 000,— Schilling; aber 1967 wurden erstmals S 215 000,— gewährt. Im folgenden Jahr kam man nicht über S 200 000,— hinaus und 1969 schließlich nicht über S 180 000,—. Die rückläufige Tendenz will PIEGLER nicht so verstanden wissen, daß der OGH die Höhe der Ansprüche wieder zurückgesteckt hätte. Es sei darauf zurückzuführen, daß eben in manchen Jahren keine Fälle mit außerordentlich hohen Schmerzerscheinungen und Dauerfolgen zu verzeichnen gewesen wären, so daß ein noch höherer Schmerzengeldbetrag in Frage gestanden hätte. Tatsache ist, daß die österreichische Rechtsprechung derzeitig bei einem Höchststand von S 215 000,— steht. Die Ausführungen des OGH anläßlich eines besonders schweren Falles (Querschnittslähmung) ließen erkennen, daß dem Umstand, daß kein globales Schmerzengeld begehrt worden war, die außerordentliche Schwere der Verletzungen dafür ursächlich zu sein schien. Dem Kläger blieb die Möglichkeit offen, für die Zukunft weiteres Schmerzengeld zu verlangen. Der bisherige Höchstbetrag von S 215 000,— hätte also, wenn Globalbemessung möglich gewesen wäre, zweifellos noch beträchtlich überschritten werden können. In Wahrheit dürfte die österreichische Rechtsprechung im Zuge der Schmerzengeldbemessung bei einer vorläufigen Obergrenze von ca. S 300 000,— angelangt sein.

PIEGLER schließt seine Ausführungen, indem er den Rahmen, in welchem sich die Schmerzengeldbeträge bewegen, auch nach unten absteckt. So hat er ebenfalls die Fälle geprüft, in denen die geringsten Schmerzengelder während der letzten Jahre zugesprochen wurden. Das niedrigste Schmerzengeld wurde mit S 2000,— einer 26jährigen Serviererin zugemessen, und zwar für eine Fissur und Verbiegung des knöchernen Nasenbeins, eines Bluterguß im Bereich der Nasenwurzel, wobei als Dauerfolge ein kleiner Höcker ca. 1 cm unterhalb der Nasenwurzel verblieb. Die Klägerin hatte S 3000,— beantragt. Sie litt an einem Tage unter starken, vier Tage unter mittleren und vier bis fünf Tage unter leichten Schmerzen. Drei Tage Krankenhausaufenthalt waren erforderlich (4 Ob 571/67).

Anstatt der begehrten S 12 000,— erhielt ein 37jähriger Feinmechaniker S 5000,— zugesprochen, der eine Verletzung der linken Oberlippe mit Blutunterlaufungen und Schleimhautgeschwür erlitt sowie einen Bänderriß in der Basis des Grundgliedes des linken Mittelfingers. Er war nicht im

Krankenhaus, hatte aber 4 Tage starke, zehn Tage mittlere und 25 Tage leichtere Schmerzen zu ertragen (7 Ob 197/69).

PIEGLER kommt zu dem Schluß, daß es offensichtlich ist, daß in den letzten Jahren die Schmerzengeldbeträge, namentlich für schwere und schwerste Verletzungen und Dauerfolgen, angehoben wurden — entsprechend der Steigerung des Volkseinkommens und der gehobeneren Lebenshaltung. Gerade in einer Zeit, die den Wert der menschlichen Persönlichkeit und daher auch deren körperliche Integrität besonders hoch schätzt, darf der Befehl des Gesetzes, daß dem Verletzten ein angemessenes Schmerzengeld gebühre, nicht leicht genommen werden. Die Rechtsprechung ist aber nach wie vor weit davon entfernt, Unfälle zu Glücksfällen werden zu lassen, aus denen man Kapital schlagen kann. Es wurde nie aus den Augen verloren, daß auch das Schmerzengeld eine ernsthafte Belastung der Volkswirtschaft darstellt und letzten Endes meistens von der Allgemeinheit (Haftpflichtversicherung) aufgebracht werden muß. Hier wird man PIEGLER nicht bedenkenlos zustimmen dürfen: Der Gesichtspunkt der „ernsthaften Belastung der Volkswirtschaft" unterscheidet sich nicht allzusehr von dem der Staatsraison, der in der Rechtsprechung — nicht nur in Österreich — häufig unausgesprochen das Zweckdenken bestimmt. Es sollte auch nicht übersehen werden, daß die Haftpflichtversicherungen keineswegs geringe Prämien kassieren, die sich nicht unerheblich auf die Einkommensverhältnisse der einzelnen, welche die Allgemeinheit schließlich bilden, auszuwirken pflegen. Es wäre zu bedauern, wenn PIEGLER damit den Gegnern einer fortschrittlicheren und großzügigeren Auffassung über die Bemessung von Schmerzengeld ein weiteres Argument in die Hand gegeben hätte.

Daran ändert auch seine Feststellung nichts, daß die vom OGH bemessenen Gelder nur einen Teil jener Summen ausmachen, die von den unteren Instanzen oder von den Schadensregulierungsabteilungen der Versicherungsgesellschaften zugestanden werden. Hier handelt es sich um unausbleibliche Symptome eines übertechnisierten Zeitalters mit den ihm eigenen Gefahren — aber auch Vorzügen — des modernen Verkehrs.

Zuzustimmen ist PIEGLER in der ethischen Erkenntnis, daß „jeder durch Vorsicht verhinderte Unfall eine Wohltat nicht nur für die Beteiligten, sondern auch für die Allgemeinheit ist".

Die Schematisierung von Schmerzensgeldbewertungen, wie sie in Österreich schon seit Jahrzehnten vorgenommen wird, setzt nach vier Schmerzgraden Tagessätze fest. Sie betragen derzeit:

700 ö. S. (ca. 99,— DM)	bei leichten Schmerzen pro Tag
900 ö. S. (ca. 127,— DM)	bei mittleren Schmerzen pro Tag
1200 ö. S. (ca. 170,— DM)	bei starken Schmerzen pro Tag
1600 ö. S. (ca. 227,— DM)	bei sehr starken Schmerzen pro Tag.

Trotz mancherlei Bedenken einer derartigen Vereinfachung gegenüber, wird in der Rechtsprechung häufig von ihr Gebrauch gemacht. Gerichtlich zuerkannte Schmerzensgelder bewegen sich von 1500,— ö.S. bei leichten Fällen (ca. 213,— DM) bis zu 900 000,— ö.S. (ca. 128 000,— DM) bei lebenslänglich schwerstem Siechtum mit nahezu totaler Lähmung der Gliedmaßen und Ausscheidungsorgane.

Polen

Der immaterielle Schaden wird nach Artikel 444 § 1 und Art. 445 § 1 des Zivilgesetzbuches (ZGB) geregelt. Eine Entschädigung wird zugesprochen wegen „erlittenen Unrechts".

Tabellen werden in Anwendung gebracht, nach denen für leichte Verletzungen bis zu 8000,— Zloty (etwa 728,— DM), für mittlere bis zu 25 000,— Zloty (etwa 7 700,— DM) und schwerste Verletzungen bis zu 250 000,— Zloty (etwa 77 000,— DM) zuerkannt werden.

Bei Dauerschäden werden für je 1 % 4000,— Zloty (etwa 364,— DM) angesetzt.

Schmerzensgeld bei Tötung naher Verwandter wird für die Angehörigen durch die Untergerichte zwar in der Regel gebilligt, ist aber strittig.

Portugal

Die portugiesische Rechtsordnung erkennt den Schmerzensgeldanspruch der allgemeinen Form nach grundsätzlich an. Er besteht bereits seit 1867.

Die Artikel 483 Abs. 1 und 496 Abs. 1 des Código Civil betreffen Ansprüche, die Nichtvermögensschäden darstellen.

Obwohl die Bestimmungen und die unterschiedlichen Auslegungen hierüber zum großen Teil überholt sind, ist dies Anerkenntnis durch die Rechtsprechung wiederholt bestätigt und durch Aufnahme in die StpO sowie die einschlägigen Vorschriften der StVO von 1954/55 bekräftigt worden.

Der Fachausdruck lautet „Daño moral" oder „daños morais", d. h. soviel wie „seelischer Schaden" oder „seelische Schäden".

Der ärztlichen Begutachtung wird keine sonderliche Bedeutung zugemessen. Je nach Lage des Falles mag sich das Gericht im Zuge der Schmerzensgeldfestsetzung von einem ärztlichen Gutachten leiten lassen, namentlich dann, wenn die Schwere der Verletzung bzw. deren Folgen unübersehbare, gravierende Faktoren darstellen.

Ansonsten bestehen keinerlei Bindungen an das medizinische Zeugnis. Das Gesetz macht es dem Gericht vielmehr zur Pflicht, die Höhe des Schmerzensgeldes nach eigenem sorgfältigen, pflichtgemäßen Ermessen festzusetzen. Berücksichtigung erfahren in diesem Zusammenhang die Schwere der Gesetzesübertretung, die wirtschaftliche Lage und die sonstigen sozialen Verhältnisse des Geschädigten sowie des Gläubigers (so die StPO § 2 Art. 34).

Die StVO wiederum fragt nach dem Schuldgrad des Täters und des Verletzten (Art. 570 Abs. 1 des Código Civil), nach den sozialen Verhältnissen und der wirtschaftlichen Lage des Verletzten sowie des Verantwortlichen (Art. 56). Das Gericht muß also vornehmlich die sozialen Verhältnisse des Geschädigten ins Auge fassen.

Daneben sind körperliche Schmerzen, Sorgen, Not, seelische Schmerzen, Angst, Schreck, Entstellung, Minderung der Lebensfreude usw. lediglich Umstände, die das Gericht nach Maßgabe sorgfältigen, pflichtgemäßen Ermessens in Betracht ziehen muß.

Tabellen, Normen oder andere Hilfsmittel für die Schmerzensgeldbewertung gibt es in Portugal nicht.

Die Höhe der zugesprochenen Schmerzensgelder ist unterschiedlich. Im Hinblick auf die dem Gericht obliegende (sorgfältige) Ermessensentscheidung wird in Portugal konsequenterweise auf „Richtwerte" („Richtmaß", „Richtsumme") oder dergl. verzichtet.

Die Festsetzung der Schmerzensgeldsummen erfolgt daher von Fall zu Fall. Neuere Gerichtsentscheide sprachen bei leichteren Schäden 12 000,— Escudos bei Unfallschock (etwa 300,— DM) und bei schweren — Unterschenkelteilverlust bei einem Kind — von 200 000,— Escudos (etwa 5000,— DM) zu.

Eine Anpassung an die dortige Geldentwertung hat demnach allem Anschein nach nicht stattgefunden, wodurch die Entschädigungssummen in der Kaufkraft real erniedrigt wurden.

SIEVERS — a. a. O. — weist mit Recht darauf hin, daß gerade die immateriellen Schäden durch ihren Charakter am schwersten nachzuweisen sind (Anm.: Der oberste portugiesische Gerichtshof hat in seinem Urteil vom 13. 4. 1945 grundsätzlich festgestellt, „daß der moralische Schaden wirtschaftlich nicht genau abgegrenzt werden kann, er müsse sich daher folgerichtig aus dem Kriterium der menschlichen Erfahrungen und dem Gefühl ergeben").

Im Falle des Todes des Geschädigten geht das Anspruchsrecht auf Entschädigung auch des immateriellen Schadens auf den Ehegatten und zugleich mit ihm auf die Kinder — ohne Rücksicht auf deren Alter — über. Falls der Ehegatte verstorben ist, sind nur die Kinder anspruchsberechtigt.

Die sozialen Momente stehen dort derart im Vordergrund, daß nicht nur — wie oben erwähnt — bei der Bemessung des Schmerzensgeldes die pekuniäre Situation des Geschädigten und des Schädigers in Ansatz zu bringen sind, sondern im Falle des Ablebens des Schadensopfers nun auch die wirtschaftliche Lage der Erben berücksichtigt wird, sofern die Erben zur Zeit des Todes des Opfers von diesem unterhalten wurden.

Zur Überbewertung des sozialen Elementes in der portugiesischen Schmerzensgeldrechtsprechung führt ein Experte ein bezeichnendes Beispiel an: „Fährt ein Millionär eine arme Mutter von zehn Kindern an und tot, so muß er das Zehnfache des üblichen bezahlen."

Die Bedenken gegen eine derartige Bestimmung liegen auf der Hand, und die Unterbewertung ärztlicher Begutachtung entspricht dieser Handhabung. Es vermag nichts darüber hinwegzutäuschen, daß das portugiesische Rechtswesen erhebliche Lücken, namentlich in der Verfahrensweise bei der Beurteilung der wesentlichsten Momente, die die Fixierung der Schmerzensgeldhöhe beeinflussen, aufweist: der seelischen wie der körperlichen Schmerzen.

Eine Pflichthaftpflicht besteht in Portugal lediglich für Eigentümer und Fahrer von Kraftfahrzeugen für Mehrpersonentransport.

Außerhalb dieser Kategorie ist der Abschluß einer Haftpflichtversicherung freiwillig. Die meisten Kraftfahrer sind jedoch auf dieser Basis versichert.

Portugal als Land mit einer derart geringen Entwicklung in der Behandlung des Schmerzensgeldanspruches hat auf diesem Gebiet noch einen weiten Weg vor sich.

Rumänien

In Rumänien ist ein Schmerzensgeld vom Gesetz her nicht vorgesehen. Inwieweit dabei gesellschaftspolitische Vorstellungen eine Rolle spielen, kann nur vermutet werden. Theoretische Ansätze in der Rechtswissenschaft scheinen allerdings hier Wandel schaffen zu wollen, was abgewartet werden muß.

Schweden

Bei Betrachtung des Schmerzensgeldkomplexes in Schweden stellen sich einige Besonderheiten dar, die einen relativ hohen Stand und eine fortschrittlich anmutende Regelung dieses modernen Rechtsproblems erkennen lassen.

Der Schmerzensgeldanspruch gilt allerdings nur in bestimmten Fällen. Seine Fachbezeichnung in der Landessprache lautet: „Ersättning för sveda ech värk". Zunächst hat er Aufnahme im Strafgesetzbuch, Kap. 6 § 2, gefunden, wonach er wegen Verletzung des Körpers oder der Gesundheit, wegen Freiheitsberaubung, Beleidigung und falscher Anschuldigung geltend gemacht werden kann. Hausfriedensbruch und das Vergehen wider die

Sittlichkeit sind allerdings in dieser Vorschrift ausgeklammert. Im Falle der Körperverletzung bleibt der Anspruch jedoch keineswegs auf die (strafrechtliche) Deliktshaftung beschränkt, sondern hat darüberhinaus seinen Niederschlag in dem Gesetz über die Haftpflicht der Eisenbahnen (1886), über die Unterhaltung elektrischer Anlagen (1902), über die Haftpflicht im Automobilverkehr (1916) und über die Haftpflicht in der Luftfahrt (1922) gefunden. Die vorgenannten Gesetze sehen die Anspruchsberechtigung selbst dann vor, wenn kein nachweisbares Verschulden vorliegt. Die Praxis geht freilich zum Teil noch weiter. Sie bürdet dem Arbeitgeber neben der Ersatzpflicht noch die Schmerzensgeldverpflichtung gegenüber seinen Arbeitnehmern auf, wenn der Schaden nach Lage der Dinge auf mangelnde Sicherheitsvorkehrungen, Verletzung der Aufsichtspflicht durch die Arbeitsleitung usw. zurückzuführen ist, auch dann, wenn es sich um die aus einem Vertragsverhältnis resultierende Haftung handelt (in Deutschland sind Betriebsunfallverletzungen vom Schmerzensgeldanspruch ausgenommen, es sei denn, sie sind schuldhaft-vorsätzlich erfolgt).

Prozeßrechtlich kann eine Verurteilung zur Schmerzensgeldzahlung völlig unabhängig voneinander sowohl im Straftprozeß wie auch im Zivilgerichtsverfahren erfolgen. Berücksichtigung finden bei der Bemessung des Schmerzensgeldbetrages nichtvermögensrechtliche Schäden aller Art. Vermögenslage der Parteien oder das eventuelle Bestehen einer Haftpflichtversicherung ist grundsätzlich unbeachtlich, hat darüberhinaus auf die Bezifferung des Schadensbetrages auch keinerlei Einfluß.

Tabellen, Normen, Schemata oder sonstige Hilfsmittel gibt es nicht. Auch das eingeholte ärztliche Sachverständigengutachten vermag nicht direkt auf die Entscheidung des Gerichts einzuwirken. Auch dort herrscht das freie Ermessen, wobei man von den konkreten Körperschäden und den aus ihnen herrührenden immateriellen Schadensfolgen ausgeht.

Die ärztliche Mitwirkung hierbei erstreckt sich vornehmlich auf die Ausstellung von Attesten und kleineren Gutachten. Diese wiederum müssen praktisch in jedem Falle beigebracht werden. Im Anschluß an die Rechtsprechung haben sich mit der Zeit gewisse Richtlinien herausgebildet, nach denen die Körperschäden in verschiedene Arten kategorisiert werden. Man unterscheidet zwischen

a) Unbehagen und Leiden des Geschädigten während der Krankheit,

b) Invaliditätsschäden.

Ansonsten halten sich die zugesprochenen Schmerzensgeldsummen in recht bescheidenen Grenzen. Namhafte Beträge kommen nur selten vor. Von soziologischen Erwägungen abgesehen, erscheint das Schmerzensgeldproblem im Hinblick auf die finanzielle Adaequanz in Schweden noch nachzuhinken. Angesichts der bereits vorhandenen vielversprechenden Ansätze aber ist damit zu rechnen, daß sich bei kontinuierlicher Weiterentwicklung derselben eine Musterentwicklung herausbilden wird, an der sich andere Staaten mit Gewinn orientieren können.

Wie oben dargelegt, besteht in Schweden die gesetzliche Haftpflicht für Kraftfahrzeughalter. Das Verkehrsversicherungsgesetz von 1929, welches das Haftpflichtgesetz von 1916 ergänzt, erhält eine besondere Note durch die folgende Bestimmung:

Ist der Versicherungspflichtige keine Versicherung eingegangen oder hat er seine Mitgliedschaft nicht aufrechterhalten — was übrigens strafbar ist —, so haften sämtliche Verkehrsversicherungsunternehmen (d. h. deren Dachorganisationen) dem Verletzten gemeinschaftlich und nicht nur für den erlittenen Sachschaden, sondern auch für den immateriellen, für das Schmerzensgeld also. Dasselbe trifft zu, wenn sich nicht ermitteln läßt, welches Fahrzeug den Schaden verursacht hat. — Rechtspolitisch eine ebenso kühne wie begrüßenswerte Maßnahme!

Im Gegensatz zu Norwegen stehen hier umfangreiche Sammlungen höchstrichterlicher Entscheidungen zur Verfügung, die von einer großen schwedischen Versicherung herausgebracht werden. Dadurch sind Summenvergleiche möglich.

Im Zuge einer geplanten Rechtsreform soll auch eine Neugestaltung des Schadenersatzrechtes erfolgen. Höhere Schmerzensgeldbeträge gehören zwar nach wie vor in Schweden zu den Ausnahmen. Ähnlich wie in Dänemark werden sie mit einer bestimmten Taxe pro Tag gewährt. Jedoch zeichnet sich in der Rechtsprechung ein deutlicher Trend zur Zuerkennung höher bemessener Beträge ab. Es mag den Anschein haben, daß die Gerichte in schwereren Fällen zugunsten des Geschädigten damit der dort latenten Geldentwertung Rechnung tragen. Dennoch läßt sich die These vertreten, daß auch grundsätzliche rechtliche Erwägungen bei diesen Entscheidungen eine gewisse Rolle spielen. So hat das höchste Gericht für eine allerdings außerordentlich schwere Verletzung (Verletzung des Halsrückgrats) 50 000 Kr zuerkannt. Das Urteil berücksichtigt nicht die während des akuten Krankheitszustands erlittenen Leiden — obwohl nach dem dortigen Recht der Schmerzensgeldanspruch sich darauf beziehen müßte — sondern es berücksichtigt vorausschauend die künftigen, durch die Fortdauer des Schadens bedingten Leiden. Diese Entscheidung ist in die schwedische Entscheidungssammlung aufgenommen worden und wird von der übrigen Rechtsprechung dieses Landes allgemein als richtungweisend und verbindlich angesehen.

Eine Besonderheit des Schadensersatzrechtes in Schweden ist beachtenswert: die Haftung bei Personenschäden, also auch der immaterielle Körperschaden, ist nach dem Verkehrsschadensgesetz vom 1. 7. 1976 verschuldensunabhängig.

Haftpflichtig ist stets die Verkehrsversicherung. Selbst dann, wenn der Fahrer eines Kraftfahrzeuges durch eigene Schuld selbst verletzt wurde, genießt er Versicherungsschutz für seine Verletzungen.

Zur Bewertung immaterieller Körperschäden wurden in Schweden Tabellen aufgestellt.

Während der ersten drei Monate der stationären Krankenhausbehandlung werden zur Zeit angesetzt:

monatlich 1400—1950 Skr je nach Schweregrad, danach
monatlich 1400 Skr während weiterer 3 Monate und
monatlich 950 Skr für die nächsten 6 Monate.

Ambulante Behandlungen werden in den ersten 6 Monaten
monatlich mit 850 Skr und weitere 6 Monate
monatlich mit 400 Skr angesetzt.

12 Monate nach der Verletzung wird der immaterielle Invaliditätsgrad festgestellt.

Die hierzu vorliegenden Tabellen berücksichtigen neben Prozentsätzen — also der Schwere des Schadens — die Altersgruppe des Geschädigten, wobei die Höhe der Beträge bei älteren Menschen erheblich abnimmt.

Beispielsweise wird der Verlust eines Beines im Oberschenkel bei einem Alter unter 25 Jahren mit 47 000,— Skr (etwa 16 400,— DM) entschädigt und bei einem Alter von 70 Jahren mit 25 700,— Skr (etwa 9000,— DM).

Andere Schäden lassen in der Bewertung das Alter unberücksichtigt, so wird bei totaler Ertaubung mit 85 000,— Skr (etwa 29 580,— DM) entschädigt.

Diese Beträge können durch erschwerende Umstände wie Entstellungen, besonders heftige Schmerzen u. a. verändert werden.

Schweiz

Die Schweiz ist nicht allein ein geographischer Nachbar Österreichs, sie liegt auch in der Einflußsphäre des österreichischen ABGB. Diese Einwirkungen waren unverkennbar bei der Abfassung der privatrechtlichen Gesetzbücher von Bern und Zürich, die für die deutschen Kantone bestimmt waren. Ihre Entstehung liegt etwa in der ersten Hälfte des vorigen Jahrhunderts, und man kann sie als Vorläufer des heutigen Zivilgesetzbuches (ZGB) ansehen, dessen Bedeutung — auch für die Probleme dieser Monographie — nicht hoch genug eingeschätzt werden kann. Es hat auf die Zivilgesetzgebung des Auslandes stark eingewirkt. So wurde das brasilianische Zivilgesetzbuch von 1916 nachhaltig von ihm beeinflußt. In seinen wesentlichen Teilen fand es während der 30er Jahre in die Kodifikation des Fürstentums Liechtenstein Eingang. Von der Türkei wurde es nach erfolgreicher Übersetzung fast wörtlich übernommen. Diesem Gesetzeswerk wird vor allem seine klare, plastische Sprache nachgerühmt, die juristische Kunstausdrücke vermeidet und auf kasuistische Einzelregelungen verzichtet.

So mag es nach dem Gesagten fast enttäuschend anmuten, daß es den sprachlich und begrifflich so eingängigen Terminus technicus „Schmerzensgeld" in der Diktion des ZGB nicht gibt. Stattdessen findet sich dort der sogenannte „Genugtuungsanspruch". Es ist hier nicht der Platz, beide Fachbezeichnungen nun gegenüberzustellen. Für unsere Zwecke mag die Feststellung genügen, daß der Genugtuungsanspruch für immaterielle Schäden im wesentlichen identisch mit unserem Schmerzensgeldanspruch ist.

Dafür spricht auch die in der französischen ZGB-Fassung aufgenommene, dem Code Civil Frankreichs entlehnte Begriffsbestimmung „tort moral". Keine der drei Sprachen — deutsch, französisch, italienisch —, in die das ZGB gefaßt worden ist, genießt aber bei der Gesetzesauslegung Vorrang, so daß eine weitgehende Übereinstimmung dem Sinne und der Sprache nach unbedenklich bejaht werden darf.

Den Anspruch als solchen beurteilt der Richter aus freiem Ermessen und in freier Beweiswürdigung, wobei Faktoren wie Minderung der Lebensfreude, Schwinden der Heiratschancen etc. berücksichtigt werden. Ärztliche Gutachten werden im Rahmen freier Beweiswürdigung seitens des Richters bei der Ermittlung der Höhe der Genugtuung beachtet (Urteil des BGer. Praxis 1960 — Seite 212B). Der Richter hält nicht starr an dem vom Mediziner errechneten Prozentsatz der physischen und psychischen Behinderung fest. Er wägt vielmehr, wie auch sonst bei der Bemessung von Schadensersatzansprüchen, die vorhandenen Faktoren gegeneinander ab. Die rechtliche Grundlage hierfür liefert Art. 43 Abs. 1 des Schweiz. Obligationenrechts, der wie folgt lautet: „Art und Größe des Ersatzes für den eingetretenen Schaden bestimmt der Richter, der hierbei sowohl die Umstände als auch die Größe des Verschuldens zu würdigen hat."

Wie im deutschen Prozeßrecht besteht keine Bindung des Zivilrichters an ein evtl. vorausgegangenes Strafurteil in derselben Sache; er ist also bei der Bemessung und Zuerkennung der Genugtuungssumme völlig souverän. Genugtuung wird nur bei Verschulden ausgesprochen. Mitverschulden des Anspruchsberechtigten steht der Forderung auf Genugtuung nicht entgegen (Praxis des BG, Entscheidungsgründe Ziff. 6, Seite 289). Jedoch kann erhebliches Mitverschulden Genugtuung ausschließen, wie auch verwandtschaftliche Beziehungen zwischen Schädiger und Geschädigtem den

Entschädigungsbetrag reduzieren. Selbst das Verhalten des Schädigers nach dem Unfall findet Berücksichtigung. Die Genugtuungssumme soll dem Genugtuungsbedürfnis dienen. Indes beobachtet man auch hier die größte Zurückhaltung.*

Ärztliche Gutachten im eigentlichen Sinne werden nicht eingeholt. Alles, was man vom Arzt wissen will, ist, wie es mit der Schwere der Verletzung aussieht. Daraus folgert das Gericht — und auch die Versicherungen im außergerichtlichen Vergleich —, wie hoch beispielsweise der Grad der Arbeits- und Erwerbsunfähigkeit in Ansatz gebracht werden kann. Solche Feststellungen — man könnte fast sagen: Auskünfte — haben jedoch auf den richterlichen Spruch keinerlei entscheidenden Einfluß. Worauf es in erster Linie ankommt, sind stets die einzelnen Umstände des jeweiligen Falles. Die Vermögenslage des Geschädigten beeinträchtigt in keiner Weise die Höhe seines Genugtuungsanspruches. Hingegen vermag eine eventuelle Notlage des Schädigers die Reduktion der Genugtuungssumme zu bewirken. Der Mangel liegt klar auf der Hand: Nicht der erlittene körperliche und seelische Schmerz gilt als Kriterium für die Bemessung des Genugtuungsanspruches, sondern ausschließlich die juristische Würdigung kraft richterlichen Ermessens. Die persönlichen Verhältnisse, insbesondere Stand und Bildungsgrad sind maßgeblicher als die Tat. Der Richter wägt die Vermögensverhältnisse der Parteien gegeneinander ab. Auch einem begüterten Geschädigten kann Genugtuung zuerkannt werden.

Bei Würdigung dieser Zu- und Umstände werden die Geldbeträge, auf die die Gerichte zu erkennen pflegen, namentlich bei so schweren Fällen wie Tötung — sehr häufig als unbefriedigend empfunden. Der Geldentwertung wird Rechnung getragen. Hierzu führt das Bundesgericht (Praxis 1963, Seite 240) u. a. aus:

> „Die Genugtuungsleistung, deren Festsetzung im wesentlichen eine Ermessensfrage darstellt, ist dazu bestimmt, einen Nachteil auszugleichen, der seiner Natur nach nur schwer in einer bloßen Geldsumme ausgedrückt werden kann. Aus diesem Grunde kann seine zahlenmäßige Bewertung gewisse Grenzen nicht überschreiten. Die zugesprochene Entschädigung muß aber gleichwohl billig sein. Der Richter wird daher ihre Höhe in das richtige Verhältnis zu der Schwere der erlittenen Beeinträchtigung setzen und darauf achten, daß der zugesprochene Betrag dem Verletzten nicht als lächerlich klein erscheint. Er muß heute insbesondere auch den Rück-

* Einen Überblick über die von der dortigen Rechtsprechung aufgestellten Grundsätze für die Zuerkennung der hier dem deutschen Schmerzensgeld entsprechende Genugtuung gibt BUSSMANN in dem Aufsatz „Genugtuung bei Körperverletzung nach schweizerischem Recht" DAR 1958, 177.

gang des Geldwertes mit in Betracht ziehen. Wenn er auf gewisse Präzedenzfälle abstellt, wird er darauf Bedacht nehmen, sie den gegenwärtigen Verhältnissen anzupassen, um der Geldentwertung Rechnung zu tragen." Neuere Urteile sprachen für mittelschwere Schäden (Unterschenkelbruch mit 2 Operationen) 2000,— sfr zu und für sehr schwere (Querschnittslähmungen) bis zu 100 000,— sfr (120 000,— DM).

Nach Lage des Falles besteht — wie in Frankreich — das Recht auf Anmeldung von Genugtuungsansprüchen durch die Hinterbliebenen beim Tode naher Familienangehöriger. (ZGB Art. 47 Oblig. Recht, Art. 42 Motorfahrzeuggesetz v. 1932 und Art. 62 der neuen Straßenverkehrsordnung.)

Das Schmerzensgeldkapitel ist in der Schweiz zweifellos alleinige Domäne der Juristen. Auf den ersten Blick mutet diese Feststellung einigermaßen erstaunlich an. Die tiefere Ursache hierfür mag vielleicht in der festgefügten und unleugbar bewährten Rechtstradition und Rechtspraxis des Vielvölkerstaates verborgen liegen. Wirren und Erschütterungen wesentlichen Ausmaßes blieben dem eidgenössischen Rechtsleben bis heute erspart, so daß auch das Vertrauen zur Rechtsordnung und deren Vertretern keinerlei Erschütterung erfuhr. Ferner bleibt es der Schweiz dank ihrer besonderen geographischen, politischen und wirtschaftlichen Gegebenheiten selbst überlassen, im Zuge des allgemeinen Trends zum hyperzivilisierten Massenstaatswesen das anzuschlagende Tempo weitgehend selbst zu bestimmen.

Gleichwohl wird auch der schweizerische Gesetzgeber nicht umhin können, sich früher oder später mit der gründlichen Regelung des hochaktuellen Problems auseinanderzusetzen. Die Rechtsprechung, d. h. die Praxis, hatte sich in den vergangenen Jahren wiederholt mit der Zuerkennung und Bemessung von Genugtuungsansprüchen zu befassen.

An der Spitze standen diejenigen Fälle, die die Ansprüche, gestützt auf das Bundesgesetz über den Straßenverkehr (Eidg. Gesetzessammlung 1959, Seite 679 ff.) zum Gegenstand hatten. Nach dem vorstehend genannten Gesetz kann der Geschädigte seine Genugtuungsforderung auf Zahlung einer Geldsumme unmittelbar gegen die Haftpflichtversicherung geltend machen (Art. 65 Straßenverkehrsgesetz). Daneben liefen Prozesse gegen Skifahrer auf Grund der von ihnen verursachten Körperverletzungen (Praxis des Bundesgerichts 1956, Seite 283 ff.). Daß dem Arzt dabei der ihm gebührende verantwortliche Platz zugewiesen werden sollte, dürfte außer Zweifel stehen.

Spanien

Eine dem Schmerzensgeldanspruch allgemein entssprechende Entschädigungsforderung findet sich im Art. 1902 des spanischen Code Civil sowie im Art. 104 des Code Penal. Der im juristischen Sprachgebrauch auftauchende Terminus „indemnización por el daño sufrido“ für „Schmerzensgeld“ stellt eine Wortbildung der dortigen Rechtsdoktrin dar, die in Anlehnung an die Terminologie anderer Länder namentlich in die spanische Rechtsliteratur eindrang. Dem praktischen Recht ist diese Bezeichnung weitgehend unbekannt, denn Praxis und Rechtsprechung lassen einzig und allein den korrekt beweisbaren Schaden gelten, wobei zwar Störungen geistig-seelischer Art Berücksichtigung finden, die den Geschädigten außerstande setzen, seinen Unterhalt zu verdienen. Eine materielle Entschädigung für erlittene Schmerzen aber wird von der spanischen Judikatur verneint.

Eine immaterielle Entschädigung erfolgt hier also nicht in Form von „Schmerzensgeld“, sonderen lediglich indirekt, beispielsweise dann, wenn eine dauernde Entstellung einen Schauspieler für seinen Beruf untauglich werden läßt. Bei derartigen Fällen spielt die ärztliche Begutachtung eine wesentliche Rolle.

Schmerzensgeldbeträge werden in Spanien in der Regel nicht gesondert aufgeführt, so daß infolge der Globalbewertung Vergleiche nur gelegentlich möglich sind.

So ist lediglich bei Unfalltod eines nahen Verwandten mit einer immateriellen Entschädigung von 1—3 Millionen Pesetas üblich (18 000—54 000,— DM).

Neuerlich ist allerdings nach dem Königlichen Dekret vom 4. 7. 1980 eine Festsetzung von Höchstsätzen erfolgt, die eine Entschädigung im Todesfall von 750 000,— ptas (ca. 13 500,— DM) vorsieht und bei Teil-Invalidität nach 12 Kategorien geordnete Entschädigungen beziffert, wobei die 12. Kategorie die niedrigste und die 1. Kategorie die höchste Bewertungsstufe darstellt.

Die Beträge bewegen sich von 50 000,— bis 600 000,—ptas (ca. 900,— bis 10 800,— DM).

Seit Dezember 1962 gibt es in Spanien eine gesetzliche Haftpflichtversicherung für Kraftfahrer.

Republik Südafrika

Der Anspruch auf Schmerzensgeld im dortigen Recht wird analog dem englischen Terminus als „claim for pain and suffering“ bezeichnet.

Er ist in allen Fällen gegeben, in denen ein Anspruch wegen Körperverletzung besteht. Dabei ist es gleichgültig, ob es sich um einen auf unerlaubte Handlung gestützten Anspruch oder um einen solchen, der beispielsweise auf Vertragsbruch basiert, handelt.

Der Schmerzensgeldanspruch ist seiner Natur nach ein Anspruch, der sich speziell auf die „general damages“ bezieht; zum Unterschied von dem aus „special damages“ hergeleiteten Anspruch, worunter z. B. der Verdienstausfall fällt, den der Verletzte erleidet. Zu den „general damages“ zählen auch Ansprüche, die die Rechtsprechung nicht uneingeschränkt dem „claim for pain and suffering“ untergeornet wissen will; wie der Verlust der Lebensfreude („amenities of life“). Beispiel: Jemand ist infolge einer Beinverletzung nicht mehr in der Lage Golf zu spielen. Ebenso gehört zum weiteren Begriff der „general damages“ jeder Schaden, der durch die voraussehbare Verkürzung der Lebensdauer entsteht und der sehr beträchtlich werden kann.

Der Schmerzensgeldanspruch umfaßt körperliche und seelische Schmerzen. Das gilt sowohl für Schmerzen, die in der Vergangenheit — vor Rechtshängigkeit also — erlitten worden sind, als auch für solche, von denen zu befürchten steht, daß sie in Zukunft noch auftreten werden. Der letztgenannte Umstand ist für die Schmerzensgeldbemessung dort von entscheidender Bedeutung.

Die Bemessung des Schmerzensgeldes unterliegt dem freien Ermessensentscheid des Gerichts. Die wichtigsten Faktoren, die berücksichtigt werden, sind u. a. die Schwere der Verletzung, die ausgestandenen Schmerzen, die Dauer des Krankenhausaufenthaltes, die dadurch bedingten Sorgen und Nöte, ferner die Möglichkeit oder Wahrscheinlichkeit, daß die Schmerzen nunmehr einen Dauerzustand bilden und von Zeit zu Zeit wieder auftreten werden.

Entstellungen sowie die Anzahl der vorgenommenen Operationen spielen in diesem Zusammenhang eine nicht minder wichtige Rolle.

Die Schmerzensgeldhöhe richtet sich nach den Umständen des jeweiligen Falles. Waren die Verletzungen beträchtlich, sind aber doch verheilt und Störungen für die Zukunft nicht zu befürchten, so wurden Summen in Höhe von £ 200,—, 300,—, 400,— und auch £ 500,— zuerkannt. Bei Dauerschäden wurden schon £ 1000,— und mehr gewährt. Nach dem südafrikanischen Zivil-Prozeßrecht obliegt es nicht dem Richter, einen Fall aufzuklären, sondern der Kläger muß seine Anspruchsberechtigung beweisen und die anspruchsbegründenden Tatsachen darlegen. Er kann sich dabei der Hilfe von Sachverständigen bedienen. Tabellen oder Normen kennt man nicht, wohl aber Zusammenstellungen von Fällen, aus denen sich die zugrundeliegenden Tatsachen und die daraufhin zugesprochenen Beträge ersehen lassen.

Die Vermögenslage der Parteien bleibt unberücksichtigt. Der Pflichthaftpflichtversicherungsschutz besteht, und auch unter der Third Party Insurance kann sowohl Schmerzensgeld gewährt werden wie durch Privatversicherungen.

Thailand

Die thailändische Rechtsordnung hat den Schmerzensgeldanspruch mit rezipiert und im § 438 und § 446 des Zivil- und Handelsgesetzbuches niedergelegt. Das thailändische Wort für „Schmerzensgeld" lautet in deutscher Transkription: „Kadjedbuad". Hinsichtlich seiner Voraussetzungen und Wirkungen ist der Anspruch weitgehend dem des deutschen Rechts nachgebildet. Demnach kann Schmerzensgeld als Aequivalent für

— Körper- und Gesichtsverletzungen,

— Verletzung der Freiheit,

— wegen unsittlichen Verhaltens gegenüber einer Frau

gewährt werden.

Diese Tatbestände werden in der Rechtsprechung der dortigen Gerichte außerordentlich weit ausgelegt. Ebenso weit gefaßt ist der Bereich der Schäden, für die Schmerzensgeld gewährt wird. Die Rechtsprechung — insbesondere die des obersten Gerichtshofes, die in der (allgemein gehaltenen und eben deshalb sehr umfassenden) Generalklausel des oben zitierten § 438 Abs. 1 ihre Stütze findet — zeigt die Tendenz, auch alle die Schadensfälle mit in die Schmerzensgeldsphäre einzubeziehen, die sich nicht ohne weiteres den materiellen Schäden zuordnen lassen.

Ähnlich wie in der deutschen Rechtsprechung, wird Schmerzensgeld gewährt für körperliche und seelische Schmerzen, Sorge, Not, Angst, Schreck, Entstellung — kurz: für jede Beeinträchtigung körperlicher und seelischer Art.

Tabellen, Normen oder sonstige Hilfsmittel für die Schadensbewertung gibt es nicht. Entscheidend allein ist das freie Ermessen des Gerichts; dabei schwanken die Größenordnungen der zugesprochenen Schmerzensgeldbeträge erheblich. Ein Richter des obersten Gerichtshofes nannte als praktisch in Betracht kommende Höchstgrenze den Betrag im Werte von DM 20.000,—. Das ärztliche Gutachten, dessen Einholung die Regel bildet, ist für die Festsetzung der Summe von entscheidender Bedeutung. Die Vermögenslage des Schädigers und des Geschädigten wird seitens des Gerichts berücksichtigt.

Eine gesetzliche Haftpflicht für Kraftfahrzeughalter und Fahrer besteht zwar noch nicht, befindet sich aber in Vorbereitung.

Die Rolle, die der Schmerzensgeldanspruch im thailändischen Recht spielt, braucht nicht unbedingt als Zeichen für eine besonders profilierte, überfortschrittliche Entwicklung dieses Staates gewertet und gepriesen zu werden. Es mag vielmehr u. a. auf das „schmerzensgeldfreundliche" deutsche Rechtsmodell zurückzuführen sein, das immerhin eine solide Ausgangsbasis für eine eigenständige Weiterführung und Assimilierung der übernommenen Doktrin bieten dürfte.

Tschechoslowakische Sozialistische Republik

In der ČSSR trat am 1. 4. 1964 ein neues Bürgerliches Gesetzbuch in Kraft (Gesetz Nr. 40/1964 der Gesetzessammlung), dessen Teil VI die Verpflichtung zum Schadensersatz behandelt. Bei Gesundheitsschäden werden einmalig die erlittenen Schmerzen des Geschädigten sowie die Einbuße, die er im gesellschaftlichen Leben erfahren hat (wörtlich: „die Erschwerung seiner gesellschaftlichen Geltendmachung"), entschädigt (§ 444 BGB). Kommt es zu einem Gesundheitsschaden, der den ständigen Verlust der Verdienstmöglichkeit herbeiführt, so wird die Entschädigung in Form einer Rente gewährt. Bei deren Berechnung geht man von dem durchschnittlichen Verdienst aus, den der Geschädigte vor dem Schadensfall erhielt (§ 445 BGB). Die daran anschließenden Paragraphen regeln die Fragen, die sich aus dem künftig evtl. in Fortfall geratenden Einkommen ergeben sowie die Ansprüche der Hinterbliebenen.

Die detaillierteste Bestimmung stellt jedoch § 16 der Durchführungsverordnung zum BGB Nr. 45/1964 dar. Er legt die Maßstäbe fest, die für die Bemessung der Schmerzensgeldsumme und deren Höchstgrenze Gültigkeit haben:

> „Das Schmerzensgeld und der Ersatz für die Erschwerung der gesellschaftlichen Geltendmachung wird gemäß den rechtlichen Arbeitsverhältnisvorschriften, die die Verantwortung für Arbeitsunfälle und Berufskrankheiten regeln, bestimmt.
> Die Gesamthöhe des Schmerzensgeldes und der Entschädigung für erschwerte gesellschaftliche Geltendmachung darf nicht 40.000,— Kcs übersteigen; davon darf das Schmerzensgeld 12.000,— Kcs nicht übersteigen. In besonderen, aufmerksamkeitswürdigen (Anm. = etwa „besonders gelagerten") Fällen kann der Gerichtshof die in Absatz 2 angeführten Beträge angemessen erhöhen."

Die Einzelheiten über die Festlegung der Höhe des Schmerzensgeldes sind in den Arbeitsverhältnisvorschriften (Verlautbarung Nr. 32/1965 — Sammlung —) festgelegt. Demnach wird der Schmerzensgeldwert vom Arzt an Stelle eines Prozentsatzes durch ein Punktsystem ermittelt und zwar an Hand einer eigens dafür erstellten Tabelle. Gem. § 7 der Vorschrift werden für je einen Punkt 15,— Kcs gerechnet, wobei die Gesamtsumme den Betrag von 40 000,— Kcs nicht überschreiten soll. Nur ausnahmsweise kann das Gericht eine höhere Summe zusprechen.

Weiter legen die §§ 2 u. 3 der Verlautbarung fest:

Ein Schmerzensgeld erhält der Geschädigte für Schmerzen, die er durch Schaden an der Gesundheit, deren Heilung oder im Zuge der Beseitigung gesundheitlicher Schadensfolgen erlitten hat. Die Leistung des Schmerzensgeldes erfolgt nach den in den Richtlinien enthaltenen Prinzipien, welche im Anhang der vorliegenden Verlautbarung aufgenommen sind.

Das Schmerzensgeld muß der Natur der Schädigung und dem Heilungsverlauf entsprechen.

Nicht zuerkannt wird es für

— einfache (normale) geistige Reaktionen auf Schädigungen des Organismus, welche vorübergehender Natur sind;
— Veränderungen innerhalb des Organismus, die so kurz bemessen sind, daß man sie nicht heilen bzw. nicht einmal objektiv feststellen kann;
— evtl. künftig auftretende Schmerzen, die aus einem bereits vor dem Schadensfall eingetretenen, andauernden Gebrechen resultieren.

In den im Anhang aufgestellten Richtlinien zur Bewertung des Schmerzensgeldes heißt es:

Schmerzen gleichzusetzen ist auch eine Verschlechterung des Gesundheitszustandes wie z. B. ernste psychische Veränderungen oder Störungen des Nervensystems, Müdigkeitszustände und andere physische Belastungen infolge Lähmungserscheinungen oder Gehbehinderungen. Bei unvollständigen Brüchen wird die Bewertung bis um $^1/_3$ herabgesetzt. Hingegen erfährt die Bewertung eine Erhöhung um die Hälfte, wenn

— die Wunde infiziert wurde,
— die Heilungsmethode sich besonders schmerzhaft und kompliziert erweist und wenn
— die Art der Verletzung eine Operation notwendig macht.

Bei vielfacher Schädigung bewertet man die schwerste Verletzung in vollem Umfang. Die übrigen Verletzungen werden mit $^3/_4$ der Sätze abgeschätzt. Die in § 7 der Verlautbarung angeführten Beträge sind jedoch verbindlich und nicht zu überziehen.

Die Erfahrungen und Erkenntnisse der Ärzte sollen berücksichtigt und verwertet werden, die diese bei der Handhabung des bei den Unfall- und Berufskrankheiten praktizierten Punktsystems gewonnen haben. Als Richtschnur seitens des Staates gilt eine derartig präzise Schmerzensgeldbewertung, die den tatsächlich erlittenen Schmerzen dadurch gerecht wird, daß sie diese so genau erfaßt, wie es nach dem Stande der heutigen medizinischen Wissenschaft eben möglich ist.

Türkei

Dem türkischen Recht ist der Begriff des Schmerzensgeldes ebenfalls bekannt, und Schmerzensgeld wird auch öfter gefordert. Der Anspruch gründet sich auf Artikel 47 des türkischen Obligationenrechts, der wie folgt lautet:

> Bei Tötung eines Menschen oder Körperverletzung kann der Richter unter Würdigung besonderer Umstände dem Verletzten oder den Angehörigen des Getöteten eine angemessene Summe als Genugtuung zusprechen."

Die eigentliche wortwörtliche Fachbezeichnung „Schmerzensgeld" gibt es in dem (dem Schweizer Zivilgesetzbuch nachgebildeten) türkischen ZGB nicht. Der unseren Vorstellungen geläufige Schmerzensgeldbegriff wird von dem dort gebräuchlichen Begriff der „Genugtuung" mit umfaßt.

Eine besondere Nuancierung erfährt die Rechtsanwendung durch die ihr gebotene rechtliche Handhabe, die es dem Richter anheimstellt, die Schäden nach eigenem Ermessen dem Schmerzensgeldanspruch zu subsumieren.

Selbst Richtlinien existieren in dieser Hinsicht nicht.

Dafür spielt aber die ärztliche Begutachtung im Einzelfalle eine gewichtige Rolle. Die Vermögenslage des Schädigers und des Geschädigten bleiben bei der Bemessung der Entschädigungssumme nicht unbeachtet.

Die Größenordnungen für die Berechnung der Genugtuungsgelder sind mitunter recht unterschiedlich. Im allgemeinen werden sie nicht besonders hoch angesetzt, was wiederum dem dortigen, gegenwärtig noch recht niedrigen Lebensstandard entspricht.

Auch die Türkei kennt eine Haftpflichtversicherung für Kraftfahrzeughalter, die gesetzlich vorgeschrieben ist. Derzeit übliche Entschädigungssummen liegen in der Regel zwischen 5000,— TL (ca. 95,— DM) bei leichteren und 1 Million TL (etwa 19 000,— DM) bei schwersten Verletzungen (z. B. Querschnittslähmungen).

Tunesien

Auch in Tunesien gibt es den Anspruch auf Schmerzensgeld: seine Fachbezeichnung lautet „Gharamatoun". Regelmäßig wird es in den dem deutschen Recht gleichzustellenden Tatbeständen zugesprochen.

Wird ein Schmerzensgeldanspruch angemeldet, so holt das Gericht in jedem Falle ein ärztliches Sachverständigengutachten ein, was wiederum für die endgültige Bezifferung der Schmerzensgeldsumme von erheblicher Bedeutung ist.

Die tunesische Rechtsprechung und Praxis ist jedoch zu jung, als daß sie innerhalb der bisherigen Zeit ihres Wirkens einen festgegründeten, einheitlichen Standpunkt hinsichtlich der Würdigung und Beurteilung des vielschichtigen Schmerzensgeldproblems hätte erarbeiten können. Immerhin sind die Dinge so weit gediehen, daß man einen „begrenzten" Code Civile in Gebrauch hat. Da die Schmerzensgeldansprüche in den Teil fallen, der das Recht der Schuldverhältnisse behandelt, ist das Gesetzeswerk für die Gerichte in dieser Hinsicht brauchbar. Allerdings sind die Artikel so gehalten, daß sie sehr dehnbar und „weitherzig" zu handhaben und anzuwenden sind. So werden Ansprüche als zivilrechtlich behandelt, wenn die Gerichte sie aus diesen oder jenen Gründen so anzusehen wünschen.

Artikel 107 regelt die Schadensersatzansprüche sowie Wiedergutmachungsansprüche für alle Delikte und unerlaubten Handlungen, dazu zählen Ersatz der Aufwendungen und entgangener Gewinn.

Der Körperschaden wird nach der klassischen Methode eingeteilt in Pretium doloris, körperliche Untüchtigkeit für bestimmte Zeit, dauernde körperliche Untüchtigkeit sowie Beeinträchtigung des Aussehens.

Gem. den Schadensersatzbestimmungen werden die Verkehrsunfälle beurteilt. Inzwischen ist zwar eine Automobilhaftpflichtversicherung sowie ein Ergänzungsgesetz, das „Automobilschutzgesetz vom 30. 8. 1962" geschaffen worden. Am 24. 12. 1964 trat eine sehr moderne Straßenverkehrsordnung in Kraft.

Kommt es zur Verhandlung, so ziehen die Gerichte fast immer Sachverständige zu Rate, meistens Ärzte, daneben aber auch Experten aus dem Wirtschafts- und Sozialleben.

Es ist bei den Gerichten üblich, schnell zu entscheiden.

Ungarn

Seit 1978 ist durch § 354 Zivilgesetzbuch (ZGB) in Verbindung mit § 339 ZGB Anspruch auf Schmerzensgeld verankert, jedoch nur bei schweren Körperschäden, die die Teilnahme am gesellschaftlichen Leben in erheblicher Weise und für Dauer beeinträchtigen.

Für die Bemessung sind der Verlust an Lebensfreude und ästhetische Schädigungen von gravierender Bedeutung.

So sind auch nur Zahlen über Entschädigungsbeträge bei schweren Verletzungen bekannt. Der Verlust der Sehkraft eines Auges beispielsweise, wurde mit 75 000,— Forint (ca. 5700,— DM) entschädigt und eine Querschnittslähmung mit 500 000,— Fl (ca. 38 000,— DM).

Insgesamt gute Ansätze für die Weiterentwicklung des Anspruches und seine gesetzliche Regelung.

USA

Das nebeneinander bestehende Recht der 50 Staaten der USA, des Bundes, der Territorien und Nebengebiete, der Mangel einer systematischen Kodifikation und die Bedeutung der in den Entscheidungssammlungen („Law Reports") veröffentlichten Gerichtsentscheidungen geben dem in den Vereinigten Staaten geltenden Recht einen verwickelten und unübersichtlichen Charakter.

Nur mit Hilfe der „Search Books", der hochentwickelten, technisch hervorragenden juristischen Nachschlagwerke, vermag man es zu meistern.

Die Rechtsordnung der Vereinigten Staaten wird gekennzeichnet durch die Übernahme des nichtkodifizierten englischen „Common law" auf kolonialem Boden sowie durch die bundesstaatliche Verfassung, die das Staatsgebilde besitzt. Grundsätzlich ist jeder Gliedstaat ein selbständiges Rechtsgebiet mit eigenem Recht und Gericht. Das Recht ist nicht kodifiziert; es wird gewohnheitsrechtlich durch die Übung der Gerichte fortgebildet. Ergänzt wird es durch zahlreiche Gesetze („statutes", „laws") der Einzelstaaten —, im Rahmen der verfassungsmäßigen Zuständigkeit des Bundes erfolgt die Ergänzung durch Bundesgesetze. Den Entscheidungen der höheren Gerichte kommt für das Gerichtsbarkeitssystem („jurisdiction"), innerhalb dessen sie ergangen sind, bindende Kraft zu, so daß Entscheidungen der obersten Gerichte eines Einzelstaates für die Gerichte dieses Staates maßgebend sind. Die Entscheidungen des obersten Bundesgerichtes wiederum sind bindend für die Gerichte des Bundes. Staatengerichte und Bundesgerichte stehen selbständig nebeneinander. Der Zuständigkeitskatalog der letzteren erstreckt sich auf bundesrichterliche Sachen, weiter auf Prozesse ausländischer Diplomaten, Prozesse zwischen mehreren Gliedstaaten untereinander, Rechtsstreitigkeiten zwischen einem Gliedstaat und dem Bund sowie Streitigkeiten zwischen einem Bürger des einen und dem eines anderen Staates oder zwischen einem Bürger und einem Ausländer, soweit der Streitwert mindestens $ 3.000,— beträgt. Hat das letztinstanzliche Gericht die Bundesverfassung verletzt, so kann auch ein vor den Gerichten eines Gliedstaates durchgeführter Prozeß in letzter Instanz vor das oberste Bundesgericht gezogen worden.

Da das Privatrecht und das Strafrecht nicht zur Zuständigkeit des Bundes gehören, bilden Bundesrecht und bundesgerichtliche Zuständigkeit hierin eine Ausnahme. In den Einzelstaaten besteht meist eine ordentliche erstinstanzliche Gerichtsbarkeit mit Instanzenzug zu mindestens einem höheren Gericht. Für Bagatellsachen sind besondere kleinere Gerichte vorgesehen. — Nach englischem Vorbild besteht in der Mehrzahl der Staaten für die erstinstanzliche Gerichtsbarkeit ein einziges Gericht für das ganze Staatsgebiet, das in mehrere, örtlich aufgeteilte Abteilungen gegliedert ist.

Einige Staaten haben nach europäischem Vorbild die Gerichtsbarkeit in einer Mehrzahl von gleichgeordneten, selbständigen Gerichten dezentralisiert. Zwischen beiden vorgenannten Systemen gibt es außerdem noch mannigfache Übergänge.

Das amerikanische Recht und die dortige Gerichtspraxis erweisen sich indessen für den Geschädigten hinsichtlich der Anstrengung einer Schadensersatzklage als ausgesprochen attraktiv. Die Gerichtskosten richten sich in allen Staaten — sowohl bei den Landes- als auch bei den Bundesgerichten — nicht nach dem Streitgegenstand. Meist belaufen sie sich unter $ 100,—. Außerdem braucht der Prozeßverlierer nicht die Anwaltskosten des Gegners zu erstatten. Die in den Klageanträgen gemeldeten Schadensersatzsummen sind unvorstellbar hoch angesetzt. Dreistellige Ziffern (in $ natürlich) sind das Mindeste, was bei Körperverletzungen verlangt wird, vierstellige bilden die Regel und fünf- und sogar sechsstellige Ziffern sind bei schweren Körperverletzungen und tödlichen Unfällen durchaus üblich. Allen Ernstes plädiert einer der prominentesten Fachanwälte (Melvin BELLI, „Modern Trials") dafür, daß als Entschädigung für den Verlust eines Armes $ 70.000,—, für einen erlittenen Schock $ 200.000,— und für Schmerzen pro Minute (!) $ 1.000,— angemessen seien. Diese Gepflogenheiten, die man treffend eine „unselige Verquickung von Blut und 'big business'" genannt hat (STIEFEL, „Versicherungswirtschaft" Nr. 9/1959), entsprechen den drüben zulässigen Vereinbarungen von Erfolgshonoraren mit den Anwälten. Die Honorarsätze in Unfallsachen bewegen sich bei einem „Normalsterblichen" durchschnittlich zwischen 40 und 50 %. Dabei muß man sich allerdings die lange Dauer und Förmlichkeit des amerikanischen Prozesses vor Augen führen. Der größte Teil der Arbeit, die in Deutschland von den Gerichten geleistet wird, ist dort Sache der Anwälte. Das gilt insbesondere für die Beweiserhebung und Beweisvorbereitung.

Anspruch, Beweisapparat und — last not least — die in Ansatz gebrachten Schadenssummen sind bis an die Grenze des Möglichen hochgetrieben. Dementsprechend hart spielt sich auch der Kampf um den Schadensersatz ab. Er wird mit einer für unsere Begriffe unvorstellbaren Schärfe und Sachkundigkeit geführt. Um das Gericht — d. h. vornehmlich die Jury — ein aus 12 Laienrichtern zusammengesetztes Gremium, das ebenfalls für Zivilsachen zuständig ist —, auf ihre Seite zu ziehen, fahren die Parteien in der Beweisaufnahme schwerstes Geschütz auf: Schaubilder, Farbfotos, amputierte Gliedmaßen in Spiritus, künstliche Glieder und Skelette zu Demonstrationszwecken in Verbindung mit ungezählten sonstigen plastischen Rekonstruktionsversuchen des Unfalles selbst. Bezeichnend für derartige Praktiken ist eine im Jahre 1959 im „Insurance Law Journal" von Yegge erschienene Abhandlung unter dem Titel „How much 'Blood' may a Jury see?" (Wieviel Blut verträgt eine Jury?) mit Zitierung von Fällen darüber, ob und wann eine Vorführung von Klägern und Zeugen auf Tragbahren, die Demonstration und Offenlegung von verstümmelten oder in Spiritus präparierten Gliederteilen im Gerichtssaal zulässig sind.

Schmerzensgeldgutachten durch Ärzte sind in den Vereinigten Staaten üblich. Zur Rolle des Arztes wäre im einzelnen folgendes zu sagen:

Die Ärzte werden vom Gericht nicht als Sachverständige herangezogen, da der Beweisantritt und die An- und Verwendung des Beweismaterials ausschließlich Angelegenheit der Parteien ist. Darin inbegriffen ist auch die Aussage des seitens der Parteien nominierten sachverständigen Arztes. Die Höhe des Schmerzensgeldes zu bestimmen bleibt jedoch einzig und allein der Jury (dem Gericht) vorbehalten.

Nachdem jede Partei ihre eigenen Gutachter benannt hat, erstatten diese ihre Gutachten in der Regel in Form mündlicher Aussagen. Vor Gericht auftreten kann jeder Arzt, der einen Patienten behandelte, der durch die Fahrlässigkeit eines Dritten verletzt wurde. Der Arzt kann dabei vom Gericht über seine Diagnose und Behandlung vernommen werden. Nach Lage der Dinge mag ihm darüberhinaus auch die Erstellung eines Gutachtens aufgegeben werden, das die eventuellen zukünftigen Schäden des Betroffenen darstellt. Überhaupt ist es unbegrenzt möglich, jeden praktischen Arzt zu beauftragen, den Patienten zu untersuchen und nun seinerseits ein Gutachten über den körperlichen Zustand des Untersuchten abzugeben. Der entsprechende Auftrag wird entweder vom Richter erteilt oder er ergeht auf Grund eines vom Rechtsanwalt gestellten Antrags. Hinsichtlich der vorauszusetzenden fachlichen Eignung genügt es, daß der betreffende Arzt von Amts wegen als qualifiziert angesehen wird. Die Gutachten werden namens und im Auftrage des jeweiligen Antragstellers abgegeben. Bei Abfassung seines Berichtes über die vorgenommenen Untersuchungen, Diagnosen oder Prognosen bedient sich der begutachtende Arzt üblicherweise der schriftlichen Form. Je einen Durchschlag erhält der Patient und Antragsteller sowie der darum ersuchende Anwalt. In gewissen Fällen geht auch eine Ausfertigung des Berichtes an das Prozeßgericht. Zur mündlichen Verhandlung wird der Arzt als Zeuge geladen; der schriftliche Bericht findet dann als Prozeß- und Beweismaterial innerhalb der Verhöre und Kreuzverhöre von beiden Parteien Verwendung.

Ist der geladene Arzt am persönlichen Erscheinen verhindert, so wird das von ihm gelieferte Gutachen allein — analog der Entscheidung nach Lage der Akten etwa — zum Gegenstand der Beweisführung gemacht.

Die medizinischen Gutachten müssen nicht nur „prozeßsicher", sondern in jeder Hinsicht hieb- und stichfest sein. Diese Voraussetzung erklärt sich aus der unleugbaren Tatsache, daß die US-Anwälte — namentlich die Fachanwälte — sich ein beachtliches Wissen um die in Betracht kommenden medizinischen Dinge zu eigen gemacht haben, so daß sie kaum noch als medizinische Laien zu bezeichnen sind. Es gibt Anwälte, die sich mit nichts anderem beschäftigen als mit der Wahrnehmung von Haftpflichtfällen (wobei es allerdings nicht nur um die immaterielle Entschädigung geht). Sie haben sich in Vereinigungen zusammengeschlossen, deren bedeutendste die NACCA („National Association of Claimants Attorneys") in Boston/Mass. darstellt, die ihren Mitgliedern Gelegenheit bietet, regelmäßige Spezialvorlesungen zu besuchen, die sie mit den wichtigsten und aktuellsten medizinischen Tatsachen und Erfahrungen vertraut machen. In der Abteilung „Advanced Medical Proof" des New Yorker „Practising Law Institute", einer wissenschaftlichen Abendhochschule für Praktiker, werden Vorlesungen führender Mediziner mit praktischen Vorführungen nur für Anwälte gehalten. Zum Rüstzeug der Anwälte gehört ferner eine medizinisch-juristische Fachliteratur von höchstem Niveau, die auf den letzten Stand der Entwicklung der Chirurgie, Psychiatrie und der Neurologie gebracht ist. Sowohl von den Rechtsanwaltskammern als auch von den Hochschulen wird alles getan, den lebendigen Kontakt zwischen medizinischer und juristischer Forschungsarbeit und Praxis zu intensivieren. In dem Fachorgan des Verbandes der NACCA — dem „NACCA-Law Journal" und „NACCA-Newsletter" — werden darüberhinaus fast alle Schadensersatzurteile ziffernmäßig erfaßt und tabuliert.

Man könnte nach dem bisher Gesagten annehmen, daß der amerikanische Fachjurist sicherlich dazu neigen werde, die ärztliche Mitwirkung im Prozeß für überflüssig zu halten. Gerade das Gegenteil ist der Fall. Das tiefere Eindringen und die bessere Kenntnis der medizinischen Materie ließ die US-Juristen zu der Erkenntnis gelangen, daß es ohne eine fundamentierte fachärztliche Begutachtung — sei es mündlich oder schriftlich — einfach nicht geht. Demzufolge ist der geeignete Arzt eben der Sachverständige schlechthin. Die Betonung liegt allerdings auf „geeignet", denn: Gericht und Parteien legen den denkbar größten Wert auf die Qualifikation des begutachtenden Arztes. Zuvor wird der Gutachter selbst eingehend über seinen beruflichen Werdegang sowie über seine derzeitige Tätigkeit befragt. Diese umfangreichen Feststellungen sind wesentlicher Punkt des Verhörs selbst. Erst dann, wenn die Qualifikation offensichtlich wird, muß der Arzt zu den speziellen Fragen Stellung nehmen, die die Schädigung des Klägers betreffen. Dabei hat sich der Arzt einem Verhör und einem Kreuzverhör („redirect" und „re-cross-examination") zu unterziehen, in deren Verlauf ihm mitunter die von der Gegenseite ins Feld geführten Spezialisten (Ingenieure und andere Ärzte) ebenso sachverständig wie schonungslos zuzusetzen pflegen. Das formelle amerikanische Beweisrecht schreibt außerdem zwingend vor, daß Wort für Wort der Zeugeneinvernahme aktenkundig zu machen ist. Es ist so gelungen, ein solches Prozeßprotokoll zu beschaffen. Die im Anschluß an dieses Kapitel wiedergegebene wörtliche Übersetzung aus dem Amerikanischen vermittelt ein anschauliches Bild der dortigen Prozeßführung.

Dem prozessualen Aufwand entsprechend verhalten sich die Schadensersatzbeträge, die von den amerikanischen Gerichten zuerkannt werden: sie sind für unsere Begriffe immens. Einschränkend muß indessen vermerkt werden, daß das amerikanische Schadensersatzurteil regelmäßig als Globalurteil ergeht. Alle Elemente — Verdienstausfall, Schmerzensgeld, Heilungskosten etc. — werden von ihm summarisch erfaßt. Die vorgenannten Komponenten dienen dem Gericht lediglich als in Rechnung zu stellende Posten, welche zusammengezogen die endgültige Schadensersatzsumme ergeben. Im Urteil selbst sind die anerkannten „damages" meist nicht spezifiziert und damit einer Berufung oder Revision entzogen. So geschieht es nur in den seltensten Fällen, daß ein Urteil von einer höheren Instanz aufgehoben werden kann. Ein weiteres noch: Die Tatsache, daß die drüben zugesprochenen Schadensersatzsummen wesentlich höher als die in Deutschland regulär gewährten Beträge liegen, erklärt sich daraus, daß die in den USA aufzuwendenden Heilungskosten ein Vielfaches dessen betragen, was hierzulande dafür in Ansatz gebracht werden muß, von Ländern wie Österreich, Italien oder Spanien gar nicht zu sprechen. Die Aufwandsrelation für Pflege und Heilkosten entspricht in etwa der Gleichung: ein Dollar = ein englisches Pfund = eine D-Mark = ein österreichischer Schilling (die Heilungskosten in den USA sind deshalb leicht das Vierfache von denen in Deutschland, auf manchen Gebieten das 25fache wie in Österreich!). Allein die Pflege in einem New Yorker privaten Krankenhaus verschlingt pro Tag mehr als $ 50,—. Das Krankenhausbett erster Klasse kostet in den ersten Häusern $ 30,— und mehr pro Tag. Eine einfache Operation eines anerkannten Arztes beläuft sich kostenmäßig auf mindestens $ 500,—.

Vorstehend angeführte Zahlen haben jedoch keine direkte Bedeutung für die Bemessung des Schmerzensgeldes. Die Rechtsprechung richtet sich in erster Linie nach der Schwere und Dauer der Verletzung; ferner nach dem Verdienstausfall und den im Zusammenhang mit dem Unfall stehenden Aufwendungen für Arzt und Heilungskosten. In der Praxis schlägt die Jury neben dem konkret ermittelten materiellen Schaden einen „fair and reasonable"-Betrag für die erlittenen Schmerzen hinzu.

Anhand der Vergleiche tausender Urteile miteinander entstanden mit der Zeit Tabellen, die das Verhältnis von Schmerzensgraden zum materiellen Schaden schematisch auswertbar erfaßten. Somit kann generell von einem Unsicherheitsfaktor auf diesem Rechtsgebiet eigentlich keine Rede sein, wenn auch — wie oben ausgeführt — die ausgeworfenen Summen ein Vielfaches dessen betragen, was unseren Vorstellungen hierüber entspricht.

Hier einige Durchschnittszahlen:

Für den Verlust eines Armes: $ 10.000,— bis 20.000,—; bei schweren Schmerzen: 100,— $ pro Tag für den ersten Monat, 50,— $ pro Tag für den zweiten Monat, 20,— $ pro Tag für weitere vier Monate, 100,— $ pro Monat für das ganze Leben.

Eine Faustregel besagt, daß das Schmerzensgeld mit dem drei- bis fünffachen Betrag der gesamten Arzt- und Heilungskosten in Ansatz zu bringen ist. In der Tat geht jedoch der Durchschnitt aller Urteile weit über diese Formel hinaus, und bewegt sich — besonders seit den letzten Jahren — rapide aufwärts. Während der Lebenskostenindex sich in diesen Jahren um 96 % erhöhte, stiegen die zugesprochenen Durchschnittssummen der Schadensersatzurteile um rund 400 %, in manchen Staaten — z. B. in Oklahoma — um mehr als 4000 % (viertausend!).

Im Jahre 1955 sprach ein Chicagoer Gericht einem Malermeister, der in einem Unfall beide Füße, einen Arm und eine Hand einbüßte, $ 420.000,— zu. Überboten wurde diese Summe inzwischen durch den Urteilsspruch einer Jury (ebenfalls in Chicago), die einem zehnjährigen Jungen wegen einer gräßlichen Verstümmelung $ 750.000,— zubilligte.

Daß diese Entwicklung zu erschütternden Folgen für das amerikanische Kraftfahrzeugversicherungswesen geführt hat, versteht sich am Rande. Deren Defizit ist von $ 64.000.000,— im Jahre 1956 auf $ 147.000.000,— im Jahre 1957 gestiegen. Alle Versuche seitens der Versicherungen, die immensen Verluste durch entsprechende Erhöhungen der Prämien wieder wettzumachen, sind bis jetzt an der ablehnenden Haltung der staatlichen Aufsichtsbehörden gescheitert.

Zusammenfassend bleibt festzustellen, daß der Schmerzensgeldanspruch im Rechtsleben der Vereinigten Staaten eine eminent wichtige Rolle spielt und sehr ernst genommen wird. Und zwar so ernst, daß die staatlichen Organe es vorziehen, sich mit den großen Versicherungsgesellschaften in kostspieligen Prozessen vor den obersten Gerichten herumzustreiten, als daß sie deren teils berechtigten Forderungen stattgeben würden.

Die Schlüsselstellung des Arztes und die Erkenntnis, daß das Gericht und auch der versierteste Anwalt letztlich doch medizinische Laien sind, beweisen am amerikanischen Beispiel, daß die Zusammenwirkung des Juristen und des Mediziners allein zu fruchtbaren Ergebnissen führen kann.

Aber nur durch den Nachweis der besonderen Qualifikation auf diesem gutachtlichen Gebiet — wie sie im amerikanischen Prozeß durch eingehende

Befragung in jedem Falle ermittelt wird — ist die Gewähr für eine fachlich fundierte Abwicklung des Schmerzensgeldanspruches gegeben.

Über das ärztliche Sachverständigengutachten in den USA.

(Übersetzung aus dem Amerikanischen aus dem Buch „The Doctor in Personal Injury Cases" von Harold A. LIEBENSON)

Der wichtigste Beitrag des Arztes zu einem Personenschaden. Seine Aufgabe hat eine doppelte Funktion:

1. die Anwälte über die tatsächlichen Schäden zu unterrichten,
2. zur Klärung des Falles beizutragen.

Wie beim Handel einer Ware: man (Versicherung, Geschädigter) möchte über den „Wert der Ware" im Bilde sein, bevor man den „Kauf" tätigt. Das medizinische Gutachten (m. G.) muß sorgfältig verfaßt sein, übersichtlich, jeder muß sich ein Bild des Schadens machen können. Faire Darstellung und Rechtfertigung der Handlungsweise des Patienten (Geschädigten).

Ungerechte und unsachliche m. G. entstehen dann, wenn zu wenig Zeit darauf verwendet wurde.

Nur die wesentlichsten Fakten führen zur richtigen Diagnose, jedoch sollen auch in geeigneten Fällen die Röntgenbefunde nicht fehlen. Eine Diagnose ohne Basis ist wertlos.

Die Analyse der praktischen Aspekte des m. G. ist sehr aufschlußreich: der Ruf des Arztes wird oft von den von ihm verfaßten Gutachten beeinflußt. Er ist dem Gericht meist nur durch seine Gutachten bekannt, auch den Versicherungen und dem breiten Publikum.

Die Gutachten sind demnach für diesen großen und wichtigen Personenkreis das Gütezeichen des Arztes.

Die Leute, die viele Gutachten lesen, wissen schlechte von guten Gutachten sehr wohl zu unterscheiden. Ein wichtiger Faktor für den Arzt.

Medizinische Gutachten sollen unparteiisch sein. Im Zweifelsfalle immer für den Patienten die günstigere Auslegung annehmen. Jedes gegebene Symptom vermerken, da es von Wichtigkeit sein kann. Gegebenenfalls Spezialisten hinzuziehen. Dabei immer bemerken, daß es sich um einen Schmerzensgeldfall handelt.

Eventuell zunächst ein vorläufiges Gutachten verfassen, daß sich nicht in Einzelheiten verliert, wohl aber die Schwere der Verletzung erkennen läßt. Darin soll stehen, daß ein detailliertes Gutachten folgt. Alle Hilfsmittel zur Darstellung anwenden, auch (Farb-) Fotos.

Zusammenfassung:

Der Arzt soll im medizinischen Gutachten

1. erfassen, was von seinem Gutachten verlangt wird,
2. es in annehmbarem Stil abfassen,
3. in seinem Gutachten genau sein,
4. alle positiven Befunde — ob bedeutend oder unbedeutend — hervorheben,
5. alle wissenschaftlichen Testmöglichkeiten ausschöpfen,
6. alle Hilfsmittel in Anspruch nehmen, um den Schaden zu veranschaulichen,
7. medizinisch richtige Diagnosen stellen,
8. Prognosen möglichst genau angeben,
9. das Gutachten pünktlich übermitteln,
10. bei langdauernden Schadensfällen ein vorläufiges, dann ein Zwischen- und schließlich ein Abschlußgutachten abfassen,
11. Honorarforderungen den örtlichen Gegebenheiten angleichen.

Spezieller Teil (Aufbau des medizinischen Gutachtens)

Name, Alter, Datum, Unfallhergang, genaue Darstellung des Unfallherganges (ob ausgerutscht, gestolpert, gefallen etc.).

Subjektive Symptome

Auch Kleinigkeiten erwähnen. Simulation ausschließen. Nervosität und Schock, die normalerweise nach einem Unfall auftreten, könnten eine traumatische Neurose zur Folge haben. Daher auch diese Erscheinungen erwähnen. Der Arzt ist wegen der ständigen Konfrontierung mit subjektiven Symptomen etwas uninteressiert an diesen und vernachlässigt sie leicht. Doch sind die meisten Patienten in ihren Angaben ehrlich und wollen schnell genesen.

Röntgenbilder und spezielle diagnostische Tests

Wer fertigte die Röntgenbilder an? Röntgenbefunde angeben; EKG und EEG, wer machte sie? Befunde.

Diagnose

Jedes Symptom erwähnen. Wenn der Arzt die Diagnose nicht ausreichend darlegt, kann das Gutachten den Anschein geben, daß der Kläger nicht verletzt wurde und die ärztliche Behandlung nicht erforderlich war. Das soll oft vorkommen! Gutachten der kontrahierenden Parteien sind oft in großen Teilen gegensätzlich.

Behandlung

Darstellung (Medikamente, physikalische Behandlung, physische und psychische Therapie, eben alles).

Klinik: Dauer, Name, Operationen etc.

Prognose

Mancher Arzt deutet diesen Abschnitt als eine Art Test für seine Kompetenz. Das stimmt aber nicht. Es handelt sich lediglich um eine Aufklärung über die Zukunft des Verletzten.

Honorarforderung

Aufgliederung der Leistungen. Pauschale bei großen Fällen.

Das vorläufige Gutachten

Bei schweren Verletzungen mit längerer Dauer. Grundlage zur Feststellung des Wertes der Verletzung (für Anwalt oder Versicherung). Daraus geht auch hervor, ob mit gütlicher oder gerichtlicher Entscheidung zu rechnen ist. Unterschied zum „medizinischen Gutachten" in Prognose und Honorar. Sonst alles gleich. Prognose hier zurückhaltend, nur ungefährer Zeitpunkt der Genesung und Komplikationen angeben.

Endgültige Gutachten bei Entlassung

Behandlung und Prognose ausführlich darstellen. Gegenüberstellung der anderen Gutachten. Permanente Veränderungen sind am wichtigsten. In vielen Fällen jahrelange Behandlung, dann kein abschließendes, sondern ein zusätzliches Gutachten abfassen.

Kurzes Resumée, Veränderungen angeben (Fortschritte, Verschlechterungen).

Auszug aus der Technik der Prozeßführung im Schmerzensgeldprozeß in den USA

(Übersetzung aus „Trial Technique", Quarterly, Dec. 1960, von Dr. William SCHUMER aus Chicago)

Es geht um einen Fall von erlittener Verbrennung mit Schock und Hautübertragung.

Es wird das direkte und das Kreuzverhör des orthopädischen Chirurgen geschildert.

Das direkte Verhör

Richter: Welchen Beruf haben Sie?

Arzt: Arzt!

Richter: Seit wann?

Arzt: Seit 1931.

Richter: Welche Universität haben Sie besucht?

Arzt: Ich machte mein Examen 1931 an der Ohio State University.

Richter: Was haben Sie danach gemacht?

Arzt: Ich habe ein Jahr lang auf verschiedenen Stationen des Blanc Hospital in I. und ein weiteres Jahr im Lyon-Hospital gearbeitet. Ein weiteres Jahr als Assistent und Anstaltsarzt der Universität von Maryland in Baltimore. Danach ging ich für drei Jahre zu weiteren Studien auf dem Gebiet der Orthopädie der Knochen- und Gelenkchirurgie an die Blanc-University. Seit 1937 war ich Professor an der B.-University und seit dieser Zeit praktiziere ich Orthopädische Chirurgie. Ich stehe der Abteilung am B.-Hospital vor. Ich gehöre zum aktiven chirurgischen Stab des Forschungskrankenhauses.

Richter: Welche Aufgabe haben Sie am Forschungskrankenhaus?

Arzt: Ich lehre orthopädische Chirurgie und an zwei Tagen der Woche führe ich Operationen am Institut für verkrüppelte Kinder und in der Erwachsenen-Abteilung durch.

Richter: Welcher Art sind diese Operationen?

Arzt: Es sind sowohl Knochen- und Gelenk-Operationen als auch Sehnen- und Muskeloperationen an den Extremitäten und an der Wirbelsäule.

Richter: Doktor, haben Sie den Kläger untersucht und behandelt?

Arzt: Ja.

Richter: Wann sahen Sie ihn zum erstenmal? Vielleicht geht das aus Ihren Akten hervor?

Arzt: Ja, ich sah ihn zum erstenmal am 19. Februar, nach seiner Aufnahme im Blanc-Hospital, wo er mit einem Schockzustand und Verbrennungen des ganzen Gesichts sowie beider Ohren eingeliefert wurde. Das linke Ohr war schlimm verbrannt, schlimmer als das rechte. Er hatte einige Verbrennungen an den Händen, beiden Vorderarmen, und schwere Verbrennungen am linken Bein, die sich vom Oberschenkel bis zum Knöchel erstreckten. Soll ich in die Einzelheiten gehen?

Anwalt des Klägers: Ja.

Nun folgt die sehr ins einzelne gehende Darstellung des Erstbefundes und des Verlaufs, wobei der Richter bestrebt ist, durch Zwischenfragen jede Kleinigkeit zu erfahren.

Danach erfolgt das Kreuzverhör, worin der Arzt nach Einzelheiten der Befunde, der Behandlung, der verschiedenen Untersuchungen, aber auch nach wissenschaftlichen Tatsachen gefragt wird. Es schließt sich ein weiteres Verhör an, in dem der jetzige Zustand des Verletzten festgestellt wird und durch den Arzt die Prognose erläutert werden muß.

Der großen Bedeutung des Schmerzensgeldes in den Vereinigten Staaten entspricht diese Prozeßführung. Dennoch erscheint sie uns in vielen Punkten überflüssig und nicht straff genug auf das eigentliche Ziel — die Feststellung der Körperschäden und ihrer Bedeutung für die daraus sich ergebenden materiellen wie immateriellen Schädigungen — ausgerichtet.

IX. Umrechnungstabelle zur Transposition von LM-Prozentsätzen in DM-Beträge bei temporären Schäden.

Die nachstehende Tabelle wurde erarbeitet aus einer größeren Anzahl Gerichtsurteile. Sie gibt Durchschnittswerte an. Um zu echten Vergleichszahlen zu gelangen, wurde in jedem Schadensfall die Schwere des Schadens vom Unfalltage an nach Zeitabschnitten in LM-Prozentsätzen geschätzt und unter Berücksichtigung der sonstigen relevanten Faktoren (wie z. B. des Selbstverschulden-Anteils) der gesamte nichtmaterielle Schaden durch ein Punktsystem auf eine Einheit gebracht, die mit der zugesprochenen Schmerzensgeldsumme verglichen werden konnte. Daraus ergab sich für jeden Einzelfall der Betrag, der für 1 % LM (Lebensfreudeminderung) pro Tag zugesprochen wurde. Die Ermittlung des rechnerischen Durchschnitts ergab daraus die z. Zt. für die Bewertungspraxis der deutschen Gerichte gültige Formel

1 % LM pro Tag = DM 2,30

also eine erhebliche Anhebung im Vergleich zu dem Richtwert von 1971 (siehe 3. Auflage dieses Buches auf Seite 175), der DM —,85 für 1 % LM je Tag betrug.

Die Bedeutung dieser tatsächlich ganz wesentlichen Höherbewertung wird aus der Multiplikationstabelle ersichtlich:

%	1 Tag	1 Woche	1 Monat (30 Tage)	1 Jahr (360 Tage)
10	23,—	161,—	690,—	8 280,—
20	46,—	322,—	1 380,—	16 560,—
30	69,—	483,—	2 070,—	24 840,—
40	92,—	644,—	2 760,—	33 120,—
50	115,—	805,—	3 450,—	41 400,—
60	138,—	966,—	4 140,—	49 680,—
70	161,—	1 127,—	4 830,—	57 960,—
80	184,—	1 288,—	5 520,—	66 240,—
90	207,—	1 449,—	6 210,—	74 520,—
100	230,—	1 610,—	6 900,—	82 800,—

Bei den angegebenen Beträgen handelt es sich um Mittelwerte, die bei Mitverschulden oder anderen relevanten Faktoren variiert werden können.

Zwischenwerte sind wegen der Linearität leicht zu ermitteln. Hinsichtlich der scheinbar hohen Beträge bereits bei 10 % LM ist zu bedenken, daß — im Gegensatz zu

Prozentsätzen der MdE — eine LM von 10% erhebliche Schädigungen bewertet, wie auch in dem Mustergutachten-Beispiel (S. 75) zu erkennen ist.

HENKE vertritt die Auffassung, „daß kraft der Fülle des zu gewinnenden Materials (nämlich der Urteilssammlungen) Unrichtigkeiten im einzelnen Falle aufgehoben werden. Trotz an sich nicht billigenswerter Abweichungen nach oben oder unten bildet sich mit dem Fortschritt der Sammlung allmählich ein Typus mit einer oberen und unteren Grenze, dessen Mitte ungefähr die richtige Bemessung anzeigt"*.

Das aber ist auch das Ergebnis der vorstehenden Umrechnungstabelle, die Durchschnittswerte vermittelt, zudem aber den Vorteil hat, daß nicht nach vergleichbaren Fällen gesucht werden muß, die im erforderlichen Umfange nie vorliegen werden, sondern aufgrund der gutachterlichen Bewertung jeden Schadensfall individuell zu entschädigen erlaubt, und zwar im Rahmen der herrschenden Rechtsprechungspraxis. Die Anpassung an die weitere Rechtsprechung wird weiterhin sorgfältig registrierend laufend vorgenommen.

X. Umrechnungstabelle zur Transposition von LM-Prozentsätzen in DM-Beträge bei Dauerschäden (Schmerzensgeld-Rente).

Die Urteilssammlungen der letzten Jahre lassen erkennen, daß die Gerichte bei Dauerschäden nur selten dazu neigen, dem Verletzten eine Schmerzensgeldrente zuzusprechen. Diese Entwicklung ist bedauerlich. Sie veranlaßte erneut eine Untersuchung über die zur Zeit übliche Größenordnung der zugesprochenen monatlichen Rentenbeträge. Die Ermittlung erfolgte ähnlich der im voraufgehenden Kapitel dargestellten Methode. Die Zuordnung der vorliegenden Dauerschäden zu LM-Prozentsätzen ist ohne besondere Schwierigkeiten möglich und der Zeitraum des Zahlungsintervalls — in der Regel 1 Monat — und der für diesen Zeitabschnitt zugesprochene Schmerzensgeld-Rentenbetrag sind bekannt. Als Ergebnis resultierte ein Betrag von

1 % Dauer-LM pro Tag = DM —, 27,

also etwa 1/8 des Satzes bei temporären Schäden. Daraus wird ersichtlich, daß die deutschen Gerichte die Höherbewertung des Schmerzensgeldes bei Dauerschäden in keiner Weise der Steigerung der temporären Schäden angeglichen haben. Während die Steigerungsquote bei letzteren sich seit 1971

---

* Prof. Dr. H.-E. HENKE, Rechtswissenschaftliche Fakultät der Universität Kiel, persönliche Mitteilung Feb. 1970.

etwa verdreifachte, blieben die Zusprechungen für Dauerschäden seit 12 Jahren praktisch unverändert bestehen. Die Vernachlässigung gerade dieser in der Regel gravierenden Schadensfälle durch die Gerichte zeigt sich auch in der Zurückhaltung überhaupt Schmerzensgeldrenten zuzusprechen (s. Hacks/Ring/Böhm a.a. O. S. 9).
Die unterschiedliche Bewertung der sogenannten temporären und der Dauer-Schäden durch die Gerichte hat sicherlich mehrere Ursachen. Eine davon dürfte die im allgemeinen lange Dauer der in der Regel auf Lebenszeit zugesprochenen Renten-Zahlungen sein; eine weitere — von der Sache her sicherlich berechtigt — die Tatsache, daß die temporären oder auch aktuellen körperlichen und seelischen Schmerzen nicht nur eine Minderung der Lebensfreude, sondern darüber hinaus auch eine unlustbetonte und schwer erträgliche Lebenssituation verursachen, während die Dauerschäden wohl eine im Einzelfall nachweisbare Minderung der Lebensfreude bedingen ohne jedoch den quälenden Charakter der Beeinträchtigungen der frühen Unfallfolgezeit zu haben.

Die aus der oben angegebenen Formel aufgestellte Multiplikationstabelle zeigt ebenfalls Durchschnittswerte, die bei außergerichtlichen Vergleichen Anhaltspunkte für eine Rentenzahlung in zeit- und gerichtsüblichen Größenordnungen ergeben:

%	1 Monat	1 Jahr		%	1 Monat	1 Jahr
10	81,—	972,—		60	486,—	5 832,—
20	162,—	1 944,—		70	567,—	6 804,—
30	243,—	2 916,—		80	648,—	7 776,—
40	324,—	3 888,—		90	728,—	8 748,—
50	405,—	4 860,—		100	810,—	9 720,—

Bei Kapitalabfindung, die nicht selten von den Verletzten erwünscht wird, sind versicherungsmathematische Berechnungen erforderlich. Die rasche Kaufkraftminderung des Geldes verlangt außerdem die Anwendung der Wertminderungsklausel bei Schmerzensgeldrenten.

X. Literatur

AMSLER, C.: Arch. f. exp. Pathologie und Pharmakologie, Bd. 103, H. 3/4, S. 138 (1924).

BECHER, T.: Zur Frage von Schmerzensgeld in der Unfallbegutachtung. Dtsch. Ges. wes. (1958), S. 310—314.

BECKER, H.: Kraftverkehrs-Haftpflichtschäden. S. 107 ff.

BEECHER, K. H.: Measurement of Pain. Pharmacol. Reviews 9 (1957), 59.

BEIER, H.: Die neue Schmerzensgeldbemessung. Versicherungspraxis 43 (1953), S. 132 ff.

BEIER, H.: Die neuen Rechtsgrundsätze der Schmerzensgeldbemessung. Moschr. f. Dtsch. Recht (1954), J. 8, H. 10.

BEMANN, K.: Das durchgehende Gespann. Zur Problematik des Schmerzensgeldanspruches. Vers. recht 9 (1958), S. 583—586.

BESECKE: Die Schadensersatzpflicht nichtökonomischer Schäden. Diss., Erlangen 1914.

BGB: §§ 254, 847, StVG. § 17 Abs. 1 — Betriebsgefahr. — Schmerzensgeldanspruch. BHG v. 13. 4. 1956 — VI ZR 347/54 (Hamm), NJW 9 (1956), S. 1067—1068.

BGB: §§ 823, Abs. 1, 847 — Schadensersatzpflicht bei chirurgischen Eingriffen. LG Freudenthal/Pf. v. 20. 4. 55 — 1 S 43/55. NJW 8 (1955), S. 1113 f.

BGB: §§ 825, 844, 847 — Unfallschock. OLG München v. 4. 3. 1958, S. 21 1663/57, ref. in NJW 12 (1959).

BGB: § 847 — Schmerzensgeld durch Kapitalabfindung und Rente. VI ZR 72/58 (Hamburg) — NJW 12 (1959), S. 1031.

BGB: § 847, ZPO § 287 — Bemessung des Schmerzensgeldes. BGH v. 11. 12. 1956 — VI ZR 286/55 (München), NJW 10 (1957), S. 383.

BGB: § 847 — Bemessung des Schmerzensgeldes. BGH v. 6. 7. 1955 — Großer Zivilsenat — 1/55, NJW 8 (1955), S. 1675—1678.

BGB: §§ 847, 843 — Bemessung des Schmerzensgeldes, Rentenbedingung. BGH v. 10. 4. 1954 — VI ZR 61/53 (Stuttgart), NJW 7 (1954) S. 1034 ff.

BGB-Urteil v. 29. 9. 1952 — III ZR 340/51 (Hamm i. W.), Vermögensverhältnisse sind nicht zu berücksichtigen.

BLOEMERTZ, Berliner Medizin, 15, 1964, S. 733—738.

BLOEMERTZ, Schmerz- und Schmerzensgeld, Dt. Ärzteblatt, 72. J. H. 45 S. 3117.

BLUM: ALR Einl. §§ 74, 75 (Aufopferungsanspruch) WDB, Schmerzensgeld. BGH v. 13. 2. 1956 — III ZR 175/54 (Karlsruhe), NJW 9 (1956), S. 629—630.

BÖHMER, E.: Über den Anspruch auf Schmerzensgeld. Juristen-Ztg. 10 (1955), S. 670—675.

BÖHMER, E.: Über den Anspruch auf Schmerzensgeld. Juristen-Ztg. 12 (1957), S. 546.

BOKSCH: Die rechtliche Natur der gemeinrechtlichen Schmerzensgeldklage. Inaug. Diss., Erlangen 1898.

CAHN, H.: Handbuch der ärztlichen Begutachtung. Barth, Leipzig 1931. Lininger, Weichbrodt, Fischer.
CAROLSFELD, SCHNORR, v. und WACHSMUTH: MoSchr. f. Unfallhkd. 1951/22.
CHOMSE, H.: Schmerzensgeldentscheidungen. W. Kohlhammer-Verlag, Stuttgart.
CLASEN: Zur rechtlichen Natur des Schmerzensgeldanspruches. NJW 10 (1957), S. 697—698.
CURSCHMANN: Münch. Med. Wschr. v. 15. 10. 1907, S. 212.
CURTIUS, K. und H. CURTIUS: Rechtslexikon. Heidelberg, Keyser 1951.

DÄHNE, E.: Schmerzensgeld in Schadensersatzkostenrechnung gem. §§ 823 ff. Soziale Sicherheit (1956), H. 3.
DEICH, F.: Ärztliche Mitteilungen, 42. J., H. 18, (1957), S. 493 ff.
DEUTLER: Dissertation, jur., Kiel (1956), S. 127/128.
DICKERTMANN: Preisverzeichnis für Schmerzensgeld. NJW 7 (1954), S. 1757—1758.
DÜNCKELMEYER: Dissertation, med., Erlangen 1953.
DUNZ, W.: Zur Praxis des unbezifferten Leistungsantrages. NJW 10 (1957), S. 1661—1663.

EBBECKE, U.: Schmerz. Acta neurov. (1953), H. 1—4, S. 45.
EBBECKE, U.: Vom Schmerz. Universitas, Stuttgart, 7. J. (1952), S. 159—166.
EBEL: Schmerzensgeld in Rentenform? Versicherungsrecht, Karlsruhe, 2. J. (1951), S. 217—218.
EBERMAIER, C.: Schmerzensgeld und ärztliches Gutachten. MoSchr. Unfallhkd. 60 (1957), S. 55—58.
ELTERLEIN: zit. nach DÜNCKELMEYER, med. Diss., Erlangen 1953, S. 13.
ERHARDT: Kein Schmerzensgeld bei Arbeitsunfällen. Ztschr. Vers. wes. 7 (1956), S. 11.
ERMEL: Münch. med. Wschr. 1937, Nr. 44, S. 1759.
EWALD: Med. Klinik 34 (1938), S. 1517.

FISCHER, A. W.: Schmerzensgeld in Haftpflichtsachen vom medizinischen Standpunkt. (1932).
FISCHER, I.: Ärztliche Standespflichten. Historische Studie. Braumüller-Verlag, Wien—Leipzig (1912).
FISCHER: Arzt als Gutachter. Med. Ges., Gießen, 18. 2. 1936.
FISCHER—MOLINEUS: Das ärztliche Gutachten im Versicherungswesen. Bd. I (1939).
FOERSTER: Die Leitungsbahnen des Schmerzgefühls und die chirurgische Behandlung der Schmerzzustände. (1927).
FÖRSTER und GOLDBACH: Verletzungsschema. Ärztl. Mitt. (1954), H. 20.
FREY, E.: Schmerzensgeld bei Betriebsunfall. Arbeit und Recht 5 (1957), S. 186—190.

FRIEDRICH: Zur Frage des Schmerzensgeldes. Schlesw. Holst. Anz., Glückstadt (1955), Nr. 8, S. 237.
FRIESE, B.: Das Schmerzensgeld. Niedersächs. Ärzteblatt 7 (1953), S. 140 ff.
FELDER: Med. Dissertation, Erlangen 1953.

GEIGEL: Der Haftpflichtprozeß. 18. Aufl. 1982, C. H. Beck, München.
GEIGEL: Die Höhe des Schmerzensgeldes. NJW 7 (1954), S. 706—708.
GELHAAR, W.: Über die Bemessung des Schmerzensgeldes. Dtsch. Autorecht 24 (1955), S. 261—268.
GELHAAR, W.: Zur Bemessung des Schmerzensgeldes. NJW 6 (1953), S. 1281—1283.
GELHAAR, W.: Der Anspruch der Unfallverletzten auf Schmerzensgeld. Dtsch. Autorecht 23 (1954), S. 1—8.
GÖBBELS: Die Medizinische (1952), 672.
GÖBBELS: Der Schmerzensgeldanspruch des Patienten. Die Medizinische (1953), Nr. 55, S. 1560 ff.
GOLDSCHEIDER: Über Schmerz. Berlin (1894).
GRASSET, A.: Presse méd. 65/927 (1957).
GRUHLE, H. W.: Gutachtertechnik. Springer Berlin, (1955).
GÜNTHER, H.: Schmerzensgeld, Thieme Verlag, Stuttgart 1964.

HACKS: Schmerzensgeldbeträge. Dtsch. A. R. (1957), S. 309.
HACKS: Schmerzensgeldbeträge, ADAC-Verlag München, 1970, 6. Auflage.
HACKS/RING/BÖHM, Schmerzensgeldbeträge ADAC-Verl., München, 11. Aufl., 1983.
HAFFERBURG, A.: Bundesgerichtshof und Schmerzensgeld. Ztschr. Vers. wes. 6 (1955), S. 718—721.
HAFFERBURG, A.: Einige Bemerkungen zur Schmerzensgeldfrage. Zschr. Vers. wes. 9 (1958), S. 72—74.
HARDY, WOLFF and GOODELL: Science, Vol. 117: 164 (1947), Pain-controlled and uncontrolled.
HARTUNG, H.: Haftpflichtversicherung und Schmerzensgeld. NJW 10 (1957), S. 125—127.
HASSLER, R.: Das zentrale System des Schmerzes, Acta Neurochirurgica, Vol. VIII, Fasc. 4—5, 1960.
HASSLER, R.: Das Schmerzerlebnis in Abhängigkeit von neuronalen Systemen, Psychotherapy and Psychosomatics, 14: 345—364 (1966).
HAUSMANN, H.: Psychologie des Schmerzes und Schmerzmittelmißbrauchs, Huber, Bern, 1968.
HEINRICH: Der Schmerz als philosophisch-psychologisches Problem. Zahnärztl. Welt, Hagenau/Bodensee, 6. J. (1951), S. 347—351.
HENKE, H.-E.: Die Schmerzensgeldtabelle, C. H. Beck, München 1969.
HEROLD, G.: Anspruch auf Schmerzensgeld. Ärztl. Praxis 3 (1951), Nr. 2, S. 7.
HEROLD, G.: Haftung des Zahnarztes auf Schmerzensgeld. Zahnärztl. Welt 7 (1952), S. 170.
HEROLD, G.: Höhe des Schmerzensgeldes. Ärztl. Praxis 5 (1953), Nr. 9, S. 8.
HEROLD, G.: Der Anspruch des Patienten auf Schmerzensgeld. Dtsch. Zahnärzteblatt 8 (1954), S. 425 ff.
HIS: Das Strafrecht des deutschen Mittelalters. 1, 599 (1920), Leipzig.
HOCHE: Vom Sinn des Schmerzes. Lehmann (1936).

HÖRING, G.: § 898 RVO und der Anspruch auf Schmerzensgeld. Versicherungsrecht 7 (1956), S. 201—203.
HOESSLIN: Münch. med. Wschr. (1903), Nr. 6, S. 251.
HÜBNER und DROST: Ärztliches Haftpflichtrecht. Springer (1955), S. 200 (Anhang 8).

JAHODA: Schmerzensgeld und Unfallversicherung. Gerichtszeitung, Wien, 82. J., S. 185—189.
JANSSEN, E. G.: Objektivierung von Schmerzen. Therapeutische Berichte, BAYER 4/1960, S. 204.
JAROSCH, MÜLLER und PIEGLER: Das Schmerzengeld. Manz'sche Verlagsbuchhandlung, Wien (1960).

KAESTNER: § 847 BGB. Münch. med. Wschr. 41 (1913). S. 2288.
KALINOWSKY: Dtsch. med. Wschr. 75 (1950), S. 1184.
KAUFMANN, C.: Handbuch d. Unf. Med. Enke, Stuttgart, Bd. I (1932).
KAZDA, F.: Schmerzensgeld. Wiener klin. Wschr., 52. J. (1939), S. 490—492.
KNÖPFEL, G.: Billigkeit und Schmerzensgeld. Arch. civil. Praxis 35 (1956), S. 135—137.
KNÖPFEL, G.: Arch. f. d. civil. Praxis, H. 2 (1956).
KNOLL: Schmerzensgeld bei Arbeits- und Dienstunfällen? Juristenzeitung, Tübingen, 10. J., Nr. 10/11 (1955).
KOEBEL: Billigkeitsansprüche aus Schadenszufügung. NJW 10 (1957), S. 1009—1011.

LEONHARDT: Zur Beurteilung der Schmerzkranken. Der öffentl. Gesundheitsdienst, Stuttgart, 14. J. (1952/53) S. 256—260.
LÉRICHE, R.: Chirurgie des Schmerzes. Leipzig (1958).
LIEBENSON, A.: The doctor in Personal Injury. Cases, New York (1960).
LIEBERWIRTH, R.: Das Schmerzensgeld. Vers. Recht und Wirtschaft, Heidelberg (1965).
LINDEMANN, A.: Das Schmerzensgeld. Dtschr. Ztschr. Vers. wes. 6 (1955), S. 293 ff.
LINKE: Deutsche Therapiewoche, Karlsruhe (1959).

MAURER, G. und M.: Probleme des Schmerzensgeldes. Med. Klin. 51 (1956), S. 922—928.
MERKERT, K.: Anspruch auf Schmerzensgeld. Quelle, Köln, 2 (1951), S. 83.
MENG, H.: Seelischer Gesundheitsschutz. Benno Schwabe-Verlag, Basel (1939).
MICHEL: Das Schmerzensgeld und seine forensische Bedeutung. Springer-Verlag (1926).
MICHEL: Handwörterbuch der Gerichtsmedizin und naturwissenschaftlichen Kriminologie. Berlin (1940), 652.
MORGEN: Altes und Neues zur Frage des Schmerzensgeldes. Dtsch. zahnärztl. Wschr., 46. J. (1943), S. 479—481.
MÜLLER, J.: Med. Disseration (1935): Über das Schmerzensgeld.
MÜLLER: Gerichtliche Medizin. Springer-Verlag (1953).
MÜNICH: Med. Klinik 2 (1956), 926.

NAUMANN: Zum Schmerzensgeldanspruch. Saarl. Rechts- und Steuerzeitschrift, 4. J., S. 33 (1952).
NOLTENIUS: Materie, Geist, Psyche. Barth (1946).
NRZ: v. 8. 3. 1958 — Schmerzensgeld.

OSWALD: Das Schmerzensgeld. Dtschr. Vers. Ztschr. 9 (1955), S. 200—202.
OSWALD: Schmerzensgeld in Rentenreform. Dtschr. Vers. Ztschr. 11 (1957), S. 121 ff.
OSWALD: Anmessung des Schmerzensgeldes. Dt. Vers. Zsch. 10 (1956), Nr. 1, S. 69.

PALANDT: BGB-Kommentare, 21. Aufl. (1962).
PANSE: Angst und Schreck. Thieme-Verlag, Stuttgart (1952).
PERRET: Ärztliche Beurteilung des Schmerzensgeldes. Med. Klinik (1952), 170.
PERRET: Schmerzensgeld. Med. Klinik (1947), 737.
PERRET: Ärztliche Beurteilung des Schmerzensgeldes. Med. Klinik 47 (1952), S. 20.
PERRET: Med. Klinik 21 (1956), S. 924.
PIEGLER, J.: Die Bemessung des Schmerzensgeldes. Österreich. Juristen-Ztg. 9 (1954), S. 502—507.
PILLMANN, C.: Das Schmerzensgeld. Westf. Ärztebl. 8 (1954), Nr. 14, S. 16 ff.

Rechtsarchiv der Wirtschaft (ND Ausg.), Nr. 3 (1956), S. 76—80.
REICHARDT M.: Einführung in die Unfall- und Rentengutachtung. Fischer-Verlag, Stuttgart (1958).
Reichsgerichtsbriefe (VI — 173/38 — 17. 2. 1938), Münch. med. Wschr. 5 (1939), S. 199.
REQUARDT, H. W.: Anspruch auf Ersatz des immateriellen Schadens bei Körperverletzungen in der Unfallversicherung. Zbl. f. Reichsver. u. Reichsversorgung, Stuttgart (1934), S. 33.
REUSS: Schmerzensgeld. Med. Klinik 21 (1956), S. 1927.
RIETSCHEL: Schmerzensgeld bei Arbeits- und Dienstunfällen? Juristenzeitung, Tübingen, 10. J. (1955), H. 2, S. 35.
ROSENMEYER: Schmerzensgeld im Haftpflichtfalle vom juristischen Standpunkt. Westdtsch. Ärztezeitung (1932), 312.
RÜMLER, E. R.: Gewährung und Bemessung von Schmerzensgeld. Bahnarzt 5 (1958), S. 1—8.

SAUERBRUCH-WENKE: Wesen und Bedeutung des Schmerzes. Athenäum-Verlag, Frankfurt/Bonn (1961).
SEIFERT, E.: Der Wandel im menschlichen Schmerzerleben. Lehmann, München (1960).
SEYDEL, H.: Zwischenbilanz der Schmerzensgelddebatte. NJW 7 (1954), S. 1017—1021.
SOMMER: Grundsätze des Reichsgerichts für die Bemessung des Schmerzensgeldes. Dtsch. med. Wschr., 60. J., 1644.
SPERLING, E.: Vergleichende Untersuchungen der Erlebnisverarbeitung und Lebenssituation bei Hirn- und sonstigen Körperverletzten. (Manuskript beim Bundesarbeitsministerium).
SCHANDELMAIER, H. P.: Nachträgliche Zubilligung von weiterem Schmerzensgeld. NJW 9 (1956), S. 210 ff.

SCHEIDGES: Dissertation, med., Marburg (1915).
SCHEUNERT: Höhe des Schmerzensgeldes. Dtsch. Vers. Presse 68 (1941), 69. J.
SCHMALZL, Auslegung d § 847 BGB im Lichte der neueren Rechtsprechung u. Literatur, Versicherungsrecht 1966, S. 793—801.
SCHMITZ: Begutachtung von Ansprüchen auf Schmerzensgeld. Ärztl. Sachverständigen-Ztschr., 42. J. (1936), S. 3—6.
SCHMITZ, W.: Schmerzensgeld und ärztlicher Gutachter. Die Medizinische Welt, 3. J./V., 29—32, 1438.
SCHOENEICH: Der Schmerz; seine Bedeutung und Beurteilung. Hippokrates, Stuttgart, 22. J. (1951), S. 635—638.
SCHROOT: Schmerzensgeld. Der Betriebsberater, Heidelberg, 10. J. (1955), Nr. 5, S. 144—149.
SCHUBERTH: Schmerzensgeld in Kriegszeiten. Jurist. Rundschau f. d. Privatversicherung, 18. J., Berlin (1941).
SCHÜTZ, R.: Das ärztliche Gutachten im Privatversicherungswesen. Maudrich, Wien (1956).
SCHUMMER, William: Trial technique quarterly. Chicago (1960).
SCHUNACK, Schmerzensgeld 1967—1974
Verl. Versicherungswirtschaft, Karlsruhe
SIEVERS, J.: VW, 14. J. Nr. 17 — V-Recht, H. 17 (A), 1961, 12. J., 385—393.
STIEFEL, Versicherungswirtschaft Nr. 9/1959
STRASSMANN: Dtsch. Ztschr. Ger. Med. 20 (1933), S. 324.
STRASSMANN: Schmerzensgeld. Verhandlungen deutscher Naturforscher und Ärzte, 92 (1937), 169.

TEPLITZKY, O.: Die unzureichende Schmerzensgeldbemessung. Ein bedrückendes Problem und seine mutmaßlichen Gründe. Neue jur. Wschr. 19 (1966), S. 388—390.
THUNBERG, T.: Skand. Arch. f. Physiol. 12 (1902), 394.

van der VEEN, Th. L.: Verkeersrecht 1964, S. 121—157, 1967, S. 121—177.
van der VEEN, Th: L.: Verkeersrecht 1982, 8. Aufl.

WALTER: Wissenswertes vom Schmerzensgeld. Industriekurier 9 (1956), Nr. 3, S. 11.
W. WEISSAUER u. G. HIRSCH: Der Arzt als Gutachter bei Ansprüchen auf Schmerzensgeld in Der Klinik-Arzt, 4. Jg., H. 7, S. 259 ff, 1975
WENDT, H.-W.: Psychologische Untersuchungen über experimentelle Schmerzzustände. Marburg, Sitzungsber., Bd. 75. H. 2.
WESTHUES, M.: Münchener Universitäts-Reden. H. 12 (1955), S. 19.
WILMS: Versicherungspraxis 2 (1953). S. 27.
WOTICHY: Berechnungsgrundlagen des Anspruches eines Kindes auf Schmerzensgeld. Thür. kommun. Rundschau, Jena (1933), 157.
WUSSOW: Untersuchung des Arztes bei der Festsetzung des Schmerzensgeldes. Versicherungsrecht 3 (1952), S. 305—306.
WUSSOW: Der Schmerzensgeldanspruch nach nordamerikanischem Recht. Dtsch. Rechtsztschr., Tübingen, 5. J., S. 400—401 (1950).

ZUMBUSCH, L. v.: Münch. Universitäts-Reden, H. 26, 33.

XI. Sachregister

(Die Zahlen bedeuten die Seiten)

Erläuterungen medizinischer Fachausdrücke zu „Bloemertz, Die Schmerzensgeldbegutachtung“

Zusammengestellt unter Benutzung von
„Pschyrembel, Klinisches Wörterbuch“ (Walter de Gruyter & Co., Berlin)

Affektstupor	Erregungshemmung (Herabsetzung geistiger und körperlicher Funktionen bei Erregung)
Aggravation	Übertreibung subjektiver Krankheitserscheinungen
Anaesthesie	Betäubung, Unempfindlichmachung
Analgeticum	Schmerzstillendes Mittel
Anamnese	Vorgeschichte des Kranken
Arteriosklerose	Arterienverkalkung
Blaseninkontinenz	Unfreiwilliger Harnabgang
Cerebration	Fortschreitende Entwicklung des Gehirns
Circulus vitiosus dolorosus:	„Teufelskreis“ der sich ständig steigernden Schmerzen: Krampf erzeugt Schmerz, Schmerz steigert Krampf und der wiederum Schmerz und so fort
Commotio cerebri	Gehirnerschütterung
Cortex	hier: Großhirnrinde
Defaekation	Stuhlentleerung
Demenz	Schwachsinn
Dissimulation	Verheimlichen oder Untertreiben von Krankheiten
EEG	Elektroencephalogramm-Hirnstromkurve, die die Hirnstromimpulse registriert
EKG	Elektrokardiogramm-Herzstromkurve, Aufzeichnung der Aktionsströme des Herzmuskels
Ektropium	hier: Auswärtsstülpung des Augenlids
Epidermis	Oberhaut, äußerste Schicht der Haut
HEAD'sche Zonen	regionäre Hautüberempfindlichkeit bei Erkrankung innerer Organe
Hinterhörner	Hinten gelegene Rückenmarkspartien
Histamin	gefäßerweiterndes Gewebshormon
histologisch	feingeweblich
Hyperakusis	krankhafte Feinhörigkeit
Hyperaesthesie	Überempfindlichkeit, gesteigerte Erregbarkeit in Gefühls- oder Sinnesnerven
Hyperalgesie	Übermäßiges Schmerzgefühl
Hyperthyreose	Steigerung der Schilddrüsenfunktion

Ileus	Darmverschluß
inkretorische Drüsen	Drüsen, die ihre Produkte (Hormone) in die Blutbahn unmittelbar abgeben (z. B. Hoden, Eierstöcke, Schilddrüse u. v. a. m.)
Irradiation	Ausstrahlung von Schmerzen in benachbarte Nervenzweige
Kausalgie	Brennender Schmerz durch Nervenstörungen, auch nach Nervenverletzungen
Keloid	Narbengeschwulst, wulstige Narbenbildung
Leukotomie	Schneiden von Gehirnsubstanz
Libido	hier: Geschlechtstrieb
Lipoide	Den Fetten verwandte Stoffe, für den Organismus lebenswichtig, in jeder Zelle, vor allem in der Lipoidmembran, in der sich wahrscheinlich die Zellenaustauschfunktionen abspielen
Lumbalganglion	Nervenknoten im Bereich der Lendengegend
Medulla oblongata	Verlängertes Mark, Teil des Zentralnervensystems zwischen Gehirn und Rückenmark
Neuron	Nerveneinheit, Bauelement des Nervensystems
Neurotiker	Nervenkranker ohne organisches Nervenleiden
Periost	Knochenhaut
Phantomschmerz	Schmerzen an einem Glied, das nicht mehr vorhanden ist (etwa nach Amputation)
Pons	hier: Hirnbrücke, Gehirnteil oberhalb des verlängerten Marks
Pseudarthrose	Falschgelenkbildung, an gebrochenen Knochen, die nicht wieder fest zusammenheilen und dadurch an falscher Stelle beweglich bleiben
Psychopath	Geisteskranker
Psychorelaxans	Präparat, das die Psyche entspannt
Rekonvaleszenz	Genesung
Rezeptoren	hier: die Nervenendigungen, die die Reize aufnehmen
somatisch	körperlich
Spasmus	Krampf
Spinalganglion	Nervenknoten im Bereich des Rückenmarks
Spinothalamisches Neuron:	Nervenbahn vom Rückenmark zum Thalamus
Stupor	Herabsetzung geistiger und körperlicher Funktionen
SUDECK'sche Erkrankung:	Ernährungs- und Durchblutungsstörungen aller Gewebsanteile der betroffenen Gliedmaße, auch des Knochens
Suicid	Selbstmord
Thalamus	Sehhügel im Gehirn (Teil des Zwischenhirns)
Tibia	Schienbein
Tiefensensibilität	Empfindungen in tieferen Gewebsschichten, z. B. auch die Lageempfindung bei Gelenkshaltungen
torpide	schlaff, träge, langsam
vegetative Vorgänge	Regelung der unbewußten Funktionen des Körpers
ZNS	Zentralnervensystem (Gehirn und Rückenmark)

FSC
www.fsc.org
MIX
Papier | Fördert
gute Waldnutzung
FSC® C083411

Kolibri 360 GmbH
Ferdinand-Jühlke-Straße 7
99095 Erfurt, Deutschland
produktsicherheit@kolibri360.de